U0136537

麥 田 人 文

王德威／主編

Becoming "Japanese": Colonial Taiwan and the Politics of Identity Formation

Copyright © 2001 The Regents of the University of California

Complex Chinese translation copyright © 2006 by iFront Publishing Group

Published by arrangement with the University of California

through Bardon-Chinese Media Agency

All rights reserved.

麥田人文103

成為「日本人」
殖民地台灣與認同政治
Becoming "Japanese": Colonial Taiwan and the Politics of Identity Formation

作　　　者	荊子馨（Leo T. S. Ching）
譯　　　者	鄭力軒
主　　　編	王德威（David D. W. Wang）
責 任 編 輯	吳莉君　吳惠貞
出　　　版	一方出版有限公司
製　　　作	麥田出版
副 總 編 輯	胡金倫
總 經 理	陳蕙慧
發 行 人	涂玉雲
出　　　版	麥田出版

城邦文化事業股份有限公司
100台北市信義路二段213號11樓
電話：(02)2351-7776　傳真：(02)2351-9179

麥田部落格　http://blog.pixnet.net/ryefield

發　　　行　英屬蓋曼群島商家庭傳媒股份有限公司城邦分公司
104台北市中山區民生東路二段141號2樓
城邦讀書花園網址：www.cite.com.tw
客服服務專線：(886)2-25007718；25007719
24小時傳真專線：(886)2-25001990；25001991
服務時間：週一至週五上午09:00-12:00；下午13:00-17:00
劃撥帳號：19863813；戶名：書虫股份有限公司
讀者服務信箱：service@readingclub.com.tw

香港發行所　城邦（香港）出版集團有限公司
香港灣仔軒尼詩道235號3樓
電話：(852) 25086231 傳真：(852) 25789337
E-mail: hkcite@biznetvigator.com

馬新發行所　城邦（馬新）出版集團Cite(M) Sdn. Bhd.(458372U)
11, Jalan 30D/146, Desa Tasik, Sungai Besi,
57000 Kuala Lumpur, Malaysia.
電話：(603) 90563833傳真：(603) 90562833

印　　　刷	中原造像股份有限公司
初 版 一 刷	2006年1月
初 版 三 刷	2008年9月

ISBN : 978-986-173-032-5

版權所有‧翻印必究
Printed in Taiwan

售價／340元

荊子馨 著　鄭力軒 譯

BECOMING
"JAPANESE"

Leo Ching

COLONIAL TAIWAN AND
THE POLITICS OF IDENTITY FORMATION

成為「日本人」

殖民地台湾與認同政治

獻給我的母親，荊黃文歡女士

［目次］

前言

　　回想起來，儘管我試圖做到智識上的理解與理論上的精確，但這本書卻是建立在個人記憶的碎片與痕跡之上。這些碎片與痕跡包括1960年代晚期到1980年代中期橫跨了三個地方的回憶與映像。與台灣有關的包括：我外祖母鍾愛各種日本事物；我不准跟鄰居的「台灣」小孩一起玩；我的一個叔叔（「外省人」）時常叫日本人「小鬼子」；我小時候看過原住民的舞蹈；還有學校針對「共匪入侵」所做的警報演習。與日本有關的是：我十歲第一次看到一群穿著毛澤東裝的中國人時，心中升起一股無以名之的恐懼；帶著高爾夫球袋和期待笑容的日本男人，他們正等著下一班飛往台北的班機，要去看他們的「女朋友」；一個六十多歲的台灣「歐巴桑」，每隔六個月就會去延長觀光簽證的效期，如此不厭其煩只為能留在日本；還有神戶的小關帝廟。與中國有關的則有：第一次見到我的父系親戚時的焦慮心情，我是去通知他們，四十年不見的父親已經過世了；瀋陽一座老舊的日本煤礦廠；火車上外國觀光客坐的

「軟座」以及中國人坐的「硬座」；我第一次看到祖父時，他含著淚對我說：「好，好，你已經回家了。」

　　要到很久之後我才了解到，在我成長歲月中的這些個人經驗，原來是深嵌在好幾種不同的歷史情境當中：日本的帝國主義與殖民主義、中國的內戰、戰後國民黨在台灣的反共威權主義、美國的冷戰政策以及後冷戰時期的中台關係。在某個程度上，這本書是試圖去理解個人與歷史之間的某種關係，想在似乎不可能一致之處找尋一致性。這是一個嘗試，試圖去了解歷史事件如何讓人們能夠（或不能夠）以某些方式去理解以及面對他們的歸屬、他們的忠誠與他們的處境。這同時也是一種嘗試，試圖去理解這些認同的形構如何反過來重新接合或是重新定義歷史事件，以及人們想像政治可能性的方式。

　　這本書的完成得到許多人的指引、鼓勵與支持。我相當感謝Masao Miyoshi的慷慨、幽默與智慧。他不僅教我如何以批判的和政治的敏感度去從事學術研究，同時也教導我如何以合宜得體的行為和同理心與信諾感與人交往。我感謝他容忍我的無知、天真與心神不定。我只期盼這本書能在某個程度上證明他對我的持續支持與信任是正確的。我在加州大學聖地牙哥分校求學時的老師和同學，對我的智識成長與個人生活都有很大的影響和提升。感謝鄭樹森先生在我對台灣殖民時期的文學仍然一無所知之際，便鼓勵我研究這個領域。駱里山（Lisa Lowe）女士不斷支持並督促我做更複雜而細緻的思考。Jim Fujii、Christena Turner以及葉維廉以深具批判性的精闢評論，讓我有

機會更進一步地發展這項計畫。沒有他們的慷慨與理解，這本書將不可能誕生。Ben Bertram、Eric Cazdyn、Kiyota Tomonori、Miyata Yūko、Sahng-young Moon、Amie Parry、Irene Wei以及吉本光宏，都幫助我使高度抽象的理論更貼近地面，並讓我的研究所生活更好過些。我非常感謝他們與我的夥伴關係。

我同時要感謝陳光興給我機會，第一次以中文在台灣清華大學發表我的研究。他總是以其豐沛的智識能量和政治使命激勵著我。大阪大學的富山一郎以及九州大學的大田好信慷慨地提供他們的時間與友誼。我從他們身上學到很多。幾位人在美國的台灣研究與日本研究的學者直接間接地影響了我的思考與寫作。我要感謝張誦聖、酒井直樹、Mellie Ivy、Norma Field、Tak Fujitani、Miriam Silverberg、Stephan Tanaka以及John Treat。感謝他們的鼓勵與支持。

杜克大學的同僚們提供了令人興奮並且極有助益的智識能量。感謝Stan Abe、Arif Dirlik、Michael Hardt、Fred Jameson、Bruce Lawerence、Alberto Moreiras、Charles Piot以及Ken Surin的智慧與友誼。我必須特別感謝Walter Mingolo邀請我參與「全球化與語言和文學的再定位」研討會，以及我們對各種殖民主義的諸多討論。感謝整個亞非語文學系以及日本研究的學者們的慷慨協助。Anne Allison、Miriam Cooke、Kris Troost和Kären Wigen一直都相當支持我鼓勵我。我同時也必須感謝Eric Zakim和Gennifer Weisenfeld這兩位值得信任的好同事與好朋友。Gail Woods讓我每天都很樂於進到研究室。杜克大

學亞太研究所提供我許多交流學術意見的論壇和參加研討會的經費。我要特別感謝所長林南把亞洲研究帶進杜克大學，以及 Mavis Mayer 讓每件事都運作順利。Ralph Litzinger 是我智識上的對話者，喝酒的哥兒們以及「犯罪」的夥伴。當我需要深思熟慮的批評和友誼時，我會去找他。王瑾的聰明才智和人道精神，對我一直是重要的鼓舞力量。她總是不斷讓我知道我的思考力量與限制。

此外，我也要感謝加州大學出版社的 Sheila Levine，感謝她對這個計畫的興趣以及無條件的支持。兩位匿名讀者以及 Ken Pomeranz 在這本書的初稿階段提供了具有建設性的實質建議。感謝他們的奉獻與鼓勵。我同時要感謝這本書的文字編輯 Nick Murray 以及企畫編輯 Jan Spauschus Johnson。

荊洪恩在這個計畫的初始階段誕生。這本書有些部分是他在我肩上睡覺時寫成的。撇開無法入睡的夜晚和混亂的白天，他為我的知識工作和學院專業注入了極為需要的人性面向。Laura Tran 一直是我最主要的支持者，即使在我差點想要放棄這項計畫的時候，她仍然充滿信心。沒有她的犧牲與理解，我將無法完成這本書。最後，我將這本書獻給我的母親，感謝她的強韌、堅忍與仁慈。

荊子馨

BECOMING
"JAPANESE"
成為「日本人」

那些曾經是「日本人」的人們

　　1979年2月24日，一個異常溫暖的早晨，七位台灣原住民堅定而緩慢地來到奉祀第二次世界大戰日本戰亡士兵的靖國神社，走進其辦公室。[1] 這個五男二女的團體花光了他們的儲蓄以及向村民借的錢才來到日本。他們代表七個原住民部落。更精確地說，他們代表數百名原住民士兵的後裔，這些士兵在那場為天皇而戰的戰爭中死去。許多非原住民的台灣前日本兵也走過相似的旅程。[2]

　　抵達辦公室後，一個穿著和服的中年日本男子接待他們。這名男子自稱是調查研究的長官，之後便向這個團體表達正式的歡迎之意：「非常高興你們前來。逝去的靈魂必然很樂見你們的到訪。」

　　接著他非常熱切地談論靖國神社與神道教，沒停頓片刻詢問這個團體的參訪目的。雖然這些原住民仍會說一些日語，但由於當時脫離日本統治已經三十多年了，這看似永無止盡的獨白，他們只能理解到其中的一些片段。這名男子並未注意到原住民的反應，繼續口若懸河地說著，就像與一般日本人對話一般。男子的滔滔不絕讓這群原住民全都低了頭，陷入沉默。

---

[1] 這段敘述來自加藤邦彥的《一視同仁の果て》（東京：勁草書房，1979）。

[2] 根據1973年日本厚生省的報告，日本在二次大戰時動員了207,183名台灣人，其中80,433名充當士兵，126,750名充當軍伕。根據官方統計，其中有30,304人死亡（2,146名士兵和28,158名軍伕）。台籍士兵死亡人數不高的原因，或許是因為日本直到1945年才開始在台灣徵兵。軍伕的高死亡率（22.2%）則顯示出日本軍方將這些「非戰鬥」人員派去執行危險而缺乏保護的工作。引用數據來自黃昭堂，《台灣總督府》（東京：教育社，1981），265。

這個團體的領隊帕雅・泰摩（漢名Yün Yo-hui）終於抓到男子演講中的一個停頓，打斷他的話並結巴地說出他們的來意。「我們高砂族在戰時曾經是日本人。[3]因此，我們協助日本作戰。我們有許多族人戰死了。甚至有一些村莊所有出征的人都沒有回來。可是，日本卻遺忘了我們三十年。日本人可以領取退伍金及其他補償，而我們什麼都沒有。因此，今天我們代表整個高砂族來要求日本補償，並歸還死者的靈魂。我們要在自己家中親自祭拜這些靈魂。請將這些靈魂還給我們。」

帕雅・泰摩的額頭滲滿汗水，這些話彷彿是三十年的憤怒與期待在一瞬間爆發出來。

男子點點頭：「我非常遺憾。你們承受了這麼多苦難。」但是對於這些訪客的要求，他繼續說道：「我想從更高的層次來談靈魂問題。靈魂不是可以拿走或是轉讓的東西。我很難了解你們所謂的歸還這些靈魂是什麼意義。」

男子看到這些原住民似乎無法理解他剛才所說的，於是接著說道：「靈魂就像火。假設這邊有一團火在燒。不管誰要這團火，都可以把火引到自己的地方去。無論要引到哪裡或要多少，都可以拿去。現在，你們要不要也用同樣的方法？」

男人的回答把這群原住民嚇呆了，他沒等他們反應過來就

---

3 「高砂族」一詞的字面義是「台灣島嶼的原初民」，在霧社鎮壓事件之後，於1937年由殖民政府正式採用，用以指稱台灣原住民。這個稱呼取代了當時通行於公共論述中的「生番」和「番人」，後者帶有蔑視的意味。我將在第四章中更加仔細地討論與霧社事件有關的語言意符的轉變。

把他們帶到神社外面參觀，並進行膜拜儀式。在這群原住民循禮完成膜拜儀式之後，一名職員將他們帶到會客室。他們來到一張大桌子旁，每個人都獲贈一只封著靖國神社戳記的白色宣紙袋。當這些原住民抬頭挺胸地坐在桌旁時，穿著白色和服的男子再度出現。他看著這個團體說道：「你們已經表達了敬意。這些禮物是你們到訪的象徵。請將這禮物帶回你們的國家奉祀。」

男人說完時，一名寡婦奇瓦斯・泰利立即發問：「這裡面寫著你已經歸還我丈夫的靈魂了嗎？」

男子含糊地說：「並不全然是這樣……」他解釋根據日本的習俗，為日本戰死的靈魂都會奉祀在靖國神社。他請求這些原住民了解日本的習俗。奇瓦斯・泰利的臉色突然間變了。

「我們從台灣來要求你歸還我們丈夫的靈魂。請還給我們。」

男子臉上的笑在聽了奇瓦斯・泰利嚴肅的話後消失一空。「根據日本習俗，我們不能這樣做。請理解我們的規則。」

另一名寡婦沙韻・踏侯斯立即反應：「我們了解日本的習俗。但也請尊重高砂族的習俗。」

男子愣住了：「那你們要我怎麼做？」

奇瓦斯・泰利含著淚說：「為什麼不能把我丈夫的靈魂還給我？」

沙韻・踏侯斯接著說：「日本在戰爭期間殘忍地利用我們。但是我們不會再次被利用。如果你不把靈魂歸還我們，我

們不會拿這個。」說完她把眼前的紙袋推開。

　　奇瓦斯‧泰利附和：「我也不拿。在你歸還靈魂之前，我不會離開這裡。我寧願死在這裡。」

　　原住民團體中的其他人紛紛追隨奇瓦斯‧泰利與沙韻‧踏侯斯，也將這所謂他們到訪的象徵推開，並一起說：「我們把這還給你。」

　　穿著白衣的男子愣在那裡無言以對。沉默彷彿籠罩了這個房間，冬陽的溫暖剎那間凍結。

　　這起事件描述了（前）殖民者與（前）被殖民者在所謂後殖民情境下生動的相逢。這情境因為前殖民帝國拒絕面對其殖民過去而進一步惡化，並因前帝國子民在後殖民這個歷史時刻堅持延續殖民主義的遺緒（legacy）而備受矚目。這群原住民闖入靖國神社，暴露並顛覆了日本民族主義及愛國主義的崇高象徵。它同時揭露了無法取消的戰爭罪行及殖民暴力的記號。這場會談戲劇化地呈現出一個實境：曖昧模稜的殖民認同與差異（這些原住民「曾經是日本人」；原住民習俗與日本習俗是對立的）至少可以暫時將殖民的言說化成沉默的時刻。然而，殖民權威的這種暫時性混亂，並無法掩飾兩者之間固有的地位不平等與長期的不正義：這是依然握有權力的日本國體守護者，與衰弱、被背叛的底層原住民代表之間的衝突。儘管原住民代表態度堅決，最終他們還是得離開靖國神社轉而向厚生省請願。但厚生省的日本官僚同樣拒絕他們的要求。他們家人的靈魂從未歸還，至今依然無可奈何地與成千上萬死去的日本士兵

靈魂放在一起，紀念他們對日本國永無休止的奉獻。

這場短暫的相遇具體而微地顯示出日本殖民論述的另一個更大破綻。在同化與皇民化口號下「一視同仁」的意識形態，只是用來掩飾殖民當局的偽善，用尾崎秀樹的話來說，只是容許被殖民者「生非日本人，但死為日本鬼」。[4] 一般認為「皇民化」是「同化」政策的最後階段，實施期間從1937年到日本戰敗。尾崎秀樹的批評是針對殖民晚期日本基於戰爭需要對台灣人與原住民所做的動員。然而，這句話也精確地描繪出日本對台灣總體殖民態度的轉變與矛盾，以及被殖民者不同的主體地位，而後者正是本書的主要關懷。

這場控訴日本殖民政策的行動提醒我們注意，諸如「日本」（Japan）、「日本人」（Japanese）、「日本族」（Japanese race）或是「日本民族性」（Japaneseness）這些如今看來陳腐無奇的概念，當初是如何建構甚至發明的。那些「曾經是日本人」的人民的困境與遺緒，凸顯出上述這些民族和種族範疇（category）曾經試圖去（至今依然在）化解、掩蓋以及置換、但始終無法消除化約的殖民主義矛盾。這些控訴也讓我們注意到，殖民政策在歷經沉澱與更迭之後依然無法抹去的痕跡，這些痕跡持續干擾著所謂「後殖民」「戰後」日本的象徵秩序。如果試圖對殖民論述提出基進的批判，就必須超越民族是「想像的共同體」以及認同是「歷史的偶然」這類老生常談。我們必須檢視殖民

---

4 尾崎秀樹，《近代文学の傷痕》（東京：岩波書店，1991），139。

現代性（colonial modernity）生產這些範疇的過程與程序，以及如何將這些範疇當成殖民權力的體制加以動員。我們也必須留意那些曾經身為殖民地子民的人，在日本早已正式結束殖民主義之後，因其自身與「日本」的曖昧關係所懷有的愛憎情仇。在現今的脈絡下，關於（前）被殖民者的主體性這個課題，重要的提問不再是「成為日本人意味著什麼？」或是「在地人民在成為日本人的過程中，失落了什麼或是被剝奪了什麼？」相反地，我們應該開始追問：「為什麼日本的殖民論述與實踐必須迫使殖民地人民成為日本人？」還有，「在同化與皇民化的過程中，何謂『日本人』這個觀念的生產與傳播方式有何差別和特色？」以及，「除了『日本化』之外，還存在什麼樣的認同形式和政治可能？」

「同化」以及「皇民化」這兩個支配性的日本殖民論述並不僅僅意味著從某一類範疇的身分轉換成另一種，像是從「番人」和「台灣人」轉變成「日本人」，或是從「被殖民者」轉換成為「帝國子民」。更重要的是，這兩個論述是刻意建構的意識形態，目的在於模糊並轉移被殖民者在成為日本人以及帝國子民的整體文化過程中，相關的法律以及經濟權利等議題。「同化」以及「皇民化」政策，藉由鼓勵被殖民者成為「日本人」，進而掩蓋了「天生的」日本人以及「歸化的」日本人之間的不平等關係。前者身為公民的政治和經濟權利是受到保障的，而後者雖然被要求在文化上認同日本人，但他身為公民的政治和經濟權利卻是遭到否認。簡言之，正是為了掩飾帝國中

非日本人的公民權這個基本問題，才會建構出「日本人」（同化運動）和「皇民」（皇民化運動）這些範疇，並加以推廣。[5]

　　這類日本殖民論述的工具性在台灣原住民與日本民族主義守護者的這場衝突中充分展現。這些戰時曾是「日本人」的原住民士兵，如同其他日本士兵般供奉在靖國神社。然而，這些倖存者及其家屬比照日本公民所提出的賠償要求，卻又以他們不再是「日本人」為由而遭到拒絕。不論在殖民或後殖民時期，日本當局都不斷以文化（做為「日本人」或非「日本人」）來調停和拒絕法律程序以及經濟利益。在這個意義上，即便是尾崎秀樹對殖民主義的激昂指控，也都忽略了「民族」（ethnos /minzoku）與「公民」（citizen/kokumin）這兩個範疇之間的關鍵性差異。他將殖民論述所操弄的差異萎縮到「日本人」這個單一範疇，而這個範疇只能進一步區分成兩類，那些「生」時不被承認是日本人的人，以及那些「死」後被強烈主張為日本鬼的人。

　　對殖民主義的強烈控訴，一直是建立在剝奪以及侵害的論述之上，這點很可以理解。一般的看法是，同化和皇民化藉由強迫被殖民者變成「日本人」和「皇民」，從而剝奪了被殖民者以自然合理的方式發展其認同、文化和民族性。這種看法隱含的假設是，文化與族群認同，諸如「台灣人」、「日本人」

---

5 關於「同化」論述中的「日本人」、「民族」和「國民」等觀念的討論，請參考下面這篇簡單扼要又具洞察力的作品：富山一郎，〈小熊英二著『単一民族神話の起源』〉，《日本史研究》1月號（1997）：77-83。

和「原住民」，是一種排他性的、超越歷史的和可區辨的範疇。日本殖民主義為這些尚未建構其認同關係的群體帶來衝突，並迫使這些在地人與非日本人成為日本人。因此，日本殖民主義的問題不僅在於政治和經濟上的剝削，更在於它將日本文化與傳統強加在台灣人以及原住民身上。這裡的問題主要並不在於被殖民者極力主張與訴諸的本質主義，對於某些形式的反殖民抗爭，這種本質主義至關緊要。真正重要的是，本土的剝奪論述在不知不覺中成了殖民論述的共謀，同樣將「日本人」或「日本民族性」這類範疇具體化，從而讓本土的反抗論述無法正視這些範疇本身所蘊含的矛盾性與歷史性。結果只是把日本殖民主義的問題設定成日本人將日本民族性強加在殖民者身上，而忽略了文化認同與政治歧視之間的鴻溝，以及成為日本人和不具有日本公民權之間的差異。

　　另一個了解日本殖民主義在台灣的重要面向，是中國的存在與幻影。在整個殖民時期，中國在台灣知識分子的意識中，一直以一種文化與政治的意象不斷隱現。從最初將台灣與南中國之間的經濟活動轉向日本，到皇民化時期的去漢化政策，日本殖民主義在界定中國大陸與殖民地台灣的關係上起了很大的作用。從把中國民族主義視為殖民解放的動力，到後殖民時期對中國統治的幻滅與反感，中國在台灣自我意識的形塑和變形，以及台灣與日本之間的曖昧關係中，也一直扮演重要的角色。用另一種方式來說，殖民地台灣、帝國日本以及民族主義中國之間的三角關係構成了一個場域，各種矛盾的、衝突的和

順服的欲望與認同都在其間迸射、妥協與克服。雖然現今台灣的統獨爭議是一個後日本時期的現象，但日本殖民時期依然是一個強有力的潛文本（subtext），「台灣意識」與「中國意識」的許多課題都根植其中，彼此角力。

　　儘管——或許正是因為——殖民地台灣與中國大陸有著紛亂激昂的關係，但台灣人對日本殖民統治的反應卻是一個令人困窘但眾所周知的現象。台灣人不像韓國人那樣痛惡日本人以及日本的殖民統治，一般而言，台灣人對日本人持有比較正面的印象，並對日本統治時期的建樹留有比較正面的回憶。提到殖民統治，韓國人說的淨是壓迫與抵抗，台灣人提的卻是現代化及進步。雖然這**兩個**殖民地都充斥著抵抗與合作的紀錄，但雙方對日本及其殖民統治確實有著截然不同的看法，對於這項差異，「一般人」依然是從韓國的民族性以及台灣本土主義的新殖民心態這類「常識」角度去理解。戰後、後殖民時期的日本人一般多將台灣人視為「親日」，而把韓國人視為仇日，這種看法透露出日本仍然是從民族—種族（national-racial）本質化的角度來看待殖民地的差異。[6] 雖然一般都認為殖民地台灣和殖民地韓國之間的反差，主要是與雙方前殖民時期和後殖民時期的歷史發展有關，而跟日本的統治本身關係較淺，但不容

---

6 小倉虫太郎，〈台湾の脱植民地化と日本〉，《現代思想》27，no. 3（1999）：278。關於近來台灣「哈日風」的描述，參見司馬遼太郎，《台湾紀行》（東京：朝日新聞社，1994）和若林正丈，《台湾の台湾語人、中国語人、日本語人》（東京：朝日新聞社，1997）。

否認的是，日本的殖民主義確實對這些前殖民地日後的發展具
有深遠影響。

　　布魯斯・康明思（Bruce Cumings）曾經針對日本殖民主義
對戰後台灣及韓國經濟發展的影響，提出相當中肯的論述。[7]
康明思的一個主要論點是：這些新興的經濟體具有「深厚的歷
史根基，不應當只理解成〔自1960年代以來〕鼓勵『出口導向
發展』的一連串優良政策的結果（或是美國人想像中的羅斯托
式『起飛時期』〔Rostovian "take-off"〕）」。[8*] 雖然南韓和台灣戰
後的經濟發展有相當顯著的不同，但康明思以令人信服的論據
指出，這兩地的政治與經濟結構以及其組織協同方式，是如何
深刻地反應出日本殖民發展的邏輯與模式。康明思認為，正是
這種日本式的「差異」（加上美國的冷戰政策），造就出獨樹一
格的東亞發展模式，或他所謂的「官僚威權式工業化體制」
（BAIR）。

　　殖民主義促進發展並不是什麼新觀點。馬克思對於英國殖
民主義在印度的分析，就曾點出殖民主義的這項矛盾本質。在
他有關殖民主義對印度社會影響的作品中，馬克思一方面指出

7　Bruce Cumings, *Parallax Visions: Making Sense of American-East Asian Relations at the End
　of the Century* (Durham, NC: Duke University Press, 1999).

8　Ibid., 71.

*　羅斯托（W. W. Rostow）為美國經濟史家，提出所有經濟體都必須經過經濟成長
　的五個階段，才會達到工業國家的地位，這五個階段依序是：傳統社會、過渡時
　期、起飛時期、成熟經濟和大量消費時代。

印度本土紡織業的毀滅以及國家公共服務的缺乏瓦解了在地經濟。[9] 但另一方面，馬克思也認為殖民統治引進一種可以大幅提高生產力並促進科技變遷的經濟體系，而這對殖民地長期而言是有助益的。然而康明思認為，他的分析重點並不在於說明日本如何讓它的殖民地發展進步，或是戰後台灣及南韓的經濟發展應該歸功於日本。他感興趣的地方在於，日本殖民主義有別於所謂的西方式殖民主義的歷史特殊性及其遺緒的影響；因此他比較了台灣、南韓和越南的殖民經驗，並藉此指出日本與法國殖民主義的區別。

康明思提醒我們，法國做為殖民主義這場偉大遊戲的老練玩家，投在印度支那的資源僅止於維持當地殖民者的需求。但日本做為一個後起的以及唯一非西方（非白人）的殖民者，卻必須將殖民發展與母國的工業化做結合。做為一個後進國，或是哈利迪（Jon Halliday）* 所稱的「缺乏資本的帝國主義」，日本最初階段的對外擴張與列寧將西方帝國主義界定為「資本主義最高階段」的說法剛好相反。[10] 日本殖民主義與其殖民地日後發展之間那種無可否認的影響和反諷關係，正是由此而來。

---

[9] Karl Marx & Friedrich Engels, *On Colonialism* (Moscow: Progress Publisher, 1959).

* 哈利迪，英國歷史學家，知名華文作家張戎的夫婿，兩人最近合著有《毛澤東傳：鮮為人知的故事》(*Mao: The Unknown Story*)。

[10] John Halliday, *A Political History of Japanese Capitalism* (New York: Pantheon Books, 1975), 100. See V. I. Lenin, *Imperialism, the Highest Stage of Capitalism: A Popular Outline* (Beijing: Foreign Language Press, 1975).

康明思寫道：「〔日本人〕不僅是帝國主義者也是資本家，是殖民者也是現代化的推手。他們就像泰勒（Frederick Taylor）*一般，對建立工業網路以及管教、訓練和監督工人有著濃厚的興趣。日本在嘗過西方帝國主義形式的現代化威脅之後，於1868開始將這些現代方案內化，創造出屬於他們的形式，並施加在鄰近國家身上。」[11]

然而康明思並未從**文化**層面進一步分析日本殖民主義及其遺緒，而這正是本書關懷的主題。康明思對**殖民地**（colony）與**遺緒**（legacy）的定義是比較狹義的：他認為殖民地是「現代世界體系中一種組織地域空間的方式，一種抹煞政治主權並將殖民地經濟導向壟斷控制與壟斷利潤的方式」；遺緒則是「殖民主義這種與眾不同的歷史經驗的後續。**遺緒**可能是正面的、負面的或中性的」。[12]然而，殖民主義從來不僅僅是經濟發展與政治併吞的外部過程與壓力。就如同法農（Franz Fanon）在《黑皮膚、白面具》（*Black Skin, White Masks*）一書中所指出的，殖民主義永遠牽涉到被殖民者對具體化的自我的內在共謀或抵抗，而這個具體化的自我卻是殖民者製造出來的。[13]

本書將焦點從殖民主義的殖民遺緒轉移到文化遺緒，目的不僅是要強調文化做為一種社會制度的影響力，在這種制度

---

* 泰勒（1856-1915），美國發明家與工程師，有「科學管理之父」的稱號。

[11] Cumings, *Parallax Visions*, 73.

[12] Ibid., 70.

[13] Frantz Fanon, *Black Skin, White Masks* (New York: Grove Press, 1967).

中，殖民主義挾著軍事與經濟征服而達到其最高峰。我的目的
也不只是為了追索殖民母國的文化在後殖民國家的象徵秩序中
如何展現與延續。我們之所以要探究殖民主義的文化遺緒，是
為了檢視殖民主義的運作方式，但不是從它的發展邏輯的角
度，而是從它做為一種無法消解的困境的角度。我在書中所關
注的不是殖民主義如何誕生了現代化，而是殖民主義如何是現
代性自身的一部分。因此我所試圖描繪的，不是一個關於壓迫
和解放的敘述，而是霍米‧巴巴（Homi Bhabha）所謂的「意
義與價值的不均衡和不完整生產，這種生產多半是由不可共量
的（incommensurable）要求與實踐所構成」，或說是被殖民者
「倖存的文化」。[14]

　　為了將焦點集中在日本殖民主義的困境，本書所提出的一
系列關於日本殖民主義在台灣的論點，將環繞著認同形成的種
種問題，**以及**這些分析在所謂後殖民情境中的立場與政治。本
書所預設的前提是：文化與政治認同，不管是殖民母國或是殖
民地的認同，都不存在於殖民主義的過程之前。說得更精確
點，是殖民主義建構並限制了、構造並解構了矛盾衝突的殖民
地認同的想像和再現方式。換句話說，讓日本殖民主義得以落
實的關鍵，並不是台灣人與日本人（或是韓國人與日本人）之
間的本質性差異與相似。相反的，是日本殖民主義的歷史情境
在殖民者與被殖民者的社會轉型計畫中，促成並生產出各式各

---

14 Homi Bhabha, *The Location of Culture* (New York: Routledge, 1994), 172.

樣的文化差異與文化同一論述。簡單來說，我認為日本人或是
日本民族性、台灣人或是台灣民族性、原住民或是原住民民族
性，以及中國人或是中國民族性，這些分門別類的民族、種族
或是文化範疇，並不存在於殖民現代性的特定時空之外，相反
的，這些範疇正是因為殖民現代性而得以存在。

　　雖然本書的主要興趣在於文化與政治認同，以及日本殖民
主義的歷史性，但我並不試圖分析整部台灣殖民史中所有不同
的認同形成。例如，我將不討論在台灣認同形成過程中相當重
要且很少研究的族群內部分化問題，我也不會特別討論台灣
原住民中的不同群體。我的目的不在於寫出一部完整的殖民
認同史，而是將各種認同的可能情境 —— 亦即那些多重決定
（overdetermined）的時刻與相互競逐的場域，文化與政治認同
的問題在此浮現為殖民關係中的首要陳述與構成 —— 加以歷史
化。因此，我所刻意選擇（與排除）的一些文本和事件，都是
最適合用來表現與再現台灣殖民認同那種交疊而又離散的本
質。我認為這些認同的位置，在他們斷裂與解體的痕跡中，不
斷標示與再標示著戰後日本、中國大陸以及後殖民台灣的文化
政治。

　　在第一章中，我指出相對於後殖民主義這個概念，去殖民
化做為一種描述與分析的範疇，更適合用來理解日本何以不斷
推卸其戰爭罪行與殖民性。隨著二次大戰戰敗，日本帝國在很
短的時間內消亡瓦解，日本人也因此避免了政治上和文化上的
去殖民化掙扎過程。日本前殖民地的改造工程直接移交給主要

由美國以及稍後的冷戰地緣政治所形塑的盟軍勢力。1945年後的日本因此得以建立一套從戰敗到去軍事化，從復甦到經濟奇蹟的歷史敘述，並規避了相關的殖民問題。在第二章中，我分析了台灣意識與中國意識的形成和論辯，這兩種意識自1920年代以來的各種政治運動，以及它們在今日的反彈與影響。在這一章的最後，我提出這類族群中心式的分析必須把以階級為基礎的考量視為可能的要素之一。

第三章我嘗試對日本「同化」與「皇民化」的殖民論述做理論性分析。我之所以將皇民化與同化區隔開來，主要目的在於闡明認同問題（特別是認同**衝突**）所引起的關注，這個問題如今已成為殖民與後殖民論述分析中的基本轉喻。我認為皇民化運動的歷史重要性（及其不同於同化運動的地方）在於：這是台灣殖民史上的頭一遭，認同的掙扎成為被殖民者的主要論述。於是皇民化下的文化再現便取代了具體的社會議題，社會問題變成了個人的本體論問題。在第四章中，我將皇民化的分析延伸到與1930年霧社事件相關的台灣原住民議題。我的第一個目的是想描繪出這場由原住民發起的最激烈的反殖民起義，對於殖民的治理性（governmentality）——其調整與壓制——造成怎樣的轉變。第二個目的是企圖去理解殖民意識形態與處於殖民位階最底層的人民抵抗（和順服）之間那種艱難的爭論與複雜的妥協。

第五章將主題重新拉回殖民地台灣、帝國主義日本和民族主義中國所構成的三角關係。我將解讀《亞細亞的孤兒》，指

出這部作品是「台灣」在殖民統治日益強化以及對中國民族主義的幻滅下逐漸「成形」的一則寓言。《亞細亞的孤兒》代表了這樣一個歷史時刻：太平洋戰爭不斷加劇，任何想要推翻或改善日本殖民統治的可能性都遭到徹底排除，而中國和中國民族主義也不再能為台灣的解放提供一條清晰可見的出路。然而，我認為這個「突現中」的台灣並不具備一種穩定的或建構成形的「認同」。這個突現中的台灣必須同時從它與「殘餘的」中國民族主義以及「支配的」日本殖民主義之間的關係去理解與接合——這種矛盾又無法化約的三重意識，具體體現了殖民地台灣的認同形構。

第一章

殖民台灣

日本殖民主義・去殖民化・殖民研究的政治學

我們已經做到令人讚嘆的成就,我們改變了混亂的局勢、恢復平靜、建立秩序、實現財政獨立、注意到自然資源的發展、促進工業化,並確保島上人民的身家與財產安全……我們卓越的殖民紀錄是因為日本民族擁有統治其他民族的獨特能力,以及我們在殖民管理上的技巧。這同時證明了我們管理熱帶殖民地的高度效率。

——東鄉實與佐藤四郎《台灣殖民發達史》,1916

去殖民化從來不是在不知不覺中發生,它對個人的影響與改變是非常根本性的。它將無關緊要的旁觀者轉換成具有特殊地位、聚集宏大歷史光芒的行動者。

——法農《世間不幸的人》(Frantz Fanon, *The Wretched of the Earth*)

　　就正式意義而言，台灣是日本在1895年甲午戰爭那場轟動的勝利後所增加的第一個海外領土。[1] 然而在當時，取得台灣並不是躍升中的日本帝國強權的主要目標。別忘了，日本之所以發動這場侵略戰爭的原因，一開始是為了顛覆及瓦解中國在朝鮮以及滿洲南部的戰略地位。這場戰爭主要在朝鮮半島進行，而不是在台灣或日本本土。此外還要記住，日本併吞台灣的時間正值所謂的「新帝國主義」時期，當時西方強權正在世界各地競奪「尚未有人宣稱其主權的領土」（unclaimed territories），繼而創建出現代殖民體系。[2]

　　日本帝國併吞台灣一事，顯示出日本殖民主義在全球殖民主義這個更大的地緣政治中的特殊歷史關係。有論者指出，日本做為一個「缺乏資本的帝國」，在施行殖民主義時將遭遇極度困難，而殖民的龐大支出也將對日本國內的財政造成嚴重負擔。[3] 有些人就是從經濟責任這個角度，認為對日本而言，取

---

[1] 日本的「內部」殖民地包括北海道以及沖繩，兩者都在1870年代併入日本帝國。澎湖群島與台灣同時在1895年的馬關條約中割讓給日本。

[2] 相關實例，參見Harrison M. Wright, ed., *The "New Imperialism": Analysis of Late-Nineteenth-Century Expansion*, 2d ed. (Lexington and Toronto: D.C. Heath, 1976)。

[3] John Halliday, *Japanese Capitalism* (New York: Pantheon Books, 1975), 100. Halliday用以下方式總結日本當時的經濟困乏：「日本……太過落後貧窮，無法以等同於西方強權的規格，致力於完整的殖民主義。這項缺陷驅使日本政權採取兩個走向：大規模向海外舉債以發展殖民主義，以及用軍事壓力維持日本的特權。日本的資本主義已經是『缺乏資本的資本主義』，日本的帝國主義也因此是一種缺乏資本的帝國主義。對於內部的嚴重剝削讓上述處境更形惡化。由於國內的購買力十分微弱，迫使日本資本主義（打從起步階段就集中全力）尋求海外市場。在政府的

得台灣就像是拿到一項無法負擔的奢侈品。殖民統治初期的龐大支出,讓台灣被形容成「國庫的負擔」或是「日本的麻煩」。[4] 甚至有人提議將這個剛剛獲得的殖民地賣給其他強權或是賣回給中國。然而,日本這場輝煌的勝利標誌著「新興的日本帝國主義在東亞取代了古老的中華帝國」。[5] 更重要的是,這場戰爭對日本而言非常昂貴,總共花費了兩億日圓,幾乎是日本三年的政府支出。日本當時採取銀本位制,跟外國貸款相當困難。這筆三億六千萬日圓的巨額賠償正好提供了莫大的幫助,促成日本改採利於資本積累以及工業化發展的金本位制。相對的,這筆巨額賠償則使中國喪失了經濟復甦的機會,並迫使清政府向外國借貸更多金錢,讓渡更多土地,讓積弱不振的國防更加衰頹。[6]

　　然而,做為唯一的非西方帝國強權,加上「三國干涉還遼」事件的恥辱,對日本而言,佔有第一個海外殖民地一事,就成了一項超越單純經濟計算的課題。併吞台灣與統治台灣對日本的自我認知具有深遠的影響,意味著日本有能力承擔殖民主義這項「偉大而光榮的工作」,這項過去只屬於西方國家的任

贊助下,帝國主義式的銀行陸續成立。然而,由於資金永遠短缺,結果就是日本必須借外債以供**海外發展之用**:這段時期,日本的外債有44%用於亞洲大陸。」(100)

4 引自小熊英二,《「日本人」の境界》(東京:新曜社,1998),76。

5 大志乃夫,〈東アジア新旧帝国の交替〉,收錄於《近代日本と殖民地》(東京:岩波書店,1992),1:3-31。

6 Halliday, *Japanese Capitalism*, 85.

務。7 簡言之，處於唯一一個非西方（非白人）殖民強權這樣
的矛盾位置上，日本對其東方殖民地臣子那種盛氣凌人的凝
視，必然會改寫他自身在西方帝國主義眼中的形象。用台灣民
政長官後藤新平的話來說，台灣應當成為「殖民大學」，供日
本進行第一次的殖民統治實驗。殖民地台灣首先是用來展示日
本與西方帝國平起平坐的地位，其次則是要證明日本可以超越
西方，為征服的領土帶來更大的福祉。

　　同時身為國會議員及記者的竹越與三郎，在1904年第一次
短暫訪問台灣之後，驕傲地宣稱：「日本可以用它在福爾摩沙
所取得的偉大成就，證明自己足以晉身世界殖民強權之林。」8
更重要的是，在比較了西方殖民主義的成功與失敗之後，竹越
與三郎認為，如果把「〔日本〕不只缺乏資本，同時也缺乏強
有力的大商人這些莫大的缺陷考慮進去」，日本在台灣的統治
堪稱卓越不凡。日本在第一個殖民地上所贏得的成功，證明了
日本足以勝任帝國主義者的角色，同時也強化了它對自身天命
的看法。他寫道：

　　我不由得對我們日本人成功地通過做為殖民國家的第一
　　關考驗而感到欣喜。伴隨著喜悅，我心中也充滿了對未來
　　的想法，正如南十字星似乎在邀請水手探查南中國海的神

7　Takekoshi Yosaburō（竹越与三郎）, *Japanese Rule in Formosa*, trans. George Braithwaite
　　(London: Longmans, Green,1907), vii.
8　Ibid., 2.

祕，我們在福爾摩沙的成功，也邀請我們繼續完成擺在我
們眼前的偉大天命，讓我們國家成為「太平洋的女王」。[9]

　　幾年之後，竹越與三郎的歡欣之情得到一位美國旅行者的
呼應，後者在造訪過台灣之後，確認「日本堪稱是偉大的殖民
民族」，並將日本在台灣的成就視為「相當於美國在菲律賓、
古巴以及波多黎各的作為」。[10] 日本對台灣的殖民除了與日本
在南中國海以及東南亞的策略考量有關，同時也是日本得以和
西方強權平起平坐的象徵，兩者的重要性不分軒輊。當1916年
幾個殖民帝國彼此交戰之際，對日本帝國而言，台灣的任務十
分清楚，根據當地行政長官的說法，就是「帝國南向政策的基
地」以及「管理熱帶殖民地的試驗場」。[11] 雖然在韓國逐漸成
為日本帝國進軍東北亞時不可或缺的戰略渠道之後，台灣殖民
地的地位有下降的趨勢，但是直到日本帝國走向衰亡之際，台
灣一直都是日本的南進踏板和「模範」殖民地。
　　日本因缺少擴張性資本以及身為非西方國家的地位，很容
易讓人同時將它視為殖民者（相對於亞洲）以及被殖民者（相

---

[9] Ibid., 11.

[10] Harold and Alice Foght, *Unfathomed Japan: A Travel Tale in the Highways and Byways of Japan and Formosa* (New York: Macmillan, 1928). Foght夫婦在比較美國與日本的殖民事業時寫道：「兩個國家同時著手進行了備極需要的法律改革，清除了骯髒的都市，建造了公路與鐵路，重新組織現代化的教育系統，並重新調整了所有的生活習俗以合乎科學的原則。」（341）

[11] 東鄉實與佐藤四郎，《台灣植民發達史》（台北：晃文館，1916），487。

對於西方），佔據兩者之間的曖昧地位。的確，日本不過是僥
倖逃過被西方國家併吞的命運，而且如同其他許多東方國家一
樣，日本也是在歷經西化過程之後才得以跨入現代性的門檻。
舉例而言，日本直到1899年才得以廢除西方國家強加的不平等
條約，恢復其司法自主權。而關稅自主權更是遲至1911年才告
恢復。即使躋身殖民強權之林，日本的非西方和非白人身分，
依然備受疑戒。舉例而言，在第一次世界大戰之後的凡爾賽和
會上，日本正式要求在凡爾賽和約中載入種族平等的條款，然
而這項動議遭到盎格魯撒克遜集團的一致反對。毫無疑問的，
種族因素是一個重要的潛文本，影響了日本人如何看待他們與
白人帝國主義者的關係，同時也是日本殖民意識形態的根本要
素之一。然而，發展起步較晚這項歷史條件以及西方種族主義
的經驗事實，必然會導致日本的殖民主義成為「異例」嗎？[12]
或我們換個說法，難道所有的西方帝國主義（英國、法國、德
國、葡萄牙、美國等）都是同質的嗎？以這種方式比較不同的
帝國，會造成哪些智識上和政治上的風險？而堅稱日本殖民帝
國有別於其他——也就是白人和西方——帝國，又是根據什麼
樣的闡述模式？簡言之，差異製造了什麼樣的差異？

　　在這一章中，首先，我反對這種將日本帝國主義與殖民主
義視為某種獨特案例的特殊化做法。在相當程度上，我同意

---

[12] 這個詞彙出自Mark Peattie，參見他的 "Introduction" in *The Japanese Colonial Empire, 1895-1945*, ed. Mark Peattie & Ramon H. Myers (Princeton, NJ: Princeton University Press, 1984)。

「只有在地化的理論以及歷史性的特殊解釋足以洞察殖民化及反殖民再現與實踐的各種不同結合」。[13] 鑑於晚近的殖民與後殖民研究日漸出現地理上與歷史上的同質化傾向，這種對在地性和殊異性的堅持，無疑十分重要。英國殖民主義的意識形態與常規做法，在管理政治學與文化接合（articulation）這兩方面，與法國、德國或葡萄牙顯然有著本質上的差異。而且毫無疑問地，南美洲的被殖民經驗也絕對與韓國或印度大不相同。然而，過分強調殖民強權的時空特殊性，也會掩蓋掉形形色色的殖民強權在不同的歷史時刻、於變動的地緣政治結構下所具有的同質力量與結盟關係。在某個程度上，我們必須承認大部分形式的現代殖民主義都具有一種共同特性──那就是，外來強權對某一民族施行權力統治。殖民的方法或許有歷史上或哲學上的差異，但殖民者與被殖民者之間的基本關係結構卻是相似的。這樣說並不表示日本帝國主義與殖民主義和所謂的西方帝國主義與殖民主義是一樣的。我也不想否認日本殖民統治具有特殊的情境與策略。我想強調的是，日本這個特殊案例與全球資本主義殖民主義的普遍性之間，具有怎樣的相互關係（interrelationship）與相互依賴（interdependency）。[14]

---

[13] Nicholas Thomas, *Colonialism's Culture: Anthropology, Travel and Government* (Princeton, NJ: Princeton University Press, 1994), ix.

[14] 用Marilyn Ivy的話來說：「如果說日本不能以同一套標準來衡量，指的是不能以等同於其他民族／文化的方式來衡量其現代糾結的歷史特殊性。」參見她的 *Discourse of the Vanishing: Modernity, Phantasm, Japan* (Chicago: University of Chicago Press, 1995), 6。

其次，我認為日本帝國在崩潰之際缺乏去殖民化過程這一歷史事實，讓日本與台灣雙方未能就彼此之間的特殊殖民關係以及日本整體的殖民遺緒，進行面對面的陳述與抗辯。由於日本帝國的崩解是受到外部力量的打擊而非與殖民地之間的漫長衝突和妥協，因此日本得以規避並推卸其殖民地的問題，專心致力於自身的經濟復甦。在台灣，「光復」之後日本殖民者突然留下的權力真空，並不是由台灣人填補，而是由來自中國大陸的部隊接手。這些大陸人的貪污腐敗醞釀出台灣人對中國人的深層憤恨，繼而讓台灣人重新建構和重新想像了他們與日本之間的殖民關係。

日本帝國主義的形式與內涵

日本史學者普遍同意，明治政府初剛崛起之際，由於其政治、軍事以及經濟資源都相當有限，因此日本帝國主義只能局限在一定的範圍內擴張。日本殖民帝國無法像大多數的歐洲帝國一般，到遙遠的土地上拓展，而只能局限在鄰近的東北亞大陸區域。日本帝國的這種區域性規模，接著導出了日本殖民地的另一項特殊性，亦即日本最重要的兩個殖民地——台灣以及韓國——居住了大量和日本殖民者有著相似種族（相對於西方的種族類屬）且繼承相同文化的人口。這種與其殖民對象文化類同的觀念，「讓日本在現代殖民強權中顯得獨一無二，並深深模鑄了日本帝國形成後對殖民地的統治態度。」[15] 於是，日

本帝國主義所處的歷史時機及其殖民活動的區域性本質這兩項時空因素的結合，影響並告知了日本帝國的獨特形構與組態。日本帝國主義崛起的特殊歷史情境，是個無須爭辯的論題。但是，這種描述性（descriptive）的差異是否必然該延伸成一種評斷式（evaluative）的差異，並藉此斷定日本帝國主義與殖民主義和其他國家具有本質上的區別？在此我想要質疑的，正是這兩項自明式（axiomatic）論點的根本假設。

　　擴張性資本的極度缺乏使得日本帝國主義成為現代帝國建構中的獨特之作，這樣的論點廣獲接受，視為是經濟上與歷史上的自明之理。這個歷史事實推翻了從霍布森（Hobson）到列寧（Lenin）一路延續下來、且普受認可的殖民主義類型學，這種類型學將帝國主義視為一種政治上層結構，架構在資本主義的某個特殊階段，這個階段是建立在由壟斷與金融資本所主導的基礎上。[16] 根據這一派的經濟與發展主義（若非還原主義〔reductionist〕的話）論點，帝國主義是資本主義的壟斷階段（根據列寧最簡略的定義），那麼，日本帝國主義顯然是一個異例。金融動力在日本帝國的形成過程中扮演非常微弱的角色，而促成帝國主義擴張的金融資本，在十九世紀末到二十世紀初的日本帝國，當然是不存在的。然而，究竟是日本這個案例代表了一個一般性理論無法適用的異例，還是這理論本身根本就

---

[15] Peattie, "Introduction", 7.

[16] 關於馬派帝國主義理論的簡要說明與批判性考察，參見 Anthony Brewer, *Marxist Theories of Imperialism: A Critical Survey* (New York: Routledge, 1990)。

有問題？事實上，列寧的帝國主義理論甚至無法適用於西方模式的帝國主義。西方的資本投資、出口貿易與「新帝國主義」之間，並沒有什麼彼此符應的關係。舉例而言，1911年時，英國並未把最大比例的資本投資在非洲殖民地上，反而投資在美國這個「白人」的統治區內，而德國投資在殖民地上的資本，也只佔其總資本額的一小部分。[17] 布魯爾（Anthony Brewer）曾經指出，列寧並未充分說明資本主義各類發展趨勢——生產與資本的集中、金融資本的創造、資本的流出、國際壟斷性資本主義結盟的形成，以及資本主義強權對世界領土的劃分——之間的交互關聯，不足以構成一套成熟的帝國主義理論。此外，大不列顛這個舉世最大的殖民帝國，卻是相當晚近才發展到壟斷資本主義的階段。[18] 因此，我們不能只從資本主義生產關係的角度，把現代帝國主義簡化為資本主義發展過程的某個特殊階段。然而，這是否意味著我們必須因噎廢食地徹底拋棄經濟的解釋？

　　我們必須記得，正如同詹明信（Fredric Jameson）所提醒我們的，早期馬克思主義的帝國主義理論（從馬克思到希法亭〔Hilferding〕，從巴枯寧〔Bukahrin〕到列寧）並不是為了闡明殖民母國與殖民地的關係，而是為了解釋施行帝國主義的各個

---

[17] See G. Arrighi, *The Geometry of Imperialism: The Limits of the Hobson Paradigm* (London: Verso, 1978), and Wolfgang Mommsen, *Theories of the Imperialism*, trans. P. S. Fella (Chicago: University of Chicago Press, 1977).

[18] Brewer, *Marxist Theories of Imperialism*, 116-35.

民族國家之間的敵對關係。[19] 對列寧來說尤其如此，帝國主義
並不特別指涉對殖民地的佔有。他的確認知到資本主義的早期
階段也與殖民擴張有所牽連，但卻是基於不同的原因並造成相
異的結果。換句話說，帝國主義在這裡並不意味著某特定民族
國家進入一個資本主義的不同發展階段，而比較意味著一種互
為帝國主義的（inter-imperialist）競爭關係的集合，這種關係是
建立在已根據等級制度界定的民族國家的體系之上。巴利巴爾
（Etienne Balibar）在他對國族形式的研究中，雖然反對國族形
式與資本主義之間的決定性關係，但卻堅持「歷史的資本主義」
的系統性多重決定（systemic overdetermination）。藉助布勞岱
（Fernand Braudel）與華勒斯坦（Immanuel Wallerstein）的觀
點，巴利巴爾寫道：

> 國族並不是由資本主義市場的抽象性而是由其具體的歷
> 史形式建構而成：一種「世界經濟」的歷史形式，這種形
> 式永遠都已經根據階層化的方式組織成「核心」與「邊
> 陲」，核心與邊陲各自有其不同的累積與剝削勞動力的方
> 法，而兩者之間的關係則是不平等的交換與支配。從核心
> 開始，國族單位將世界經濟的整體結構塑造成它們在某特
> 定時期於這個結構中所扮演的角色功能。更精確地說，它
> 們把彼此間的對抗塑造成一種競爭工具，用以協助核心對

---

[19] Fredric Jameson, "Modernism and Imperialism," in *Nationalism, Colonialism and Literature* (Minneapolis: University of Minnesota Press, 1990), 43-68.

邊陲的支配。[20]

　　因此，「早期形式的帝國主義與殖民戰爭之間的勾連」在
「歷史的資本主義」的組態過程中扮演了關鍵角色，而「歷史
的資本主義」則為現代民族國家調製了形式結構。因此巴利巴
爾強調：「每個現代國族都是殖民的產物：國族永遠處於某種
程度的殖民或被殖民，有時甚至是兩者同時發生。」[21] 巴利巴
爾的這段附帶說明相當重要。一旦帝國主義這個概念脫離了某
特定民族國家的經濟化約主義，而用來指陳世界經濟中相互競
爭的國族間的系統性關係，我們便可以看到，日本儘管是處於
比較落後的資本主義發展階段，依然有足夠的條件得以發展出
帝國主義的意識。

　　日本的自由派經濟學家以及殖民主義學者矢內原忠雄，也
同意日本具有「缺乏資本的帝國主義」這項特徵。矢內原忠雄
在《日本帝國主義下的台灣》這本開創性的研究中指出，雖然
日本缺乏已臻於壟斷性資本主義高度發展階段之國族所有具有
的那種帝國主義老手的「實質」（*jisshitsu*），但在「意識形態」
上確實已經是個帝國主義國族。[22] 換句話說，日本帝國主義在

20　Etienne Balibar and Immanuel Wallerstein, *Race, Nation, Class: Ambiguous Identities*
　　(London: Verso, 1991), 89.

21　Ibid.

22　矢內原忠雄，《帝国主義下の台湾》（東京：岩波書店，1988），9。初版於 1929
　　年。

其初始階段並非日本資本主義內在發展趨勢的必然產物。日本
帝國主義是在歐美帝國主義競相爭奪世界剩餘領土的脈絡下發
展成形。矢內原忠雄所指出的是，儘管日本並不具備與西方帝
國主義相稱的內涵（金融資本的出口、壟斷的形構、過度生產
的模式等等），但透過併吞台灣，日本無疑已具有西方帝國主
義的形式。就這點而言，矢內原忠雄認為甲午戰爭不只是一場
「國民戰爭」（*kokumin sensō*），而是具備了「早熟帝國主義」
（*sōjuku teikokushugi*）──一種「依賴政治決策與軍事行為的帝
國主義早期階段」──的典型特徵。矢內原忠雄將稱之為「非
帝國主義國家的帝國主義實踐」。[23] 在這裡必須注意的重點
是，存在於日本帝國主義形式與實質間的差距，只能用來描述
日本帝國主義的早期發展。舉例而言，早在1920年代，矢內原
忠雄的分析就已顯示出日本在台灣的殖民主義已不再是異例，
日本已具備壟斷性資本主義階段的所有特徵。因此，日本與西
方帝國主義之間的差異，並不是基於日本資本主義發展的內在
本質，而是取決於外部的、互為帝國主義的關係，這種關係設
定了日本帝國主義在世界體系中的特殊形式。

建構類同與差異

　　第二個假定日本殖民主義有別於西方殖民主義的論點是：

---

23 前引書，10。

日本是「亞洲式」帝國。除了太平洋上的領地之外，日本最重要殖民地——台灣與韓國——上的人民，與日本人有著相近的種族且繼承了共同的文化遺產。這種與其殖民對象之間的文化類同性，是日本迥異於其他現代殖民強權的獨特之處。這個就算稱不上顯著至少也是看似客觀的觀察，假定西方帝國主義與殖民主義銘刻著西方與非西方、白人與非白人之間常見的二元對立，而日本帝國卻是被界定在文化與種族同一性的特殊範疇之內。撇開「文化」與「種族」這兩個充滿問題的合成概念，我們是根據哪些因素認為日本帝國不具備想像中的差異，以及它具備想像中的認同？換句話說，把西方殖民關係視為**標準**而將日本視為**異例**的**觀點**，究竟是建立在什麼樣的基礎之上？更重要的是，如果文化與種族差異這類觀念（不論根據偽科學的論述或是人類學的發現）是西方帝國主義與殖民時期特有的現代發明，難道我們不該以同樣的方式來看待日本及其帝國之間的類同性？換句話說，假使這類差異不是民族與文化的內在屬性，而是西方擴張主義時期的歷史建構物，那麼我們似乎也不該驚訝，種族與文化的類同性同樣也可以勾連到殖民論述當中？如果說日本的亞洲帝國內部具有某些同一性的面向，這項說法唯有放在全球殖民現代性這個更大的脈絡中才得以成立——一種由歷史限定和預先構成（preconstituted）的殖民體系，在這個體系裡，日本及其亞洲殖民地內部的文化與種族認同，是在日本與西方和亞洲的關係雙雙面臨轉變的時刻所發明或想像出來的。

　　在此我要強調的是，如果我們仔細觀察日本殖民論述的不同描述，日本所宣稱的這種與其殖民地人民之間的認同，絕非明白可見或沒有異議。事實上，日本殖民政權為了確立自身的正當性，不斷試圖在種族上與文化上將日本人民與其周圍民族區分開來。日本現代政府在軍事和政治上的優勢地位，很容易就被轉譯成日本民族在文化上與種族上的優越性。例如，後藤新平就曾說過，台灣人至少要經過八十年的文化同化才可能晉升到日本人的境界。[24] 同樣的情形也發生在韓國殖民地上，日本人一直認為，韓國人那種強硬的族群民族主義以及他們對天皇的缺乏忠誠，始終是日本與韓國同化的一大障礙，甚至比西方國家與其殖民地之間的問題更嚴重。[25] 關於這點，我在後面幾章會有更深入的討論。在此只須指出，日本殖民統治初期，對於日本帝國是否該與這些據稱具有文化與種族相似性的殖民對象建立關聯，並不存在一致的看法與共識。日本人與殖民地人民之間的文化與種族類同性，是靠著「同文同種」與「一視同仁」的口號召喚而來的，其實一點也不「自然」（假如是天生自然的，就沒有必要這樣大聲疾呼）。日本之所以在不同的歷史時期將種族與文化類同性的論述整合到「同化」與「皇民化」的整體論述當中，一方面是為了確立殖民統治的正當性，另一方面則是為了區隔和嚇阻西方帝國主義。簡而言之，我們

---

[24] 摘自矢內原忠雄，《帝国主義下の台湾》，184。

[25] イエンスク（李姸淑），〈同化とは何か〉，《現代思想》24, no. 7（1996）：148-57。

不該把日本殖民者與其殖民地人民之間的文化和種族類同性視為理所當然，而應當看成是在一個已經被區分成「白人」與其他人的二元種族世界中，所浮現出來的某種殖民論述的面向之一。[26]

「不夠／不白，但很像」

毫無疑問的，日本帝國主義及隨後的殖民主義有其自身的特質，反應了它們出現時的特定歷史情境，以及其殖民地特殊的社會經濟與政治體系。此外，日本帝國的建立與其西方對手（德國除外）之間，的確存在著一定的「時間差」。日本帝國主義逐漸增強之際，正好是西方強權的帝國擴張與殖民地維繫飽受嚴厲批評的時刻。日本帝國主義的後進性以及「非白人」的種族構成，當然也逼使日本在面對殖民地人民時，必須創造出一套不同的「地位優越性策略」（套用薩伊德的話）。[27] 酒井直樹簡潔扼要地將這套策略界定為「無條件認同西方與無條件拒斥西方的奇特共存」。[28] 酒井在解讀和辻哲郎的遊記時指出，當和辻哲郎將印度對殖民統治的屈從歸諸於印度的民族性而非英國的擴張勢力時，他是認同西方的。然而，當他來到上海這個

---

[26] 見小熊英二，《「日本人」の境界》。

[27] Edward Said, *Orientalism* (New York: Vintage Books, 1978), 7.

[28] Naoki Sakai (酒井直樹), *Translation and Subjectivity: On "Japan" and Cultural Nationalism* (Minneapolis: University of Minnesota Press, 1997), 135.

日本帝國主義得以充分展現的半殖民都市，置身在**盎格魯撒克遜**這個名詞可以輕易由**日本人**取代的殖民情境中，和辻哲郎卻刻意否認盎格魯撒克遜與日本人之間具有任何模仿關係。雖然和辻哲郎在中國具有帝國主義者的地位，他卻拒絕去面對日本帝國主義與西方帝國主義之間的結構相似性。相反地，他還對英美帝國主義以及歐洲中心主義提出強烈的譴責。他所操弄的策略是：「把描繪英美帝國主義的殘忍當做一種宣洩口，藉此轉移掉他自己國家的帝國主義所犯下的某些殖民罪行。」[29] 他所否認的不只是日本與盎格魯撒克遜之間的模仿關係，**還有**日本與中國及其他亞洲人民之間的敵對關係。他以家父式和種族主義式的召喚，呼籲將東方各民族從歐美的殖民統治中解放出來，藉此轉移掉日本與其亞洲殖民地之間的敵對關係。

　　大體而言，和辻哲郎對認同與去認同的言論操作，可做為日本殖民論述的總體表徵。這裡的問題不是日本的殖民論述究竟是相同於或「相異於」西方的殖民論述，而是日本殖民論述是站在什麼樣的發聲位置上，將「日本」與「他者」之間既定的差異接合和定位成認同或差異。我們需要警覺的是，日本殖民主義對差異說的堅持如何隱藏了其殖民主義／帝國主義實踐與其他所有帝國主義與殖民主義之間的結構同一性。日本民族主義者常常以文化和殖民差異為名，將日本的作為與西方帝國主義區隔開來，強調日本對被殖民者比較「人道」，也比較

---

[29] Ibid., 134.

「有助益」。30 簡而言之，有關日本差異性的描述，預設了一套可資比較的殖民與帝國主義系統經濟。

　　另一種可以凸顯日本殖民主義與其他殖民主義之間的共現（co-occurrence）以及其所製造的殖民心態的方式，是去留意表露在殖民地知識分子與殖民母國日本關係中的現代性問題。台灣批評家呂正惠在解讀殖民作家王昶雄的〈奔流〉一文時，指出在皇民化時期，台灣知識分子將「皇民化」的殖民過程與他們對「現代性」的渴望混為一談。呂正惠認為，正是因為台灣知識分子無法解脫這兩股龐大的殖民主義力量，因而無法在「智識上」對抗皇民化。31 我將在第三章進一步討論皇民化的殖民意識形態。在我們此刻討論的這個脈絡中，重要的是，如呂正惠所點出的，在先進的日本與落後的台灣兩極對立的情況下，這種不對稱的殖民關係只會凸顯殖民地知識分子的焦慮。這類模式的殖民地病症顯現在好幾部文學作品中，刻劃出台灣知識分子從日本留學返台後，對宗主國日本充滿嚮往而對殖民地台灣滿懷不耐的心情。

　　在這些作品中，台灣知識分子所企求的無非是喧鬧的東京

30 關於日本殖民主義與西方殖民主義的差異，以及日本殖民主義對殖民者有益的論點，請見石原慎太郎與馬哈地（Mahathir Mohamad），《Noと言えるアジア》（東京：光文社，1994），以及小林善紀，《戰爭論》（東京：幻冬社，1998）。台灣人的相似觀點請見黃文雄，《Noと言える台湾》（東京：日本文藝社，2000）。

31 呂正惠，〈皇民化與現代化的糾葛——王昶雄〈奔流〉的另一種讀法〉，發表於台灣文學研討會（台北：1996）。

街頭所代表的那套現代性。相對的，台灣鄉村只有無可逃避的無趣以及驚人的單調。於是，宗主國日本與殖民地台灣之間的鴻溝，遂成為台灣知識分子思考皇民化問題的起點。對現代性的渴望因此化約成「日本化」這個問題。呂正惠寫道：

> 　　從殖民統治的立場來看，日本，特別是東京，成為台灣知識分子最重要的「留學」場所，也是非常自然的事。在這種統治架構下，這些知識分子難得有人到更先進的英、美、德、法各國留學，而唯一可以做為不同選擇的中國大陸，現代化的程度當然還不及日本。於是，日本就「壟斷」了台灣知識分子的「現代化」視野，使他們在無法比較的情形下，不知不覺地就把日本當成最現代化的國家，從而把「現代化」與「日本化」相混而論。[32]

　　就算日本人與台灣人有所謂種族與文化上的類同性，但雙方之間這種現代vs.未開發、殖民者vs.被殖民者的結構性關係，相較於印度知識分子與英國或西非知識分子與巴黎之間的關係，並沒有什麼不同。撇開日本與西方之間的矛盾關係不談，對台灣知識分子而言，日本就好比是西方殖民國家一般，毫無疑問代表了現代。

---

[32] 前引文，4。

殖民研究及其令人不滿意之處

如果我們要找出日本的帝國主義與殖民主義和其西方對手之間的差異，我們會發現，雙方的差異並不在於殖民主義或帝國主義的實際作為，而是在於當西方著魔於將殖民主義與帝國主義視為正當的研究領域——特別是在人文學科——的同時，日本卻相對地對這個主題顯得無動於衷。近來的批判性理論研究一直試圖為迄今為止受到壓迫與壓抑的人民——包括少數族裔、婦女、同性戀、殖民結束後散居在前殖民母國的人民等等——發聲，並啟動他們自身的論述力量。而這類研究的重要領域之一，正是對西方帝國主義及其殖民地子民的歷史、語言與心理進行再檢驗（reexamination）與再脈絡化（recontextualization）。這類探索殖民文化政治學的研究，在傅柯（Michel Foucault）與其他論述理論家的影響下，已經將分析範式從挖掘殖民權力的原始材料轉移到在殖民的語言與意象中找出再現裡的權力位置。在這塊蓬勃發展的殖民主義批判園地裡，日本這個唯一的非西方強權，顯然是完全缺席，看不到任何有關日本的具體討論，即便在當前這個後殖民時代，日本依然滿懷矛盾地讓自己處於西方／非西方的區隔之中。

在近來絕大多數有關殖民論述研究以及後殖民理論的選集中，日本幾乎都是明顯的缺席者。這麼說並不表示日本殖民主義不曾成為學術分析的對象。它的確是。問題是，在歐美學院中，有關日本殖民論述的研究總是歸屬於特定族裔的隔離區

內。有關印度殖民或阿爾及利亞殖民政策的研究可以放在「文化研究」這個大標題之下，但針對日本殖民主義以及殖民地台灣與韓國的研究，卻總是放在區域研究或歷史系裡，特別是在「亞洲」與「東亞研究」這個名目之下。這種膚淺的區分方式強化了傳統學院的領域劃分，不同領域的專家各自局限於專攻國家的語言與文學當中，完全不在乎彼此與彼此的作品。更重要的是，這種學院劃界的結果，讓諸如殖民主義這樣的題目被當成一種範疇式的研究──涇渭分明、獨一無二──而不是一種關聯性的組合研究。

　　我的目的並非要求將日本納入多元文化或多元民族的文化研究課程。相反的，我要強調的是，我們必須認知到：在歐美學院中，我們已習於將帝國主義和殖民主義物化與本質化為一種單純的「西方」現象，並以此自滿。在有關帝國主義與殖民問題的批判研究中，這種漠視非西方殖民經驗的現象，凸顯出西方依然執迷於自身的權威，把自己建構為知識的主體，**以及**自我批判的發起者。這種想法彷彿是：在歐洲中心主義的意識中，一個非西方、非白人的民族是不可能犯下同樣值得譴責的殖民暴行。諷刺的是，基進的反歐洲中心主義最後反而成了歐洲中心主義的極端鞏固者。然而，這種不把日本視為帝國主義和殖民國家並納入歐美擴張主義這個更大的母體之下的做法，可以完全歸諸於根深柢固、死不悔改的歐洲中心主義或歐洲中心主義的無知嗎？或者我們只該將這種排除行為單純歸咎於學科之間的分工？又或者是，日本的殖民經驗具有某種特殊的歷

史因素，使得它無法——直到最近——成為殖民研究的對象，
不只在歐美的文化研究中如此，在日本亦然？在這個意義上，
另一個同樣很少討論到的案例，也就是德國的帝國主義與殖民
主義，可做為強烈而有趣的類比。

　　在英語或德語世界中，第一本完全聚焦於德國殖民主義及
其後果的跨學科論文集，應該是《帝國主義的想像：德國殖民
主義及其遺緒》（ *The Imperialist Imagination: German Colonialism
and Its Legacy* ）一書，這本書的編者提出了好幾個理由，說明
「德國研究」這個學門為何很少去調查和挖掘德國殖民主義及
其後殖民狀況這個主題。[33] 書中所關注的，顯然並非德國殖民
主義何以被排除在一般的殖民論述研究的討論和理論化範疇之
外，而是這種方法學的取向究竟花了多少時間，才在德國和歐
美學院中的德文研究中取得立足點。根據那幾位編者的看法，
這種遲緩未必全然是負面的。首先，其他地方的殖民與後殖民
理論家逐漸警覺到那種全稱式的表述是有問題的，它把各形各
色的民族與種族形構加以同質化，並且瓦解了迥異多端的殖民
與後殖民經驗的年代學。因此，德國殖民主義及其後殖民狀態
的特殊性，有助於勾勒出一種更複雜、更異質的殖民研究。其
次，採用可以將德國放置於後殖民世界的理論化取向，「甚至

---

33 Sara Lennox, Susanne Zantop, and Sara Friedrichsmeyer, eds., *The Imperialist
Imagination: German Colonialism and Its Legacy* (Ann Arbor: University of Michigan
Press, 1998).

可能對德國文化生產本身都是有益的」。

　　透過德國的殖民史及其後來脫離殖民的過程，理論將無可避免地迫使德國放棄他們眾所周知的地方主義，轉而朝向類似法國與英國的世界主義。最後，以後殖民理論來解釋德國的文化，「或許有助於不同領域的德國人與學者以全新的眼光展望一個不同的德國。」該書的編者引用了霍爾（Catherine Hall）在談論英國的情況時所說的話：當「『我們』不再是中心時，認同就必須重新想像」。[34] 該書的編者無條件接受「殖民和後殖民理論」與「德國脈絡」（German context）之間的兩極對立，目的是為了查看「後殖民理論和分析可以如何應用」，這點讓我感到不安；此外，後殖民情境潛在的解放可能性也無法說服我。然而，就我們的討論脈絡而言，西方對德國殖民主義及其後殖民狀態的「遲緩」關注，與日本的情況頗為類似，因此有必要做些明確的歷史說明。

　　德國的殖民與後殖民研究之所以起步較晚，可以歸諸於幾個因素。首先，德國身為殖民強權的時間相當短暫，只限於1884到1919年，「比起那些享有幾個世紀的帝國利益並承受了漫長且代價高昂的去殖民抗爭的國家來說，殖民主義這整個問題對德國而言，似乎不是那麼重要。」其次，德語世界缺乏後殖民作品，也沒有強大的少數族群代言人，以及可以與其他西歐國家和美國的「流浪明星」（nomadic stars）相比美的少數

---

34 Ibid., 6-7.

族裔知識分子。第三，德國人把焦點都放在猶太大屠殺上，將之視為「德國歷史無可迴避的核心事實，這點或許也妨礙了德國對歐洲殖民主義的觀察，以及德國人身為歐洲人的共謀角色」。[35] 雖然日本的殖民主義，特別是對殖民者採行同化政策這一點，常拿來與法國殖民主義相提並論，然而日本的殖民經驗及其後果或許更接近於德國。就帝國的持續時間而言，日本正式成為帝國的時間，以及台灣做為統治最久的殖民地（五十年），比起法國與英國都十分遜色。不過對我而言，殖民統治的時間長短似乎不如殖民統治的整體密度來得重要。此外，當奧許維茲（Auschwitz）集中營成為現代德國史的焦點之際，廣島卻將日本建構成受害者之所，從而掩蓋掉日本身為亞洲侵略者的角色。[36] 最後，強調日本是個同質性民族的神話深深影響了戰後的文化民族主義，直到今天，那些於日本出生的少數族裔仍被惡意地稱為「在日」（*zainichi*），意思是暫時「居住在日本」的人。[37]

　　毫無疑問的，德國人對納粹時期加諸在猶太人身上的罪行所做的陳述與補償，遠超過日本對其戰爭受害者所做的（但是德國對於第二次世界大戰及其短暫的殖民歷史所做的關注就沒

---

[35] Ibid., 3-6.

[36] Lisa Yoneyama, *Hiroshima Traces: Time, Space, and the Dialectics of Memory* (Berkeley: University of California Press, 1999).

[37] 村井紀，《南島イデオロギーの発生》（東京：太田出版，1995），特別是第四章。

那麼多）。事實上，日本官方對於惡名昭彰的南京大屠殺依然秉持輕描淡寫甚至全然否認的態度。然而，從未經檢驗的道德裁判的角度而言，在德國與日本的比較中，有個問題一直較少談及，那就是猶太大屠殺的記憶如何成為塑造戰後德國國家認同的工具——一種建立在道德準則上的認同，記住自身國家身為侵略者的角色。[38] 這個記憶過程與補償程序所顯示出的謙遜與感性，與德國認同的其他耀眼來源——由歌德及莫札特所代表的文化天賦——充分咬合在一起。這些記憶成功地將歌德與希特勒之間的鮮明對比，這個在戰後初期深深困擾德國人的衝突，降低到最小的程度。換句話說，只有透過對大屠殺的強迫哀悼與集體記憶，才可以在戰後時代重新建構一個不帶有納粹偏差的德國認同。在日本這個案例中，戰後的國家新認同是建立在單一性及排他性這兩個主導日本認同討論的基礎之上，是由抹去戰爭及帝國的記憶建構而成。「日本」做為一個地理以及文化上的符碼，如今放棄了浩大帝國的展望，轉而將自己封閉局限在「島國」的界線之內。「日本人是由多種民族所構成的」這項論述，曾經是日本帝國併吞殖民地時不可或缺的邏輯依據，但在戰後隨即遭到拋棄與否認。反之，單一的民族／種族認同，或小熊英二所謂的「單一民族的神話」，在戰後隨著日本拒絕面對其戰爭罪行與殖民歷史而正式開展並變得牢不可

---

38 這個看法來自 Franziska Seraphim "War Memory, Special Interests, Changing Publics"（未發表論文）。

破。[39] 根據這項新說法，日本自古以來就是一個在日本列島上整合而成的自然群體。在戰後建構的日本國族史中，日本的現代史從未如實被理解為帝國創建史，而日本帝國的前子民則徹底在這個論述中消失。藉由抹除和否認那些「曾為日本人」的痕跡，戰後做為同質性民族的日本人的文化認同才得以確立，並成為日本的自我形象。[40]

　　基於日本與德國處境之間的類比性，我們必須將日本在歐美殖民論述中的缺席，以及這個課題在美國與日本兩地的「日本研究」中直到晚近才受到關注這兩項事實，詮釋成一種由歷史導致的情境症候群。在此我想指出的是，這些症狀並不是日本帝國與生俱來的，而是日本帝國的突然瓦解以及二次大戰之後重新組構出來的世界新秩序，阻止並拖延了對於日本殖民經驗的探究與詢問。西方開始留意到日本的處境一事，並不意味著它們在某個程度上，基於對殖民研究的全神關注，已克服了自身的歷史遺緒。相反地，它們對殖民論述研究以及後殖民理論的著魔，反而應該讓我們警覺到，西方與其他區域之間持續不斷的新殖民關係。

---

39 小熊英二，《単一民族神話の起源》（東京：新曜社，1995）。

40 請容我強調，在此我的目的並不是要低估德國人及日本人對其戰爭影響的不同反應與態度。我的重點是反對將這些差異歸諸於德日兩國的民族性格或文化性格，而應從為了重構戰後的世界體系而重新定義與建構民族認同這個角度，透過一種類似的意識形態質詢的結構去理解它們的差異。

去殖民化與帝國的消失

　　去殖民化，正如法農提醒我們的，是一個「除非我們能準確地認清賦予其歷史形式與內容的那個運動，否則便無法理解及澄清」的歷史過程。它是一種過程，在這個過程中，殖民世界「在兩個主角歷經血腥的決定性鬥爭之後」，翻轉成一種新的正統，「最後應當成為第一，第一則成為最後」。[41] 就這個意義而言，去殖民化在日本與其（前）殖民地上依然是「難以理解的」。法農出身自獨立運動時期的阿爾及利亞，他對西方殖民主義的憤怒充分代表了促成這場歷史變遷的基本動力。二次世界大戰之後，歐洲各主要（英法）和次要（比利時、葡萄牙、荷蘭）帝國的正式瓦解，是導因於全球均勢結構的轉變，並反過來促成其重新洗牌。但我們必須謹記，這個全球性的過程絕非線性、同質的。印度獨立的權力移轉相對「平和」，但阿爾及利亞的民族主義革命卻相當血腥暴力。這段崎嶇漫長的過程充斥著衝突、遲疑與不確定性，藉由這個過程，歐洲強權一方面正式繳出它們的帝國控制權，另一方面卻又開始重新建構一種非正式的帝國依賴。[42] 歐洲殖民屬地的瓦解，激起了殖

---

[41] Frantz Fanon, *The Wretched of the Earth* (New York: Grove Press, 1963), 36-7.

[42] 關於歐洲去殖民化的歷史分析，請見 R. F. Holland, *European Decolonization, 1918-1981: An Introductory Survey* (London: Macmillan, 1985); Tony Smith, *The Pattern of Imperialism: The United States, Great Britain, and the Late-Industrializing World since 1815* (Cambridge: Cambridge University Press, 1981); and Frantz Ansprenger, *The Dissolution of the Colonial Empires* (New York: Routledge, 1989)。

民母國知識分子與政府在位者的政治辯論，有些時候甚至導致了嚴重的政治危機。例如英國1956年的入侵蘇彝士運河事件，以及法國第四共和因為印度支那和阿爾及利亞的戰爭而宣告瓦解。諷刺的是，日本二次大戰的軍事失敗以及隨之而來的美軍佔領，反而阻止了去殖民化成為日本國家意識的一部分。

　　波茨坦宣言讓日本失去了所有的殖民地和佔領地，並將日本的主權範圍限定在本州、九州、四國與北海道。[43] 日本不像英國與法國，它不必去考量自身在去殖民化過程中的角色。日本內部並未就其屬地的命運展開辯論；就像戰敗這件事情也從未引起論辯一樣。日本帝國就這樣無聲無息的消失了。結果是，去殖民化從來不曾成為國內議題；它是其他國家的問題。「到底什麼構成了日本帝國的去殖民化？」這個問題正是在戰後的日本知識界與大眾論述中同時遭到剔除的課題。因此，日本免除了（或是很方便地逃脫了）任何有關其戰爭責任以及整體殖民責任的討論與論辯。然而，日本殖民者突然撤退所留下的真空狀態，卻為那些突然間發現自己被推入後殖民時代，只能無助地陷入另一場新殖民鬥爭的人們，帶來悲慘的結果。

　　台灣人民在歷經早期無數的武裝抗爭以及溫和的自治要求之後，驀然發現自己竟在日本投降後被「解放」並「回歸」中國。台灣的去殖民化和歐洲常見的去殖民經驗不同，既不是殖

---

43 根據波茨坦宣言的細則，日本帝國是以「不正當」的方式取得，這點也適用於美國與英國。

民母國的政治決定，也不是一種宣揚民族主義的新形式。台灣的去殖民化是由一群來自中國、裝備不足、缺乏訓練的接收軍所主導。一開始，台灣人狂熱、樂觀地迎接日本的戰敗，期待能完全取代殖民者先前佔據的位子，全島充斥著回歸「祖國」的喜悅。[44] 然而，這場慶祝是短暫的。事實證明，日本的殖民遺緒遠比與祖國統一的情感更強韌。台灣人在歷經半世紀的殖民統治以及與中國的分離之後，已經是「不完整」的中國人。大部分台灣人對蔣介石以及國民黨政府所知有限；而能夠說出一口北京話——如今已成為標準「國」語——的人，更是鳳毛麟角。此外，殖民時期的經濟發展也在殖民地台灣以及戰爭肆虐的中國之間築起另一道鴻溝。行政長官陳儀所領導的外省佔領軍，並不是將台灣視為被解放的省份、而是當成佔領地來統治。戰後經濟的崩潰以及中國人的貪污腐化引發了台灣人的不滿，並累積成1947年二二八事件的大規模衝突與血腥鎮壓。[45]

在接踵而來的中國內戰之後，挫敗的國民黨政府於1949年「遷移」到這座島嶼，並宣布將暫駐台灣以便反攻大陸。國民政府自認是中國的合法政府，並在美援的協助下，對這些他們

---

[44] 關於當時台灣人對於日本戰敗以及回歸中國大陸的喜悅與興奮，請見一本壽命很短的雜誌《新新》（1945-1947）。

[45] 二二八事件是由警察逮捕毆打一名販賣私煙的小販所引起。這起事件引發大規模的抗議，最後由國民黨政府從大陸調來部隊鎮壓。估計大約有18000到28000人被殺。在其後的「白色恐怖」時期，有數千人遭到逮捕。其中許多人直到1980年代初才獲釋。

口中的同胞採取了新殖民政策。[46] 日本的另一個重要殖民地
——韓國，其去殖民化的過程也出奇類似。[47] 對我們的討論而
言重要的是，不僅是台灣與韓國的人民排除在解放與去殖民化
的過程之外，連日本殖民者也是。因此，日本的主流歷史敘述
才得以將其帝國瓦解之事一筆勾銷，將自己與去殖民化隔離開
來，輕輕鬆鬆地把日本史寫成從戰敗到美軍佔領，從去軍事化
到「民主化」以及史無前例的經濟「奇蹟」。去殖民化是發生
在其他民族身上的遙遠事件。伴隨著日本殖民地的消失，日本
的殖民意識也連帶受到壓抑。在戰後，取代日本的殖民意識以
及必然連帶產生的多種族意識的，是逐漸佔有穩固優勢地位的
日本單一民族意識。

　　在此，我們或許該檢視一下去殖民化對法蘭西帝國造成的
衝擊，因為比起英國來說，日本與法國的殖民哲學和實踐是比
較共通的，透過法國的例子，我們比較容易推測出去殖民化對
日本可能具有怎樣的意義。一般認為英國的殖民統治與制度創
造出自治體的系統（dominion system），並設計出一套制度性的

---

[46] 國民黨政府只將台灣視為「暫時根據地」，並未嘗試去了解台灣人的文化與歷史
複雜性。國民黨以北京話為「國」語，強迫台灣人使用，與日本殖民後期強迫
台灣人使用日語的做法如出一轍。許多在地的文化習俗被視為落後野蠻，遭到
鄙視與壓制。

[47] 關於韓國的去殖民過程，請見 Chungmoo Choi, "The Discourse of Decolonization
and Popular Memory: South Korea," *Positions* (Spring 1993): 77-102; and Bruce
Cumings, *The Origin of the Korean War* (Princeton, NJ: Princeton University Press,
1981)。

程序逐漸放鬆對殖民屬地的控制，這套做法通常稱之為「聯合」
（association）政策。相對的，法國與日本則將「同化」的意識
形態視為正當的殖民統治工具，並堅持中央政府對殖民地的行
政具有無可置疑的權威。因此，當英國依其典型做法談論自治
的時候，法國與日本卻渴望將殖民地的子民轉化成同胞（「一
億個法國人的大法蘭西」，以及「大日本的皇民」）。日本與法
國殖民政權的另一個顯著共通點，就是軍隊與警察在殖民事務
上具有強大的主導權。在這兩個帝國裡，軍事支出永遠超過行
政花費，而在大部分的案例中，奪取殖民地都是為了它們的戰
略而非經濟價值。有關日本與法國殖民政策的類似之處，我在
接下來的章節中會有更仔細的討論。

　　這種由強勢軍事主義加上同化意識形態建構而成的帝國聯
合體，正好說明了法國殖民主義何以這般頑強，印度支那和阿
爾及利亞的反帝國主義鬥爭何以這般血腥暴力，以及最後為何
對法國本身帶來那般悲慘的結果。法農半信半疑地寫道：
「1954年11月，經過六十個月的戰鬥之後，這世上沒有任何人
會懷疑，法國殖民主義依然不肯鬆開它的爪子並傾聽阿爾及利
亞人民的聲音。」[48] 即使在全球化的今天，法國與其前殖民地
在文化、經濟以及政治上的交互依賴關係，仍然相當密切。[49]

---

[48] Frantz Fanon, *A Dying Colonialism* (New York: Grove Press, 1965), 23. 初版於 1959 年。

[49] 請見 Manthia Diawara, "Toward a Regional Imaginary in Africa " in *The Cultures of Globalization*, ed. Fredric Jameson & Masao Miyoshi (Durham, NC: Duke University Press, 1998), 103-24。

然而，在日本，其殖民政權消崩瓦解的性質，排除了它與殖民地之間漫長而且可能極為痛苦的互動掙扎。隨著裕仁天皇宣布日本戰敗的「玉音放送」，日本的殖民佔領宣告結束，其帝國子民也各自恢復其原來的國民身分。既然軍國主義是日本侵略行動的首要來源，去軍事化也可解釋為事實上的去殖民化。

去殖民化的認識論

由於去殖民化不僅是一種政治—經濟過程，也是對於殖民知識這個概念的知識論詰問，因此我認為應該將去殖民化（或缺乏去殖民化）視為考察西方與日本對殖民與後殖民研究的不同表現與態度的定位點。在去殖民的前夕，生產出帝國主義與殖民主義、同時也為其所生產的那些西方認識論的基本範疇，諸如文明、思考、人文主義、理性等，已經無法再欺瞞那些從未擁有聖經而「只能使用聖經」的「十五億土著」。[50] 正如賽沙爾（Aimé Césaire）強力指出的，去殖民運動讓殖民者與被殖民者同時意識到，「『歐洲』在道德上以及精神上都是站不住腳的。」[51] 如同楊（Robert Young）所指出的，以批判西方基本教義和形上學為特色的所謂法國後結構主義者，正是阿爾及利亞獨立戰爭這場去殖民過程的表徵與產物。德希達（Derrida）、

---

50 Jean-Paul Sartre, "Preface," in Fanon, *Wretched of the Earth*, 7.

51 Aimé Césaire, *Discourse on Colonialism*, trans. John Pinkham (New York: Monthly Review Press, 1972), 10.

李歐塔（Lyotard）和西蘇（Cixous），以及非後結構主義者的沙特、波娃以及阿圖塞（Althusser）等人，若不是出生在阿爾及利亞，就是曾參與過這場戰爭，這點並非偶然。[52] 換句話說，正如西方對殖民他者所做的知識發明與想像產生了殖民主義，去殖民化則開放了一條新道路，對這些假設提出批判性詰問。楊寫道：

> 自二次大戰以來的這些年間，首次出現的嶄新現象是，在歐洲帝國進行去殖民化的同時，大部分時候也伴隨著試圖將歐洲思想及其歷史形式一併去殖民化的努力。這種嶄新的現象遂成為後現代主義所代表的那種根本轉變與當前文化危機的標誌。[53]

就在歐洲殖民統治正式結束時，歐洲挾著其經濟支配與政治霸權所宣稱的普世正當性，也不再是無須爭論的。這類思想家對於西方（以及其知識分子）自身在批評非西方（前殖民地）時所持的立場與距離，充滿猶疑甚至不信任的感覺；而認同與再現的危機只是這種感覺的部分呈現。

---

[52] Robert Young, *White Mythologies: Writing History and the West* (New York: Routledge, 1990). 如果我們接受法農與賽沙爾的看法，認為法西斯主義不過是德國人在一次大戰之後因海外帝國遭到剝奪而將歐洲殖民主義帶回歐洲本土，那麼霍克海默（Horkheimer）與阿多諾（Adorno）的《啟蒙的辯證》（*Dialectic of Enlightenment*）一書，可說是對西方知識論的最早詰問。

[53] Young, *White Mythologies*, 119.

　　雖然我對西方知識的死亡這項假設並不表樂觀，但我同意楊所說的，對西方知識論的批評是去殖民化或他所謂的後現代主義的直接結果。然而，為了說明後現代主義思想以及它對「他者」這個問題的著魔並沒有根本改變它企圖推翻的殖民結構，在此我想借用楊針對自我（西方）與他者（非西方）之間的關係所提出的另一項獨到觀點。簡單來說，後現代主義說到底就是歐洲中心主義的另一種表現。藉著忽略它自身發聲的情境，其主要關懷仍停留在西方的自我批判之上。這點說明了為什麼日本這個唯一非西方的殖民強權，以及被日本及西方強權蹂躪的大部分亞洲地區，在西方有關殖民主義的詰問中，依然遭到明顯的忽略。

　　在楊對西方知識局限性的質疑中，他認為以非歷史主義的方式思考和書寫歷史將可解構歐洲中心論的歷史，特別是立基於黑格爾辯證結構的傳統馬克思主義論述。馬克思主義的問題是，只要它繼承了黑格爾式的「將他者挪用為一種知識形式的哲學結構」系統，它就依然會深深地糾纏在激勵西方帝國主義計畫的那種壓迫中。楊寫道：「完全透過徵收與吞併他者的方式來操作的知識建構，是在概念層次上模仿西方對非歐洲所做的地理和經濟吸納。」[54] 楊相當正確地指出，馬克思主義這個資本主義的主要反對力量，仍然保留了其民族優越感，同時依然是它所反對的那個系統的共謀。不過他完全忽略了在非西方

---

[54] Ibid., 3.

的脈絡下，反帝國主義與反資本主義鬥爭對馬克思主義的挪用
與重構。黑格爾主義衝突二元結構「的運作是依循主體感知客
體的結構而來，這是一種同一者與他者的辯證，他者在被吸納
入同一者之前，先經由對同一者的否定而被同一者建構為他
者」，[55] 因而沒有對話或交流的可能性。後現代主義者在去殖
民的這個歷史時刻試圖要做的，就是去打斷或解構這種利用黑
格爾式的主／奴、殖民者／被殖民者敘述來將自我／他者關係
加以理論化的壓迫性做法。

　　因此，後現代主義者對普同性的不信任，以及對獨一性與
異質性的要求，是一種克服黑格爾模型中所隱含之暴力的嘗
試，並企圖建構出一種知識形式，得以尊重他者且無須將之吸
納進同一性中。在解讀列維納斯（Emmanuel Levinas）的哲學
作品時，楊極力支持一種不屬於主宰、否定和自我重複的他者
關係。列維納斯認為本體論是一種「權力的哲學，一種自我中
心論，在其中，與他者的關係是藉由將他者同化為自我而得以
完成」，他提議用倫理學來替代，「用一種對他者的尊敬替代
對他者的奪取，以及一種不是做為否定或同化而是做為無窮分
離的欲望理論。」[56] 這種尊敬是由哪些具體因素所構成？而這
種對於他者的崇敬，與殖民論述和東方主義論述將他者美學化
或理想化的主導模式又有什麼不同？誰來決定什麼時候和什麼

---

55 Ibid., 6.

56 Ibid., 12-13.

情況需要尊敬（或是不需尊敬）？一個試圖去認識並尊敬他者的自我發言位置，不就已經是個享有特權的位置嗎？此外，正是這種對殖民歷史的清除（透過反駁所有的歷史），將他者安置在本質主義的位置上：一個他者不得不成為他者的位置。楊寫道：「大寫的歷史是一個暴力與戰爭的場域；它構成另一種形式可讓同一性將他者據為己有。為了讓他者維持他者的身分，他一定不能從大寫的歷史中汲取其意義，而必須有一個不同於歷史時間的獨立時間。」[57] 這種絕對的他者性該如何整合到由西方支配的歷史當中？我引用周蕾在另一個脈絡裡的文字：「在這個批評西方不但成為可能、甚至是一種強制義務的時代，對那些其文化觀拜西方帝國主義歷史之賜而已然『西方化』的族群而言，這類批評留給他們的位置在哪裡？」[58] 它留給我們的位置是被殖民的他者，既非被同化的「他者—自我」，也非純粹的「在地—他者」。在完全消解（東方主義）與過度不可同化（後現代主義）之間，「被殖民者」有任何另類選擇嗎？

如果說去殖民化已為歐洲思想形式的解構和去中心化鋪好了道路，而後現代主義也被界定為一種自我批評的實踐，難道這就意味著西方已然喪失其支配性並屈從於其相對性了嗎？難道就意味著殖民主義的歷史如今對我們而言已經過去了嗎？難

---

[57] Ibid., 15.

[58] Rey Chow (周蕾), *Women and Chinese Modernity* (Minneapolis: University of Minnesota Press, 1991), xi.

道這種失落感沒有得到另一種形態不同但持續依舊的支配所補
償？難道將去殖民化視為殖民者撤退（西方的瓦解）與被殖民
者解放（非暴力且受人尊敬之他者的出現）之間的過渡，不是
一種充滿迷思的簡化嗎？在我們全神貫注於解構西方的知識，
以及著魔於拉開我們與他者的距離的同時，那段在去殖民後依
然存在的剝削與支配的歷史，難道沒被我們規避掉或模糊掉
嗎？

從後殖民性到次帝國主義

　　殖民主義依然持續著，雖然形式不同，條件也變了。在大
多數的後殖民國家中，雖然政治已經自主了，但緊接在去殖民
之後的卻是新殖民政策，繼續不斷發明並建構各種新的支配形
態，以強化而非削弱前殖民地對帝國中心的依賴關係。二次大
戰結束後，眼看帝國的末日已無可避免，此時帝國強權所關心
的，不是殖民地是否應該解放，而是應當支持哪一個在地的民
族主義派系，以及應當容許這些新的政治菁英統治哪一塊領
土。英國與法國同時了解到，他們的最佳利益不在於恢復他們
的統治權，而在於透過大西洋聯盟（Atlantic Alliance）、關貿總
協（General Agreement on Tariffs and Trade）、世界銀行（Word
Bank）以及國際貨幣基金（International Monetary Fund）等機
構進行國際整合。這個戰後世界的新秩序目睹美國竄升為一強
獨大、無可挑戰的世界霸主。美國顯然是歐洲早期帝國主義的

繼承人，這點從它繼承了那些持續攪亂國際事務的垂死帝國的
遺產便可看出：亞洲的韓國與越南、中東的以色列、非洲的南
非和羅德西亞，更別提拉丁美洲了。諷刺的是，就在全球進行
去殖民化以及反帝國主義大規模動員的同一個脈絡之下，這個
世界也目睹了資本主義史無前例的成長以及世界市場的整合。
在這個由冷戰的兩極對立結構與美國的庇護所構成的世界新秩
序下，日本達到了空前未有的經濟繁榮，並對殖民問題採取持
續規避、否認的態度。

　　正如我們所看到的，由英屬和法屬非洲的大規模去殖民化
運動所釋放出來的政治—智識力量，預告並加速了殖民母國的
政治—文化基進主義。（詹明信相當正確地以第三世界的去殖
民化歷程做為第一世界1960年代的開端。）[59] 日本帝國突然的
瓦解，實際上助殺了這類「外部事務」。戰後那幾年，日本知
識分子曾展開一系列的自我批判。但是正因為日本的軍國主義
完全是敗在聯軍之手，而不是受到其帝國瓦解的壓力所致，因
此這些自我批判並沒有觸及到支撐西方殖民知識的啟蒙思想或
理性主義的普遍有效性。相反的，這些自我批評涉及的是一些
更獨特更偶然的問題，只跟日本這個脈絡有關——諸如天皇體
系、戰爭責任、「主體性」（*shutaisei*）等等。[60] 他們急於關懷

---

59 Fredric Jameson, "Periodizing the Sixties " in *Sixties without Apology*, ed. S. Aronowitz, F. Jameson, S. Sayres and A. Stephanson (Minneapolis: University of Minnesota Press, 1984), 178-210.

60 關於戰後對「主體性」的討論，參見 J. Victor Koschmann, *Revolution and*

的不是日本與其去殖民「他者」的關係,而是日本與其自身的
關係。Masao Miyoshi＊寫道：

> 一系列相互關聯的問題提了出來。為什麼日本戰敗？到
> 底哪裡出了問題？這些環繞著帝國瓦解的問題一度由那些
> 關於戰爭開端的問題所取代。為什麼日本要侵略中國並攻
> 擊珍珠港？受誰鼓動？難道人民和統治者不知道日本的資
> 源極度缺乏嗎？如果不知道,是什麼讓他們看不清這點以
> 及其他明顯的事實？這些問題又引出一些關於國家政治性
> 格的問題。人們基於什麼原因接受領導人的決定？日本的
> 決策過程如何有系統地把大多數人民排除在外？或者人民
> 確實參與了？如果是這樣,那麼全體人民都該受責難嗎？
> 日本的統治形式在本質上是無法運作與邪惡的嗎？最後,
> 日本有什麼獨特的錯誤嗎？什麼是日本人民的「本質」特
> 徵？[61]

戰後日本的論述空間是封閉的。對於丸山真男這樣的知識
分子來說,戰後最迫切的哲學關懷是探究日本現代性這個未完
成的計畫。與戰時所提倡的「超克現(近)代」迥然不同的
是,丸山真男認為日本的挫敗顯示出日本尚未完全達成現代性

Subjectivity in Postwar Japan (Chicago: University of Chicago Press, 1996)。

＊ Masao Miyoshi 始終拒絕向外界透露他的漢字姓名,因此此處以英文拼音表述。

[61] Masao Miyoshi, *Off Center* (Cambridge, MA: Harvard University Press,1991), 105.

的計畫。[62] 只要「主體性」仍然是現代性的標記，未完成現代性這個問題就必然包含了重新檢驗主體性，或是日本主體性的缺乏。丸山真男在〈超民族主義的理論與心理學〉（Theory and Psychology of Ultra-Nationalism）一文中，嘗試去分析「那無所不在的強迫驅力」驅使日本投入這場與世界其他地方為敵的戰爭。[63] 丸山真男認為日本不像歐洲民族國家採取了一種「中性立場對待諸如真理與正義這類內在價值」，明治維新後，日本將名望和權力團結在天皇制度之下，「沒有任何神聖的力量可以確立『內在』世界的至高無上性，讓它凌駕於這個嶄新、團結的單一權力之上。」[64] 在西方，國家的權力是建立於外在的主權形式上，但日本政府從未劃出外在領域與內在領域的界線，並將權威局限在前者的範疇之內。換句話說，日本政府壟斷了決定價值的權力。日本人對個體行動缺乏任何自由的主體意識，因而只能接受「高階層、較接近終極價值之人」的控制。[65] 在這種寡頭的結構下，「壓迫的轉移」——也就是對處於下層的人施展專斷的權力——維持了這個系統的平衡。這種壓迫的轉移運用到國際領域上，就是日本模仿西方帝國主義並

---

[62] 關於對丸山真男對現代性看法的完整討論，請見 J. Victor Koschmann, "Incomplete Project of Modernity," *South Atlantic Quarterly* special issue, *Postmodernism in Japan*, 87, no. 3 (Summer 1988); 505-25。

[63] Maruyama Masao (丸山真男), *Thought and Behaviour in Modern Japanese Politics*, ed. Ivan Morris (London: Oxford University Press, 1963), 2.

[64] Ibid., 4.

[65] Ibid., 17.

「將世界擲入太平洋可怕的戰火之中」。雖然丸山真男對於帝國結構的分析極具洞見，對日本缺乏「主體性」的批評也相當正確，然而他對諸如現代性、理性以及主體性這類西方範疇的盲目接受與崇拜，卻是充滿問題的。[66] 丸山試圖為日本的侵略與戰敗找出內在的根本原因，結果卻只是讓他忘了去分析日本在全球帝國主義與殖民主義這個更大的對等結構中的角色，以及它與西方帝國主義和西方範疇的共謀關係。藉著有系統地將問題全部集中在自我──也就是日本──之上，與他者之間的任何可能協商遂都遭到排除。不像西方（特別是法國與美國在越南），正是因為它們仍**投身在殖民戰爭之中**，因此去殖民化連帶讓西方採取批判性的角度評估它與「他者」的關係，在日本，戰敗以及隨之而來的美軍佔領，只導致對「外部事務」的拒絕與否認。然後是對「日本」的不斷再評估與再詮釋。

　　戰後的另一個爭論焦點，是戰爭的責任與賠償問題，這個問題同樣也涉及對「主體性」問題的自我檢驗，並意味著可能得去面對殖民地與帝國的問題，以及探討日本與鄰國之間的關係。[67] 然而，即使是這個議題，日本也逃避了更大的殖民主義

---

[66] Miyoshi 在 *Off Center* 一書中曾指出這點，108-9。

[67] 有一點很重要必須指出，戰爭剛結束時由日本知識分子提出的一些問題或矛盾，有好幾個不是由日本人自己解決的，而是由計畫將日本整合進反共集團的美國提出答案。關於天皇系統的爭論大概就是最著名的例子。請見〈白書，日本的戰爭責任〉，《世界》，1994年2月。同時參見家永三郎，《戰爭責任》（東京：岩波書店，1985）。

問題而不願正視。只要這場辯論是聚焦在日本的戰爭責任，也就是自1931年九一八事變之後那場長達十五年的戰爭，日本對前殖民地的責任與賠償就幾乎未曾提及。然而，這並不是日本的獨例。有哪一個西方殖民強權曾就他們對前殖民地的剝削與掠奪公開表示要承擔責任或做出補償嗎？

　　同盟國為了審判「破壞和平罪行」的政治領袖，1946年成立了遠東國際軍事法庭。並在同年4月28日，依據波茨坦宣言，將二十八名包括東条英機在內的甲級戰犯起訴，罪名是「計畫、籌備、發起或進行」侵略性戰爭。這場審判在戰史上是史無前例的，因為起訴原因除了虐待戰俘與殘酷暴行這類違反特定戰爭法律與慣例的罪行之外，還包含模糊而廣泛的戰爭密謀罪或違反人性罪。當然，這整場審判是對戰敗者罪行的戲劇性展演，以及對戰勝者道德正義的滑稽性肯定。由美國所領導的同盟國，除了贏得戰爭勝利之外，有任何法律以及道德上的正當性足以審判德國人與日本人嗎？在長崎與廣島投下的核子武器難道不是「違反人性的罪行」嗎？而西方那一整部殖民主義以及帝國主義的歷史又該怎麼說呢？當美國隨著冷戰局勢增強，基於世界戰略的考量，於1948年12月釋放了兩名甲級戰犯笹川良一與岸信介時，美國的偽善達到了最高點。東条英機和其他七個人遭處決只是基於象徵性的理由，好讓日本擺脫戰爭，進而整合到由美國支配的西方帝國主義體系之下。日本之所以無法與其殖民他者達成協議，一方面是由於美國的欺瞞與機會主義，另一方面則是日本人民與政府缺乏**主體性**，無法

親自解決戰爭罪行及其殖民影響等問題。一旦被納進東西冷戰衝突的結構之下，戰後日本的焦點便從政治民主化轉移到經濟復甦，而日本對鄰國戰爭責任的問題則始終懸而未答。

　　日本帝國——及其西方孿生兄弟——的瓦解，並不表示資本主義生產模式下的帝國主義宣告結束。相反的，日本的戰敗以及隨之而來的美國佔領，為日本鋪好了道路，「從追尋自主的帝國主義轉型為從屬於美國的帝國主義，美國保證，在這個重組後的世界裡，日本的資本主義可以有中到長期的繁榮發展。」[68] 佔領當局為了重建日本經濟所採行的策略之一，就是限制或暫停賠償計畫——這項策略正好與早先準備將日本去工業化以及剝奪其帝國實力的策略背道而馳。 1945 年的鮑萊（Pauley）報告 * 將日本的賠償視為整個東亞經濟重建這個大架構的一環。鮑萊建議日本不僅應當付出賠償，也應當將其一部分工業設備送往其他東亞國家，以阻止日本重新鞏固它的經濟優勢。[69] 然而，隨著共產黨的勢力橫掃中國以及冷戰對峙的情

68 Halliday, *Japanese Capitalism*, 162.

* 鮑萊（E. W. Pauley）報告：鮑萊是同盟國賠償委員會的代表，1945 年底奉命到日本進行實地考察，並作出報告書交給美國總統杜魯門參考。報告中指出：日本「即使在遭到戰禍的今天，仍然擁有超過維持其平時國民經濟所需要的大量過剩設備，應該拆除這些過剩的設備來解除日本的武裝，同時把這些設備移交給曾經遭到日本侵略的國家以促進其經濟復興和提高生活水平」。鮑萊建議「優先拆遷財閥企業的設施，將日本的出口規模限定在滿足最低進口需要的範圍內。把民眾從維持軍事侵略的重稅之下解放出來，日本的出口生產應該是與戰爭無關、只能利用國產原料的勞力密集型生產，如紡織、陶器、紙張、玩具」。

69 Ibid., 176.

勢加劇，從美國的角度來看，日本的經濟重建以及工業基礎的
復原，遂成為亞洲區域穩定與繁榮的根基。

　　1950年代中期，在杜勒斯（John Foster Dulles）的主導之
下，美國發起了一個三角計畫支撐日本出口，使日本經濟得以
自給自足。美國為東南亞國家提供資金以購買日本的出口商
品，並讓這些東南亞國家在美國市場擁有優惠待遇。美國同時
也擔保世界銀行以及其他「國際」組織願意慷慨提供日本貸
款。這項計畫試圖強化這個區域的資本主義發展以抗衡「可預
見」的共產主義威脅。毫無疑問的，韓戰——透過促進日本的
軍事工業——強化了這個過程。美國因為韓戰而投入的花費，
為日本企業帶來極大的利益，並因此鞏固了美日雙方在東亞地
區的反革命同盟關係。而日本與其東亞鄰國之間的關係，也開
始採用不同的經濟支配形態。這種企業共同體刻意將與戰爭責
任有關的賠償計畫設計成用來協助日本經濟復甦。換句話說，
在金「援」政策的伴隨之下，這些賠償計畫不過是一些偽裝的
投資或出口授信，目的是要在日本的前殖民地為美國和日本的
產品開發市場。

從帝國主義之邦到《雪國》

　　或許沒有任何文學作品比諾貝爾文學獎得主川端康成的
《雪國》更能充分說明日本的自我封閉，以及戰後在美國佔領
下所建構出來的自給自足的日本。川端康成從1934年開始撰寫

《雪國》，1935 到 1937 年間陸續發表，1947 年完成。1957 年這部作品翻成英文，1968 年獲頒諾貝爾獎，如今《雪國》在日本與美國都成為現代日本文學的經典作品。如同柄谷行人所觀察的，《雪國》必須從兩個不同但互相強化、完全否定歷史脈絡的軌跡來看。故事的主角，島村，一個富裕的業餘藝評家，在火車穿過一條長長的隧道後到達了雪國。島村雖然與雪國的女人糾纏，卻無法承諾，也無法愛，永遠像個冷漠的旁觀者。他的「自我意識」從未動搖。柄谷行人認為，那是因為在雪國──儘管該地顯然是外在於島村所來的地方──他沒遇到任何「他者」。換句話說，雪國「是一個創造出來的『他者世界』，好讓人永遠無須遇到『他者』」。[70] 與島村並無不同的是，川端康成在整個戰爭期間以及戰爭結束之後，對於歷史的變遷始終保持著逃避與冷漠的態度，同時堅持「日本的憂傷與美麗……與他靈魂中的日本山川同在」。[71] 此外，正是這種「日本的憂傷與美麗」，讓美國佔領當局投射其文化想像，一種女性化與無助的日本。於是，日本變成美國的「雪國」──一個沒有軍國主義與過去侵略記憶的國家。

　　隨著冷戰二元對立結構的瓦解以及全球規模的跨國資本主義，殖民主義這個問題在日本與西方已成為正當的分析對象。隨著被殖民他者──例如韓裔日本人作家以及來自前殖民地的

---

70 柄谷行人，《終焉をめぐって》（東京：福武書店，1990），202-5。

71 川端康成，引自 Mikiso Hane, *Modern Japan: A Historical Survey*, 2d. ed. (Boulder: Westview Press, 1992), 224。

大量移民勞工——逐漸在日本社會的文化與經濟組織中展現他
們無法化約的差異與無法否認的存在，這個課題已變得無可迴
避。然而，在一個日益複雜的社會與經濟結構下，想要找出適
當的切入點，同時指出社會變遷的行動者與承受者，確實越來
越困難，因此殖民研究的功能正淪為一種補償而非批判。根據
嚴格的馬克思主義，西方對殖民問題的著魔與日本對殖民問題
的否認，都是模糊現實與維持現狀的意識形態。當前這個不願
與其昔日他者的道德權威進行協商的日本／西方，正是不願為
其殖民歷史贖罪或付出代價的日本／西方。然而，任何處於解
構或是自我質疑過程中的支配性主體，不論是採取唯我論的孤
立態度，或是採取與那些次級人士進行較為容易應付的「對
話」，都無法達到真正的協商。當前的任務不是去崇拜他們的
差異，並將他們的他者性放在封閉的歷史過去當中，而是要立
即去追索存在於正式殖民主義與其遺緒之間的結構連續與斷
裂、認同與差異，並勾勒出這些歷史運動所製造出來的矛盾所
在。下一章，我將把主題拉回到殖民場景，檢視台灣對中國大
陸產生族群與政治認同的歷史背景，以及一種半自動性的台灣
認同如何在日本帝國的整體輪廓內形成。直到今日，日本人留
下的遺緒依然具有強大的影響力，不僅形塑了狹義的「台灣人」
認同，同時也不斷告訴我們，日本殖民主義在建構台灣認同以
及該認同與中國大陸的區隔中，曾經扮演了什麼樣的歷史角
色。

第二章

糾結的對立

殖民地台灣的認屬關係・認同身分與政治運動

台灣是帝國的台灣，同時也是我們台灣人的台灣。
——蔡培火《我島與我們》，1921

殖民地被壓迫民族的解放，也正是全日本無產階級解放的
前提，相反，日本無產大眾的解放，也是台灣、朝鮮被壓
迫民族解放的前提。
——東京台灣學術研究會，〈宣言〉，1925*

* 這兩段譯文摘自《台灣社會運動史：文化運動篇》，王詩琅譯（台北：稻鄉出版社，1988），53，91。

　　上面這兩段引文代表了台灣從1920年代早期到1930年代晚期兩個主要而分歧的反殖民鬥爭傾向。既聯合又鬥爭的政治意識形態是這個時期的特徵；這些意識形態不僅產生了多元的認同形構，也伴隨著以「內地延長主義」之名所開展的官方「同化」政策。* 這些傾向也促成了可以暫時稱之為「新民族主義」（neonationalism）或「原型民族主義」（protonationalism）的興起，這種矛盾的思想一方面主張某些形式的族群—民族認同，另一方面卻又停留在帝國以及無產階級革命既定的結構與限制當中。這兩段引文是查特吉（Partha Chatterjee）所謂的社會意識形態的「問題意識」（problematic）面向的具體陳述，這種意識形態堅持在民族主義的論述中「有某些歷史的可能性存在，且往往具有實踐的可行性」。推而廣之，這兩段引文也都暗示了民族主義思想的「理論範型」（thematic）層次，或說是用來支撐其主張的認識論和倫理學系統——在這案例中，根據一次大戰之後的主流世界觀，分別是自由主義與馬克思主義。[1] 然而，將這個特定脈絡下的問題意識與理論範型關係視為是

---

* 內地延長主義：一次大戰之後，民族自決思潮高漲，台灣的民族意識也逐漸覺醒。為因應此一情勢，日本乃宣布採取「內地（日本本土）延長主義」，以「同化」政策安撫台民，宣稱要讓台灣逐步從殖民地轉化為日本本土的一部分。相關措施包括推動地方制度改革、設置評議會提高台灣人的政治地位、「內台通婚」、「內台共學」等，以期消弭台灣人的政治社會運動。

1 關於「問題意識」（problematic）與「理論範型」（thematic）的討論，請見Partha Chatterjee, *Nationalist Thought and the Colonial World: A Derivative Discourse* (Minneapolis: University of Minnesota Press, 1986), chap. 2。

「非西方」與「西方」之間、殖民主義思想和殖民知識之間的
一種對應或衍生關係，甚至是彼此的對話，恐怕有過度簡化之
虞。

　　台灣新民族主義思想特有的歷史和政治性格，之所以遭到
截除並變得如此複雜，不只是因為台灣與日本殖民當局之間的
殖民關係，也和它與半殖民的中國大陸之間的文化與歷史牽連
有關。如果說自由主義與馬克思主義構成了一條縱軸，在其
中，西方理性主義知識的理論範型提供了不可或缺的政治與哲
學論據和證成，那麼日本與中國便形成一條橫軸，做為問題意
識連貫其歷史可能性與實踐可行性的所在。在這裡，中國與日
本不僅是政治運動萌生其初始形式的具體場址，也是各種真實
與想像的關係性（relationality）、親近性（affinity）、團結性
（solidarity）與認同性（identity）據以建構和爭鬥的論述空間。
這個結構可說完好無損，因而成為殖民地台灣各種反殖民運動
的共同特色，含括了歷史學家所謂的「政治運動」、「社會運
動」與「民族運動」等時期。

　　在此必須強調的是，這些政治運動的壽命都很短。[2] 除了

---

2 創立於1914年並得到日本自由黨創建者與民權運動倡導人板垣退助支持的同化
　會，通常被視為台灣人試圖透過日本重要政治人物來影響日本殖民政策的首度嘗
　試。同化會在1915年遭到禁止，許多支持者後來成為1920年代政治運動的積極
　分子。台灣共產黨在1932年遭到檢肅，大部分成員流亡中國。盧溝橋事變之後
　唯一倖存的有組織政治運動──台灣地方自治同盟，也在1937年8月正式解散。
　隨著國家總動員法（1938）以及皇民奉公會的成立（1941），以對抗殖民政府為
　宗旨的正式政治組織，已不再有生存空間。

比較溫和的期刊和報紙，還有那些得到政府認可的運動之外，其他政治運動都只留下少量的活動文獻，至於有系統的或不斷發展性的民族主義思想或政治哲學，當然是付之闕如。[3] 在這個意義下，他們的政治意識形態既不曾也無法構成一部臻於範型（paradigmatic）形式的民族主義思想演化史，像查特吉為殖民地印度所勾勒的那般。這些反殖民抗爭的重要性，在於他們正式體察到並清楚說出「台灣人」是一支具有獨特性和（半）自主性的「民族」（ethnos/*minzoku*），雖然是隸屬在日本帝國或漢民族這個更大的標題之下。正因如此，我才使用**新民族主義**這個詞彙來描繪在這個特定歷史時刻浮現出來的那種**依賴性**與**關係性**的台灣認同。此外，我認為這種新民族主義論述的構成，比較不是針對殖民地主體的「內部動態」，而是指向1920年代和1930年代與日本帝國主義和中國民族主義有關的更大規模的地緣政治的變遷與危機。我們之所以研究這些台灣政治運動及其政治意識形態的興起與消亡，並不是為了替新民族主義意識本身建構一套系譜學，而是企圖了解這種自我意識如何交疊、隱含在日本殖民主義和中國民族主義的限制之下。

　　自由主義與馬克思主義是這個時期與台灣反殖民運動交錯

---

[3] 大部分的左翼運動在1931年遭到肅清或禁止，殘存的台灣共產黨成員則逃到南中國。甚至在政治立場上最溫和的台灣地方自治同盟也在1937年自行解散。關於馬克思主義運動在殖民地台灣所留下的原始資料十分稀少一事，原因除了他們是非法活動、遭到總督府的嚴密監控之外，也因為它們缺乏出版的管道。關於馬克思主義運動以及台灣共產黨的描述，最完整的依然是《台灣總督府警察沿革誌》，vol. 3（參見註5）。

的兩個主要趨勢。兩者的差異完全是意識形態上的：如何達到自主；優先性的順序；以及該選定什麼類型的行動者來實踐這個目標。由於自由主義為殖民地人民的自決權以及法律和社會上的平等要求提供了必需的政治意識形態，因此「人民解放」和「自治」遂成為抗爭的首要目標，即使這些權利只能在帝國既有的架構下運作。這就是那些與「台灣議會期成同盟」以及後來的「台灣地方自治同盟」有關之運動的基本立場。這些自由派的立場又因為他們各自與日本大正民主的政治進步主義，以及中國浮現中的共和主義，特別是孫逸仙的三民主義之間的關聯與傾斜，而變得更加複雜。

　　馬克思主義為殖民地人民提供徹底解放壓迫與人民自決的遠景。反殖民運動中的馬克思主義成員，堅持以階級鬥爭做為第一要務，認為那是一種更持久且更適當的途徑，可追求全面的社會轉型與政治解放。他們利用 1920 年代中葉以來殖民地內部的急速工業化，以及龐大的落後農業人口，加上外部世界的資本主義危機，策劃了一種國際主義式的、以階級為基礎的反殖民主義政治。不過馬克思主義的階級鬥爭立場同樣因為台灣做為殖民地社會的事實而受到混淆，結果讓階級仇恨非得摻入某種形式的民族主義解放考量。和自由主義者一樣，馬克思主義者也是從日本與中國兩方擷取其理論能量和實踐證成，首先是日本共產黨的山川主義，接下來則是中國共產黨。[4]

---

[4] 山川均（1880-1958）是 1926 年以前日本共產黨最重要的成員，強調必須將馬克

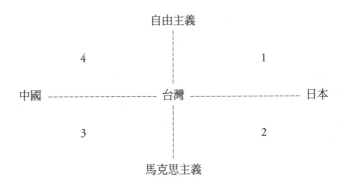

台灣反殖民運動的一般分類可以用上面的圖表表示。這項分類當然不是固定、絕對的。他們之間的關係遠比這個圖表要來得動態而多變。我們可以看到各種立場轉換或意識形態變動的情形，例如從1到2再到3（台灣文化協會），從1到4（蔣渭水所領導的台灣民眾黨），以及從1到4再到1（林獻堂與蔡培火）。我並不打算提出一套完整的敘述，把台灣殖民時期各種政治運動的發展與轉型全部包括進去。[5] 在此我要指出的是，

思主義的理想普及化，並將當時仍局限於工會運動的共產黨運動政治化。在1923年共產主義運動遭日本政府整肅之後，山川均開始相信，一個不具備群眾政治意識的先進政治黨派是無用的。他堅持解散黨機器，並提倡工農聯合陣線。為了達到這個目標，山川均認為有必要對社會主義運動中的右派做出妥協。逐漸的，嚴遵教條主義的福本和夫，取代了主張對不同的社會主義團體採取意識形態寬容政策的山川主義。福本和夫批評山川主義忽略了馬克思主義內在的革命要素。他主張日本共產黨應該將正統的馬克思主義與游移派和社會民主派區隔開來，藉此凝結成一個高度組織的政黨。請見 Tatsuo Arima, *The Failure of Freedom: A Portrait of Modern Japanese Intellectuals* (Cambridge, MA: Harvard University Press, 1969)。

5 關於台灣殖民時期政治運動的歷史，請見台灣史料保存會，《日本統治下的民族運動》（東京：風林書房，1969），特別是第二卷《政治運動篇》。這一卷實際上

台灣反殖民運動的發展其結構無可避免地是由這四個知識論的以及地理的座標所構成。這個論述結構界定了新民族主義思想的三種可能性：1. 繼續附屬於日本帝國的結構之下，透過法律途徑爭取自治。但即使是以這種方式臣屬於日本帝國，有些人仍會對回歸中國懷抱著希望。2. 與新建立的中華民國統一。這個可能性在國共合作失敗以及1937年日本全面侵華之後，變得很難實現。3. 追求獨立。這個想法又分裂成將獨立視為與中國統一的一個步驟，以及堅持獨立後的台灣主權這兩種立場。

　　當日本全面侵略亞洲，自由主義與馬克思主義都無法再提供可行的理論闡述與政治方案時，中國─日本這條軸線依然是以文化政治形式出現的新民族主義抗爭的根本領域（請見第五章）。日本在殖民地台灣推行的「皇民化」運動，其主要目的之一正是要切斷台灣與中國之間的文化與歷史關係（去中國化），並將台灣導向日本帝國對抗南中國與東南亞的戰略堡壘。我在這一章想要提出的論點是，在這段動盪時期，台灣政治運動封閉的論述空間，反而促成了政治認同與新民族主義認同的形成與串聯。在這段時期所浮現的這個所謂的台灣人認同，必然是一種具有身分多元性的關係性認同，除了敵對的馬

是最初六卷版的第三卷，書名為《台灣總督府警察沿革誌》。英文文獻方面，請見 Edward I-te Chen, "Formosan Political Movements under Japanese Colonial Rule, 1914-1937," *Journal of Asian Studies*, 31, no. 3 (1972): 477-98。關於台灣共產黨成立的簡要研究，請見盧修一，《日據時代台灣共產黨史，1928-1932》（台北：前衛出版社，1989）。

克思主義與自由主義之外，這些五花八門的身分之間並不必然
會構成對立關係。要求台灣的特殊性，並不必然得否認它在日
本帝國中的弱勢位置；對「祖國」大陸的渴望，也未必得因此
抹煞台灣在大中國圈內部的獨特之處。無法否認的是，這個時
期的台灣新民族主義論述（以及它在美學上的延伸）確實蘊含
著多重性，它是處在日本殖民主義與中國民族主義疆界內部的
「交織含混地帶」（in-betweeness）。我並無意去褒揚這種認同共
存的場域，將之視為比單一性的民族主義和反帝國主義的自我
意識更為基進或更為民主的東西。相反地，我認為這種**關係性
和關聯式的**（relational and related）台灣認同及其各種政治可
能，是受到日本殖民主義與中國民族主義某些特定的變化條件
的制約與局限。我想要指出讓台灣新民族主義思想成為可能且
為它描繪出輪廓的那個矛盾的、有時仍處於附屬狀態的認同所
在地。最後，但不是最不重要的，我認為在描繪台灣各種政治
運動信條的特徵時，特別強調族群民族主義（ethno-nationalism）
這點，是為了否認和遮掩殖民地台灣在資本主義發展過程中所
產生的那種根本而矛盾的階級對立關係。我們唯有去探討反日
運動中經常遭到忽略的階級成分，才能進一步了解殖民地台灣
與日本帝國之間的曖昧關係，特別是主流派的自由主義運動。

做為族群民族主義運動的政治運動

　　1921到1934年間，台灣菁英歷經千辛萬苦地向日本國會

遞交了十五次請願書，要求在台灣島上設置議會。每一次，這項請願照例都遭到斷然拒絕。[6]這些請求雖然有些措詞上的出入，但大體上是環繞著以下三個論點。首先，殖民地總督府同時行使行政與立法權，違反了日本憲法的根本原則。其次，由於帝國議會所通過的一般法律無法適用於台灣特殊的社會經濟情況，因此有必要設立一個由台灣人民選出的代表所組成的特殊立法機構。最後，既然殖民地已經在1905年達成經濟上的自立，不再需要日本政府的資助，那麼殖民地的預算編列就不應當再由總督府一手壟斷。[7]這項政治運動，也就是後來所謂的「台灣議會設置請願運動」，成為這段時期最明顯也最具主導性的非暴力政治、社會大業。

這項運動得到廣泛的支持（政治上以及財務上的），包括本土菁英──地主、商人、醫生、學生──以及比較傾向自由派的日本政治人物與大學教授。

這項運動是基於法律和經濟的理由要求自治。然而，由於這項請願堅持「台灣固有文化系統與特殊民情風俗」，遂使得殖民當局將它視為典型的「台灣民族運動」。總督府的考量是，這項運動如果不予遏止，就算不會導致台灣完全獨立，也會讓它從帝國分離出去。從殖民當局的觀點看來，這項運動對台灣

---

6 事實上，這十五次請願都在國會的兩個請願委員會中遭到封殺，從來沒有機會在兩院中任何一院的大會上討論。請見若林正丈，〈台灣議會設置請願運動〉，收錄在《近代日本と植民地》（東京：岩波書店，1993），6：3-27。

7 I-te Chen, "Formosan Political Movements," 484.

「殖民地的特殊情勢」的堅持，違背了殖民地的「團結和諧」。在他們眼中，這項運動的主要目標是在「民族自決」以及「自治」的原則上創造「民族的對立」。因此，當局認為這項運動不僅是要求建立地方議會，更是在強烈鼓吹族群民族主義。[8] 諷刺的是，對這項運動的成員們來說，他們要求的自治其實更接近於英國的自治區或是美國的聯邦，而不是從帝國分離或獨立出去。這些請願書的結尾，全都宣示要歸順與效忠日本帝國。

　　雖然台灣議會設置請願運動的宗旨相當「保守」，然而殖民政府還是被迫去遏制——若非全面鎮壓——它的相關活動。任何運動只要被認為具有「民族」意識形態的特性，且該運動的可行性是依賴某特定民族、種族或族群的自我主張及決心，那麼殖民政權就必須在第一時間去質疑、評估、並顛覆構成這個「民族」運動的知識論體系。為了達到這個目的，基於中國大陸與殖民地台灣的歷史與文化關聯，殖民當局為了推卸自己的責任，於是建構出一種「劣等」的漢民族性，認為那是台灣人反抗行動的根源。

　　在一份內部報告中，殖民地警政當局根據他們對1920年代和1930年代台灣社會運動的調查列出了三項「基礎觀念」：「本島人民族意識的問題」，他們在殖民地內部的「政治地位」，以及他們叛亂的「潛在特殊傾向」。[9] 關於本島人民族意

---

8 台灣史料保存會，《日本統治下的民族運動》，2：317。

9 前引書，1-3。

識的問題，基本上與他們「屬於漢民族的系統」有關；這項報告進一步指出：

　　改隸雖然已經過了四十餘年，但是現在還保持著以往的風俗習慣信仰，這種漢民族的意識似乎不易擺脫，蓋其故鄉福建廣東兩省與台灣，僅一水之隔，且交通往來也極頻繁，這些華南地方，本島人的觀念，平素視之為父祖墳墓之地，思慕不已，因而視中國為祖國的感情，不易擺脫，這是難以否認的事實。改隸後，我方統治本島方針，即以此基本事實為基礎，對這些新附人民，遵奉聖旨，本諸一視同仁，平等無差別，俾沐浴皇恩；歷代當局亦常以此為本旨，努力於撫育指導。邇來，本島人在我統治下，所享有的惠澤極大，然而部分的本島人仍然無視這些事實，故意加以曲解，反而高喊不平不滿，以致發起很多的不幸事件。島內社會運動也以這些不平不滿做為其一大原因而興起。我們倘若詳細檢討此間的情形，除了固陋的、潛在的這些民族意識之外，實難找出任何原因。[10][*]

　　關於台灣人的政治地位，該份報告將原因歸咎於本島人的「民族偏見」，將他們「過渡時期政治地位」的「差別待遇」，

---

10 前引書，1-2。

* 此段中譯摘自正宏譯，《日本人眼中的台灣抗日運動》，見王曉波編，《台灣的殖民地傷痕》（台北：帕米爾書店，1985），14。

誤解並歪曲為歧視與壓迫。該報告認為，由於台灣人「不具備
身為日本國民的意識，同時心中毫無國（日本）魂」，因此其
社會運動只能表達不滿，目的只是要激化群眾。最後，這份報
告將政治運動的各種意識形態潮流——民主、民族自決、共產
主義、無政府主義——整個歸咎於單一的文化因素：銘刻在漢
民族五千年文化心理中的「天命變化」觀念。報告的結論是：

> 關於革命運動的民族意識、民族偏見以及特殊信仰，是
> 島上社會運動最醒目而突出的特徵。簡言之，我們必須歸
> 結到以下的結論：這些趨勢都是立基於本島人屬於漢民族
> 這個事實，漢民族的語言、思想、禮儀、習慣仍然深深銘
> 刻在本島人身上，並深〔受本島人〕信仰。無須多言，在
> 調查本島的社會運動時，最重要的就是要將研究範圍延伸
> 到本島人及漢民族的思想、信仰、一般社會傳統、習慣，
> 以及民族性。[11]

　　殖民行政當局指出了台灣「民族主義」運動中與「支那」
有關的兩種傾向，這兩種傾向構成了這些政治構想的核心要
素。第一種是將他們的希望寄託於未來的中國。他們之所以認
同中國，是因為他們相信中國的國勢很快就能恢復正常而雄飛
世界，屆時自然必可光復台灣。在那之前，他們不該失去他們

---

11 前引書，4。

獨特的「民族特性」，必須努力培養自己的能力，並等待適當
的機會到來。因此，這些中國支持者流露出強烈的民族意識，
並緬懷「中國的過去」。他們不斷歌詠中國四千年的歷史與文
化，並激勵「民族自負心」。[12] 在殖民政府眼中，這個以中國
為中心的黨派是言論上的「反日」以及行動上的「過激」。

　　就與中國的聯繫與認同來說，第二種傾向比第一種來得
「溫和」，根據殖民當局的說法：

　　　他們對中國不敢作過分之奢望，置重點於本島人之獨立
　　　生存。假令復歸祖國懷抱會遭受較今日更為壓迫之苛政，
　　　那麼復歸又有何益。因此，他們不全然排斥日人，而堅持
　　　台灣為台灣人之台灣，專心圖增台灣之利益與福祉。[13]*

　　不過，這份報告立刻提出警告，表示這種現實主義式的台
灣中心傾向可能只是暫時性的。這些人只是對中國的現況感到
失望，一旦中國未來繁榮興盛了，他們必將和中國中心論者分
享共同的情感。也就是說，根據這份報告的理解，這個被殖民
當局無意間詮釋為「民族主義」的台灣政治運動，其與中國的
關係就算不是純然出於想像，也只是一種歷史的偶然。他們對
中國民族的認同和不認同，並不是來自於一種固有的情感依

---

12 前引書，318。
13 前引書。
　* 中譯參考葉榮鐘，《台灣民族運動史》（台北：自立晚報社，1971），161-162。

附，依戀著某種有機的文化／民族本質，而是會根據殖民處境的政治**現實**而調整改變，他們把某種形態的文化承認當成政治策略的理性運用。中國過往的榮光（「四千年的文化」）以及未來的不可預測（「復歸祖國懷抱會遭受較今日更為壓迫之苛政」），都只是用來緩和殖民處境的不確定性與膠著不前。就這點而言，「中國」成了一個論述空間以及一個現實主義的場域，殖民地的子民在其中投射、實行與終結各種層次的希望與焦慮。換句話說，這兩種傾向清楚顯示出台灣人與中國之間的政治可能性是曖昧模糊的，**尚未確定**也**無法確定**。不幸的是，後殖民與戰後時期針對尚有界定空間的「台灣人」認同之正當性的辯論，已抹去並排除了這種與中國之間的曖昧關係。特別從1980年代開始，台灣─中國之間這種由於殖民情境而不得不然的複雜且時有矛盾的關係，卻因政治情勢急需決定統一或獨立而受到縮減與限制。接著，我將把焦點轉向戰後這些中國中心派與台灣中心派的理論應用，來指出以下兩點：第一，在日本殖民統治下所出現的這種台灣／中國區隔，依然是現今台灣政治論述的關鍵性要素。第二，自從19世紀末以來，日本殖民主義——特別是透過其發展論述——對於所謂的台灣有別與中國大陸的種種差異，曾經發揮過深遠的影響力。

台灣派與祖國派

　　歷史學家王曉波曾經指出，雖然就歷史而言，台灣是由好

幾個「次級群體」所構成，但來自大陸的不同移民的「台灣意
識」，實際上是以「漢民族意識」做為其「自然的共識」。[14] 王
曉波意圖駁斥任何獨立於中國大陸的「台灣意識」觀念。他反
對一般的陳腐看法，不認為「台灣派」與「祖國派」的區別在
於「對台灣的一切都熱烈地愛著」或「放棄台灣」。相反地，
王曉波同意日本殖民當局的觀點，認為這兩種傾向的區隔在於
「中國漢民族意識」的強度不同，而不在於他們對台灣的認
同。王曉波認為，在日本殖民統治的現實下，中國漢民族意識
「自然」同時成為祖國派與台灣派的「超越現實的理想主義」。
因此台灣派的立場應當界定為抗日運動中的「溫和派」、「穩
健派」或「體制內改革派」。雖然他們對中國革命的信心不如
祖國派樂觀，他們仍「無可奈何的懷抱中國漢民族意識」，以
現實主義的謹言慎行，在日本的殖民體制下為改善台灣人的處
境而奮鬥。[15] 對王曉波來說，台灣派與祖國派的差別並不在於
認不認同中國，因為這種差異已經在形而上的層次上被包羅一
切的漢民族意識所抵銷。這種差異不是（也不能是）意識形態
上的，而僅止於政治工具的層面。根據這樣的看法，任何一種
台灣認同的觀念總是已經歸入到中國漢民族意識這個無所不包
的更大認同之下。

　　王曉波為了說明台灣派的中國漢民族意識如何在殖民統治

---

[14] 王曉波，〈日據時期「台灣派」的祖國意識〉，收錄於《台灣史與台灣人》（台
　　北：正中出版社，1988），12。
[15] 前引書，26-9。

之下遭到壓抑，遂以極大的篇幅描述林獻堂的一生與態度來做為例證，林獻堂可能是台灣議會設置請願運動最具影響力也最富有的支持者。王曉波引用了林獻堂的政治實用主義（pragmatism）、他拒絕講日文與穿和服、他與中國民族主義思想家梁啟超的來往，以及他決議保存漢文這幾點，印證他與生俱來的中國漢民族意識，並將林獻堂對日本殖民主義的反抗視為一種文化形式的反抗，就像甘地以傳統的文化特性與英國的殖民統治相抗衡。[16] 因此，雖然林獻堂在政治上採保守主義——他主張穩健的改革政策並謹慎遷就殖民體制（我們稍後會看到，這並不是一種個人偏好，而是一個階級特色）——但王曉波認為，處於險峻的殖民體制之下，林獻堂的文化傳統主義是台灣仕紳唯一能掌握的自然抵抗武器。雖然我毫不質疑林獻堂對傳統文化的孺慕之情，但我認為王曉波把文化主義與政治抵抗連結起來的做法是錯的。換句話說，王曉波因為急於證明台灣派內部仍有根深柢固的中國性，因此認為文化傳統主義與殖民體制必然是敵對的。王曉波沒有考量到文化保守主義在台灣的社會階層中是一種**階級**條件與特權，因而躲避（或是否認）了根植在殖民經濟裡的特殊階級利益（常常披上民族「抵抗」的偽裝）。

　　在林獻堂之外，王曉波還舉了其他例證，說明台灣派曾明白表現出他們對中國大陸的忠誠與感激。對王曉波來說，台灣政治運動中的祖國派與台灣派並不是對立的。他們被體現和含

---

16 前引書，45。

括在包羅一切的中國漢民族意識的辯證關係之下。他寫道：

　　一切的事物必須在普遍「共相」中包括具體的「殊相」，
並且，在具體的「殊相」中亦能表現普遍的「共相」。中國
漢民族意識為一項中國漢民族的意識反映之共相，故祖國
意識為一項日據下台胞的意識反映，惟具體的台灣亦為一
項存在，而必有其「殊項」之意識的反映。[17]

　　換句話說，台灣派所顯示的「祖國意識」不過是普遍的中
國漢民族意識中的一個特殊呈現。因此，在日本殖民統治時期
的政治運動中，無論各派的意識形態傾向如何，它們全都反映
了台灣具體的殊相意識，但也都具有普遍的祖國意識的共相。

　　王曉波在文章結尾明白指出，其主要的攻擊目標是那些台
獨擁護者，他們在1970年代和1980年代將「台灣民族」奉為
一種在本體論以及文化論上具有自主性的社會與民族範疇。王
曉波聲稱這種拒斥、甚至譴責與中國之間具有任何關係的新型
「台灣意識」，完全不同於殖民時期的台灣派。他指出——我認
為相當正確——戰後台獨運動的起源有二：其一是駐台日本軍
事人員與台灣「御用派」的合作，其二是戰後的美國政策。他
同時認為「光復」以及1949年國民黨接收之後的腐敗體制，以
及長期以來海峽兩岸的隔絕政策，是孕育台灣獨立思想的內在

---

17 前引書，59。

因素。這個獨立運動獨佔了台灣意識，同時不承認那種反映了中國漢民族「共相」的台灣人祖國意識也是廣義的「台灣意識」。根據王曉波的看法，這是「歷史的誤會」，也是「觀念的混淆」。

王曉波相當正確地指出，台灣獨立運動所代表的新台灣意識，是由地緣政治結構的轉移以及戰後世界政治的動態多重決定；而殖民時期台灣派的台灣意識，不論多麼猶豫或稀薄，卻是和假定的中國漢民族意識糾結在一起。王曉波並不否認有某個稱做台灣意識的東西存在。但那只是因為台灣特殊的殖民地位所產生的一種「殊相」，仍然直屬於或反映了普遍的中國漢民族意識的「共相」。王曉波這種在大中國民族論的架構下維護台灣特殊性的說法，與左派作家陳映真相當類似。陳映真的文化主義不是建立在僵硬的身分認同上，而是一種比較彈性的「身分認同中的差異」。[18] 雖然我們無法排除團結的族群民族主義在對抗帝國主義與殖民主義的某些特定時刻確實有其政治功效，但其本體論的地位卻無法不受挑戰。

台灣意識這觀念確實無法在不提及中國大陸的情況下而得到適當的理解，畢竟在歷史上，台灣是甲午戰爭後割讓給日本的，而在社會的組成上，台灣大多數的住民是17世紀開始陸續從南中移來的。這些事實變成了論述架構的一部分，根據這

[18] 關於陳映真以及台灣現代文學中「中國認同」的轉變，請見廖咸浩，〈在解構與解體之間徘徊〉，收錄於張京媛編，《後殖民理論與文化認同》（台北：麥田出版社，1995），193-211。

項架構，歷史的述語一方面被轉化成限定的且永遠是衍生的賓語稱為「台灣」，另一方面則被轉化為無法超越的和普遍的「漢人」文化與民族界線。這個論述機制建立了「中國」這個假定的統一體，一個含糊但威風凜凜的實體，其存在是無可質疑、理所當然的，因為它有「四千年的歷史文化」，這項聲明可以不斷讓它超越中國影響範圍內的所有特殊性。但是「中國」這個假設性的普遍整體卻是一種歷史情境的產物，是因為遭遇到另一個稱做「西方」的普遍性存在而出現。之所以堅稱有一種普遍性的「中國意識」的存在，其實是為了回應同樣具有普遍性傾向的「西方」（以及某種程度的日本）帝國主義的真實威脅。同樣的，特殊性的台灣意識以及其實際想像與想像得到的「中國性」之所以出現，則是受到中國民族主義與日本殖民主義的多重決定。假使如同王曉波所指出的，台灣意識的具體「殊相」有其歷史特殊性，那麼中國意識的普遍「共相」也應該接受同樣的歷史檢驗。然而想要質疑中國意識的普遍性卻是不可能的，因為其本體論的給定條件就是其可能性的條件。用酒井直樹的話來說：「普遍主義與特殊主義彼此強化補充；它們從來不是真正的衝突；它們需要彼此，而且必須用各種方法形成一個相互支持的對等關係，以避免面對面的對話，這種對話必然會讓它們傳說中的安全與和諧的獨白世界瀕臨危險。」[19]

---

[19] Naoki Sakai (酒井直樹), *Translation and Subjectivity: On "Japan" and Cultural Nationalism* (Minneapolis: University of Minnesota Press, 1997), 163.

為了承認中國漢民族意識的豐富性並維持其無所不在的特性
——一個隱藏其起源的普遍前提——台灣意識這個歷史的偶然
與特殊呈現的「中國性」，必須與它保持一種連續的、不衝突
的，以及互補的關係。

做為自主論述的台灣意識

王曉波對於反殖民鬥爭時期所謂台灣派的祖國意識的再評
估，是為了重建中國在台灣族群民族主義論述中曾經長久佔據
過的關鍵位置。雖然他不否認政治運動中存在一種具體特殊的
台灣意識，但他卻將這種特殊性歸之於一種普遍化的中國漢民
族意識。這點在他對戰後台灣意識的攻擊中至關緊要，戰後台
灣意識的擁護者堅決否認台灣與中國間存在任何有機關係。然
而，對那些戰後渴望台灣獨立的人來說，實現政治自主的基
礎，就在於堅持「台灣人民」的獨立性。他們認為，正是因為
台灣的殖民歷史，以及台灣特殊的社會經濟發展，形塑出一種
獨一無二的台灣意識，與中國大陸截然不同。

宋澤萊指控王曉波與其同黨「歪曲台灣意識、誇大中華意
識」，並指出族群或民族意識是社會共同體的產物，它的出現
和客觀的經濟條件是分不開的。[20] 宋澤萊根據經濟基礎決定上
層結構這種相對粗糙的歷史唯物論觀點，認為一個「民族」形

---

20 宋澤萊，《台灣人的自我追尋》（台北：前衛出版社，1988），51。

成的首要條件是「地域裡的居民形成一個經濟關係的緊密聯合」，以及擴大發展交換關係與商品流通。在經濟關係之外，「共同心理」、「共同語言」與「共同文化」也是民族形成的先決條件。換句話說，這種社會共同體（民族）表現了一定的經濟關係，並包含一定的社會互動。然而，正是這種「物質基礎、生產關係」決定著民族文化的「實質內容」，也決定了民族的「基本特徵」。[21] 據此，宋澤萊認為，台灣在 1945 年以前的歷史現實──做為荷蘭、清朝和日本的殖民地──無論如何是產生不了一個「膨脹及神話的中華（民族）意識」。[22]

　　宋澤萊認為既然經濟關係構成了台灣意識形成的首要條件，那麼就應該從經濟基礎以及政治文化上層結構的變遷關係中去理解台灣意識的浮現。根據宋澤萊的看法，雖然台灣人民獨立運動的歷史可追溯到荷蘭時代，但直到日本殖民時期才臻於成熟。其崛起涉及兩個社會經濟原因：第一，在不斷邁入資本化的過程中，產生了台灣的本地資產家，他們把近代民族主義的思想帶入島內。第二，在殖民者全盤宰制經濟以及上層結構隨之變化的過程中，受苦的無產階級與農民發起他們反殖民的民族主義運動。這兩個趨勢結合起來，便匯聚成「典型的」第三世界反帝國主義、反資本主義的民族主義獨立運動。這種團結抵抗的目的有兩個：一是將台灣從殖民地位解放出來（如

21　前引書，56。

22　這是宋澤萊對孫逸仙發展出來的中華民族意識的批評（58-9）。

同拉丁美洲國家對抗西班牙、印度對抗英國），二是擺脫中國古老封建的泛民族沙文主義（如同巴爾幹半島國家抵抗土耳其帝國及泛斯拉夫主義）。[23] 在宋澤萊的歷史敘述中，荷蘭、清朝以及日本的佔領各自代表了一個特定的經濟（以及政治—文化）階段，台灣人民在反抗這些壓迫者的過程中，逐漸孕育出他們的自我意識。接下來，當今國民黨的統治同樣是一種殖民，而且又推進了一個階段，因此台灣人民自然會像先前的階段那樣，發出明顯的獨立要求。

乍看之下，宋澤萊的唯物主義似乎是要直接衝撞王曉波那種本質化的中國漢民族意識的唯心主義，並給予極為必要的修正。對王曉波來說，在日本殖民時期具體浮現的台灣意識，與普遍性的祖國意識——這是戰後建構的本土台灣意識中所缺乏的渴望與歸屬——具有強烈的關聯。宋澤萊為了反對中國意識這個反歷史的超驗範疇，遂提出應該從經濟基礎的角度，對民族意識做適當的歷史化理解。然而，儘管宋澤萊高喊歷史唯物主義決定意識的形成，但在有關所謂的台灣意識這點上，他卻與王曉波採用了同樣的唯心主義。潛伏在每一個殖民統治與經濟發展階段後面的，是一種特殊而有機的台灣人意識，永遠藉由變動的經濟關係表達出（可表達的）預先決定的凝聚與認同。雖然宋澤萊聲聲強調經濟基礎的重要性，然而他的分析同樣是建立在有一種本質性的台灣意識存在這個基礎之上。宋澤

---

23 前引書，61-2。

萊從未清楚說明這種台灣意識除了和「反中國與反殖民的」心態有關之外，與其他層次的上層結構——宗教、社會實踐、政治制度等等——究竟具有怎樣的關聯。宋澤萊也不曾仔細探討經濟關係與展現在不同經濟條件下的所謂台灣意識的不同形式之間的過渡轉變。儘管經濟關係不斷轉換，台灣意識卻始終固定不變。簡言之，若說王曉波將中國漢民族意識給理想化了，那麼宋澤萊就是把特殊的台灣意識給物神化了。

由王曉波與宋澤萊所代表的這種兩極現象，無疑是受到1980年代台獨運動相關辯論的決定與限制。想要就他們各自的立場做出適當的意識形態分析，首先就必須認清這個政治脈絡。在1980年代，台灣意識這個觀念的理論化是如何優先於意識形態的辯論？而台獨支持者又是從哪裡汲取他們的理論來源？

史明的《台灣人四百年史》可說是戰後第一部也是最完整的、根據社會主義和台灣中心觀點寫就的台灣史。[24] 史明之所以堅持台灣及其人民的中心性，主要是為了對抗國民黨和共產黨的官方論述將台灣邊緣化的做法。這點從書名本身就可清楚看出。史明在前言中強調，這是一部台灣人四百年史，而不僅是一部台灣史，或是台灣四百年史。他寫道：「這是因為筆者要站在四百年來從事開拓、建設台灣而備受外來統治的立場，來探索『台灣民族』的歷史發展，以及台灣人意識的形成過

---

24 史明，《台灣人四百年史》（東京：音羽書房，1962）。

程，同時也希望透過台灣民族發展的歷史過程，尋到一條我們一千餘萬台灣同胞求生存所能遵循的途徑。」[25] 在此我不打算分析史明的整體歷史敘述，只將焦點集中在他對台灣、中國大陸以及日本殖民統治這個三角關係的討論。

史明並不否認台灣是漢民族的後裔，與中國南方具有相同的方言與習俗。然而史明認為，儘管這兩個社會具有種族與文化上的傳承，但是「自然」（台灣海峽）與「歷史」（殖民分隔）這兩大因素卻將他們區隔開來。這點在他們各自的社會發展中尤其明顯：

> 在這五十年當台灣徹底與中國社會隔絕之時，中國正處於反覆的政治不穩定與社會停滯。然而，台灣在日本殖民統治下，透過現代化轉化自身……台灣社會雖然在日本資本主義的控制之下，卻已經進入資本主義發展與現代化的道路。舉例而言，就社會生產來說，工業化發展到幾乎與農業產值一樣的驚人地步。因此，在二次世界大戰結束之際，台灣社會不像半封建的中國社會，已經在現代化的道路上大幅領先，兩者已經不可同日而語。[26]

這項差異之所以重要，因為它不僅是一種內部的差異，像

---

25 前引書，1。
26 前引書，440。

是南中國vs.北中國之類的。這項差異是建立在經濟與社會政治結構的歷史發展之上,這些結構促成了一個擁有獨特的「台灣人史」的「單一台灣社會」。

台灣與中國社會的差異,是由於兩者之間在歷史上是一種被壓迫者與壓迫者的關係,因此超越了現代發展這個特殊層次。史明將清朝兩百年的統治視為「新到來」的中國人對構成本土漢人拓荒者的壓迫,而後者正是所謂「台灣人」的最初構成分子。更重要的是,史明將大陸人的統治特性描述為「封建」與「殖民」,因此雙方的關係無疑是「敵對」的而非「和諧」的民族認同。台灣意識——一種有區別和可區別的「本土主義」——的原型正是來自這種對抗同文同種之統治者的情感。

史明並不否認在日本殖民時代,包羅一切的漢民族意識的「潛意識」確實在反殖民的抗爭中構成了台灣意識的基礎。然而,由於台灣人認同的概念是導因於對中國人的仇視,因此這種隱性的中國認同是脆弱且短暫的。換句話說,雖然日本殖民者喚起了台灣人心中的漢民族意識,然而一旦面對中國人,他們之間的敵意甚至比對抗日本人還強。台灣與大陸之間的四百年分隔,發展出、並強化了一種共同與單一的台灣認同,而這種認同遠比理想化與模糊曖昧的中國認同更「頑強」、更「符合現實」。這種超越血緣與種族同質性的神話、產生自共同心理與共同命運的認同,與建立在血緣關係上的認同一樣正當、一樣深刻。史明因此強烈宣稱,在二次大戰結束之後,台灣人與中國人在血緣與文化傳統上的共同性,只具有人類學研究的

意義！[27]

　　於是，日本殖民主義透過必要的社會經濟發展，在促成一種自主性的台灣認同上，扮演了決定性的角色。根據史明的觀察，正是日本殖民主義讓台灣脫離了中國封建社會的統治。日本殖民主義最初的目標之一，就是要藉由將台灣的貿易與運輸導向日本以清除中國的商業資本與歐美資金（這項論點完全是遵循日本自由派經濟學家矢內原忠雄的看法）。以「分離政策」為基礎的資本主義發展，徹底將台灣與「前現代」、「半封建」以及停滯不前的中國社會區隔開來。隨著殖民地台灣「不斷前進……這兩個社會的差異變得更大……如同……台灣海峽變得無限寬」。[28] 台灣的統治權從中國轉移到日本，伴隨而來的是從「封建殖民社會」轉型為「現代殖民社會」。[29] 在史明對現代化與發展力量的敘述中，明顯流露出對日本殖民主義的正面態度——這是台獨支持者普遍共有的情感。倘若自主的台灣認同與中國漢民族認同之間的差別是奠基於現代與前現代以及殖民與半封建之間的差別，那麼很難不把日本的殖民主義視為一

---

[27] 前引書，440-1。

[28] 前引書，443。

[29] 史明列出了一連串台灣與中國的鮮明差異。例如，1942年時，台灣農民人口已經降低到60%，從事現代產業的勞工有5%，在此同時，中國農民佔98%，只有1%在工業部門；1942年時，台灣農業與工業的每人平均生產毛額到達215日圓（約等於40美元），在亞洲僅次於日本；台灣的普羅化以及貧富之間日益擴大的差距主要是來自殖民剝削與資本主義的發展，在性質上與停滯在前現代的中國完全不同，等等。參見前引書，443-6。

種「必要之惡」，就像馬克思與恩格斯認為英國殖民主義在印度所扮演的角色那樣。只要台灣與中國之間的差別指標是根據台灣在實證主義與目的論的現代化軌道上所處的相對位置，那麼日本殖民主義的影響就會是根本而重要的。

　　根據史明的論點，在獨特的台灣意識成形過程中，日本統治下的資本主義快速發展扮演了決定性的角色。這個時期出現的政治運動，雖然是殖民教育與全世界殖民獨立運動的產物，卻是從殖民地台灣的政治與經濟壓迫中興起，而不是從外國借來或引入的運動。這是台灣人民的「民族」解放運動。史明因此駁斥那些將中國視為「祖國」而尋求解放的人，因為他們「漂離了台灣與台灣人民的現實」，並認為他們對整體政治運動的影響力根本微不足道。如同我們前面提過的，王曉波認為台灣政治運動中的「祖國意識」反映了台灣人與中國漢民族之間的有機關聯，史明則認為這只是對台灣社會實況以及伴之而來的台灣意識的一種歪曲與誤認。史明在論述中不斷凸顯「抽象」中國與「具體」台灣之間的分歧。史明再次強調，日本統治期間台灣與大陸的地理分隔這項客觀條件，超越了台灣與中國的「血緣與文化關聯」，並讓台灣茁壯成一個「不同範疇的單一社會存在」。因此，就算「台灣和台灣人是中國和中國人」的想法會經由親屬關係或文化而傳遞，但這類想法只是「想法」而不是「真實的台灣、台灣人自身」。簡單說，「台灣民族運動」中的「民族」，必須指向現實存在的台灣社會與台灣人，而不是由與大陸共同的文化與血緣所決定的幻想的「民族觀念」。[30]

　　史明認為，這個時期自由派與馬克思主義運動的一大「缺陷」，就在於他們混淆了理想的中國與現實的台灣狀況，混淆了空洞概念的中國與現實存在的台灣。因此這些運動無法「直截了當」地提出「台灣自決」的實踐。史明指責這些對理想的「祖國中國」懷抱夢想的運動，在行動上也停滯於「在日本帝國主義殖民統治下要求台灣自治」而已，而那些機械地採用階級解放這種「外國思想」的運動，又忽略了「台灣社會與其社會現實的歷史過程」。[31] 史明譴責這些運動無條件地「接受」中國、自由主義和馬克思主義的單向「影響」，並將之視為解放台灣的潛在可能，因為他們抹煞了台灣的單獨性與唯一性，就這點而言，史明並不完全是錯的。因為「中國」、「自由主義」和「馬克思主義」都是抽象的理念，並未深植在台灣社會的現實當中。

　　在史明與宋澤萊之輩的「本土化」論述中，潛藏著嚴格的二元對立論：唯心 vs. 唯物、意識 vs. 存在、上層結構 vs. 經濟基礎。決定論的社會學阻擋了其他可能的歷史理解。首先，理想中國與現實台灣的分歧，是用來強調後者的首要性而貶抑前者。台灣是真實而直接的；中國（與自由主義及馬克思主義）是抽象而間接的。一方面，對中國的渴望只是一種幻覺與空

---

30 前引書，420。

31 除了對台灣社會的特殊性缺乏認知之外，史明也聲稱自由派沒有注意到殖民體制下的階級鬥爭，因而無法動員群眾對抗總督與資本家。史明對左翼運動也有類似的批評。

想，因為這種想像並不符合中國半封建與半殖民的處境。另一方面，台灣因為身為日本壟斷資本主義統治下的現代殖民地，因而產生了相對應的台灣意識，獨立於中國之外。但是，假如中國這個概念只是部分台灣知識分子虛假意識的產物，那麼是哪些因素在殖民地台灣的現實中，構成了這種虛假意識的物質基礎？換個方式來說，如果史明想要堅持存在vs.意識的決定論，那麼只要「中國」仍然是台灣人意識中的一個政治可能性，不論它多麼虛幻，史明都必須說明它出現在現實台灣內部的歷史與實踐意義。同理，倘若殖民地台灣確實構成了一個獨立於中國之外的、自主的社會經濟形構，那麼為什麼這個時期的政治運動，如同史明所指出，沒有產生一個相對應的自主意識？如果史明是從思想或抽象的角度來處理中國，那麼所謂的台灣意識也應當以同樣的方式對待。假使中國對台灣人而言只是想像之物，那麼台灣對台灣人而言同樣也是想像之物。

其次，堅稱在地的重要性凌駕大陸以及世界的影響這點，省略了一個基本事實，那就是：只要可以談論在地、獨一或特殊，就意味著它與大陸和世界之間已經有所牽連。換句話說，中國的思想以及自由主義和馬克思主義的影響，無法輕易與現實的台灣區隔開來，因為它們永遠是現實台灣的一部分。換句話說，就內在面而言，現實的台灣**是根植**於大陸與世界的地理和哲學體系之中。誰能談論一種特殊的台灣意識而不提到中國意識或日本意識，或不與之相對比呢？誰又能談論一種獨特的台灣民族主義運動而不把當時橫掃全球的自由主義和馬克思主

義的影響以及日本的殖民作為考慮進去呢？當史明就失敗的可
能性（它們忽略了台灣社會的特殊脈絡）這個角度談論台灣政
治運動中自由主義與馬克思主義傾向的瓦解時，他無法將這個
運動的歷史限制考慮進去。這裡的議題不在於它們為什麼沒有
將台灣社會的特殊性考慮進去，而在於它們為什麼無法在特定
的歷史環境下實踐？為什麼一個完全成熟的台灣意識在那時不
具備歷史可能性？在某個意義上，史明違背了自己的唯物論，
著了魔地想要堅持一種排他的、特殊的、與中國不同且可以區
別的台灣認同。史明在他的本土化論述中，貿然將台灣知識分
子的政治問題意識中有關台灣與中國之間的相互關聯與相互依
賴——儘管這種關聯和依賴是由日本殖民統治所構建和隔絕
——排除在外，不予承認和接合。

重新刻劃做為反論述的族群民族主義

　　所謂的台灣意識究竟應該視為大中國漢民族意識的附屬，
還是日本殖民主義下的自主性歷史產物，這項辯論顯然是戰後
與後殖民時期的一種嘗試，目的是為了就台灣／中國認同這個
根植於殖民時期的麻煩問題談判出某種結果。雖然雙方的政治
動機迥異，但是立論假設卻是相似的，雙方都假定民族認同同
時是至高無上和緊密黏合的，是本質主義與自我意識的。這種
想法排除了認同形成的歷程，排除了那些既不牴觸包羅一切式
的民族認同、也不違背排他式民族認同的相互關係、交疊領

域、相互貫穿的疆域以及多重的政治可能性。想要擺脫中國意
識與台灣意識之間的這個麻煩問題，方法之一就是不要把它們
的本體論身分視為競爭的或不可共量的認同，而當成與日本殖
民主義和中國民族主義糾葛牽連的互補式或共存式的歷史和政
治可能性。

　　最好不要把中國意識的浮現理解為族群—文化認同的自然
結果，而應該視為一種政治投射，反應了殖民地台灣對社會經
濟狀況以及日益縮減的政治可能性的不滿。換句話說，我要指
出的是，首先，所謂中國意識與所謂台灣意識之間的衝突關
係，完全是一種後殖民式的問題意識，與殖民時期如何想像和
建構這兩種相互關聯的認同關係不大。他們伴隨著台灣政治運
動一起出現，同時顯示出該時期反殖民鬥爭的政治可能與歷史
限制。日本警察報告記錄了來自不同政治團體的大量文件，宣
稱了他們對中國的忠誠以及他們對中國人民的堅定認同。在這
些針對反抗事件的報告中，我們確實看到一種對於「祖國」的
狂熱依戀與堅決依附：高呼台灣人不是日本人而是漢民族的
「同胞」；堅持「台灣是中國大陸的一部分」以及中國是「祖
國」；宣示「我們漢民族獨有的民族性」以及「我們中國人的
風俗習慣」；將中國革命視為台灣解放的必要前提，等等。[32]

　　乍看之下，這些對中國大陸以及中國漢人的認同，似乎支
持一種包羅性的中國漢民族意識的觀點。然而仔細檢驗這些看

---

[32] 這裡的引文摘自台灣史料保存會，《日本統治下的民族運動》，2：915-986。

起來像是民族主義的聲稱以及他們宣言背後隱藏的情境，我們將會清楚發現：這種對中國「祖國」的渴望，比較不是來自根深柢固的有機關係或根本的文化關聯，而是基於對殖民情境以及他們無力徹底改變的不滿。中國認同（政治上與文化上）的產生通常是和對殖民現實的不滿有關。舉例而言，一個位於中台灣的中國中心組織，眾友會，認為在重稅以及強迫勞動下，「在台灣不可能期望過安樂的生活」。他們認為與中國統一和回歸大陸比較可能享有更好的生活。除開經濟層面，一般對於台灣獨立也是抱持悲觀態度——台灣地理孤絕又缺乏可持續的反對力量——因此很多人轉而向中國尋求政治支持，理由往往是訴諸於台灣曾是中國的一部分以及大部分台灣人都是漢人這個簡單的歷史事實。[33] 這裡要強調的重點是，台灣與中國的關係不是想像的（imagined）共同體而是幻想（imaginary）的共同體，源自於對「祖國」以及漢民族茫無頭緒的求助。之所以用幻想來形容，是因為這比較像是台灣單方面的投射，而不是中國政府或組織為了堅持中台之間的親近關係或達成任何政治回歸的方法而做出的審慎企圖。例如，眾所周知的，梁啟超與戴季陶這兩位中國政治人物，就曾建議台灣政治領袖在從事反殖民鬥爭時不要指望中國協助。大部分台灣人對於那些可能影響台灣政治運動的中國政治事件，很少有機會得知。只有那些曾經到過中國或日本的人，主要是殖民地菁英，才有機會仔細了

---

33 前引書，921-3。

解發生在中國的政治事件。[34] 甚至連中國共產黨──它們將台灣共產主義運動視為台灣「民族」運動的一部分，並承認它們的抗爭在自主性上與中國革命不同──都要到1949年才開始聲稱台灣是中國的領土。

讓這種中國普遍性的論調更站不住腳的是，即使是台灣政治運動中最狂熱的中國民族主義鼓吹者與追隨者，都拒絕屈服於一種全面性的中國認同，而承認台灣介於日本殖民主義與中國民族主義這個閾限（liminality）當中的特殊角色。台灣文化協會的發起人之一，常被稱為台灣孫逸仙的蔣渭水，或許是最醒目的「祖國派」，他曾特別提到台灣人的歷史使命：

> 　台灣人負有做媒介日華親善的使命，日華親善是亞細亞民族聯盟的前提，亞細亞聯盟是世界和平的前提，世界和平是人類最大的幸福，並且是全人類最大願望。所以我台灣人有做日華親善的媒介，以策進亞細亞民族聯盟的實現，招來世界和平的全人類之最大幸福的使命就是了。簡單說來，台灣人是握著世界和平第一關門的鍵啦。這豈不是很有意義且有很重大的使命嗎？[35*]

---

34 Chen, "Formosan Political Movements," 496.

35 引自宮川次郎，《台湾の政治運動》（台北：台灣實業界社，1931），122-3。

　* 中譯摘自葉榮鐘，《日據下台灣政治社會運動史》下（台北：晨星出版公司，2000），330。

　　對被殖民者來說，這是何等雄心壯志的角色！對於蔣渭水以及我們稍早討論過的王曉波的中國民族中心主義，特別值得一提的是，在台灣派懷抱某種「祖國意識」情感的同時，祖國派同樣也考量到台灣做為殖民地社會的特殊性。台灣雖然與中國具有歷史及文化的親近性，但它做為正式殖民空間的這個特殊情況，既無法化約為普遍的中國意識，也無法縮減為特殊的台灣意識。它必須同時佔據這兩個所在，不是根據對抗性的或無法化約的二元對立，而是因為那是歷史決定的位置，建立在民族主義中國、殖民地台灣以及帝國日本之間的複雜關係網絡上。

　　我們已經檢視過台灣知識分子對於他們與中國的親近性與關聯性的各種陳述，我們也指出了他們的祖國意識並不能毫無保留地放在、或是簡單地限制在普遍化的中國漢民族意識內部。在此同時，如果要談論同一時期所出現的正宗台灣意識（如同台灣中心主張者所稱的），就必須將它與日本殖民主義所隱含的、以及偶有妥協的關係納入考量。這點在「台灣人」這個觀念與主流派自由主義立場——例如台灣議會設置請願運動及其後繼者台灣地方自治同盟——的接合上尤其明顯。

　　黃昭堂認為，一直要到日本殖民統治時期，台灣居民才清楚意識到自己是台灣人（雖然他並未說明這種歸屬感以何種方式產生），因為當時的殖民者是一個明顯可辨的外國種族。[36]

---

36 黃昭堂，《台湾總督府》（東京：教育社，1987）。

黃昭堂緊接著寫道，雖然「台灣人」這個觀念是因為與「日本人」之間的對比所引發，但台灣並不曾將這種關係套用在漢民族的觀念上。儘管台灣人保留了與中國之間的種族認同，卻不曾採取與中國之間的民族認同。黃昭堂舉出了好幾個理由，說明為什麼殖民地認同會採取台灣人而非中國人的形式。首先，當日本接管台灣之際，施行了所謂的「國籍選擇」：允許那些想要回返中國的人回去。因此那些留下來的人，大部分顯然是依附於台灣。其次，中國人的意識一直要到中華民國成立之後才告出現。而此時，台灣人民已經在日本殖民統治下過了十幾年了。雙方之間並沒有共同的歷史經驗。第三，在殖民時期，當中國依然是個顯著的農業社會時，台灣已經成為工業化的殖民地。這種不同的社會進展在各自的認同形塑過程中創造出一條鴻溝。第四，在日本殖民主義的特殊架構下，台灣存在著「法律與秩序」。然而與此同時，中國完全陷入分裂與混亂，統一的民族國家直到1950年代才告成形。最後，從清帝國到孫逸仙革命到中華民國成立，中國當局忙著強化自身力量以便和日本殖民主義對抗，從而忽略了台灣人的反殖民鬥爭。[37] 簡單來說，黃昭堂一方面將台灣與漢民族種族主義的相互關聯併入台灣的殖民地認同（如同王曉波），同時又將獨特的台灣認同擺置在台灣人民的殖民史中（如同史明）。因此，黃昭堂得以避免包羅一切的中國漢民族意識普遍的種族中心主義，另一方面

---

[37] 前引書，20-1。

也不致落入自主的台灣意識的特殊主義。然而，黃昭堂所構想的台灣漢人認同，連同他對台灣—中國關係（「民族」認同）的強調，以及只將日本視為殖民社會社經發展背景的觀點，並無法適當理解台灣殖民認同的複雜性。不過，他將我們對台灣認同形成的看法從族群民族主義導向殖民主義，倒是讓我們對階級關係與殖民關係之間的相互依賴以及相互關聯，有較為清楚的認識。

民族性、帝國與階級關係

毫無疑問的，「台灣」與「台灣人」的觀念在1920年代的殖民地菁英之間相當流通。在當時的政治與文化論述中，充斥著不同程度對台灣特殊性的堅持。另一方面，「中國」與「祖國意識」也是這個時期政治運動無法抹去的參照點。對懷抱改革與革命心志的台灣知識分子而言，大陸已證明是一塊沃土與政治天堂（就像日本）。然而，在戰後的後殖民時代，關注的首要焦點都擺在民族認同之間的衝突，這種取向即便不說是壓抑了、至少也封閉了一個構成新民族主義運動卻又與之矛盾衝突的面向——也就是帝國內部的階級關係。過分強調反殖民運動是一種族群民族主義的實踐，會讓與反殖民運動的產生息息相關的社會關係的優先性遭到神祕化。不過，這麼說既不是要將族群民族主義打消成反殖民鬥爭中的一個無用面向，也不是單純為了將殖民地內部的所有社會關係化約成階級關係。想要

充分了解族群民族主義的這種兩難面貌，就必須同時將它理解
為在殖民結構限制下的解放活動與霸權實踐。在此我要強調的
是殖民社會裡永遠無法消滅的那種矛盾衝突，一邊是賽沙爾所
謂「活生生的兄弟情誼」般的民族與文化親近性，另一邊則是
「所有戰慄的抽象中最冷酷的」超越民族的階級關係。[38]

　　台灣議會設置請願運動可說是殖民地台灣所有自由派的新
民族主義政治運動中，最具代表性和持久性的一個。在此必須
強調：要求設置殖民地議會這項舉動，在日本帝國內部是個例
外。在殖民地韓國，政治運動的主要宗旨都是要求民族獨立。
雖然在韓國也有要求「自治」的力量，但是這股勢力相對弱
勢，而且從來不曾像台灣這樣，在反殖民的民族主義歷史中佔
有如此顯著的地位。若林正丈曾對台灣議會設置請願運動與日
本大正民主政治脈絡間的關係做過最全面的研究，他提到殖民
政府收到這項請求時大吃一驚。[39] 殖民政府的驚訝在於，這個
運動的組織者與參與者是殖民當局最偏愛、並以親切態度努力
想要與之合作的社會階級──這階級由兩個團體構成：若林正
丈所稱的「漢族土著地主資產階級」與「新興的知識人」。[40]

---

[38] 引自 Suzanne Gearhart "Colonialism, Psychoanalysis, and Cultural Criticism: The
Problem of Interiorization in the Work of Albert Memmi" in *"Culture" and the Problem
of the Disciplines*, ed. John Carlos Rowe (New York: Columbia University Press, 1998),
199 n 1。

[39] 若林正丈，〈大正デモクラシと台湾議会設置請願運動〉，收錄於《日本植民地
主義の政治的展開，1895-1934》（東京：アジア政經學會，1980），76-230。

[40] 前引文，81。若林正丈接著將新興知識人定義為「受日本教育，與傳統讀書人

　　若林正丈針對參與請願者的教育程度與職業做了完整的分析，結果毫不意外，這個運動的大多數參與者都是受到最高教育並在殖民地社會中享受舒適與穩定生活的漢人菁英。這群「新興的知識人」在本土地主階級的支援下，主導了1920年代早期的台灣議會設置請願運動，連帶在帝國的界限下定義出台灣人的特殊性。

　　一次大戰的毀滅性結果、戰後急速蔓延的殖民地民族主義、滿清在中國遭到推翻，以及殖民地韓國的三一起義＊，在在刺激著台灣菁英必須將殖民地台灣置放在更大的世界體系之下。局勢很清楚，台灣再也無法當個孤立的島嶼，躲藏在更大的地緣政治之下，而必須加入「世界潮流」與「世界文明」。然而，新民族主義派的菁英正是因為察覺到這種平行的時間與共同的空間，於是強烈感覺到殖民地台灣的文化落後與智識欠缺。因此「提升人民文化」自然成為這項政治運動必須含括的目標，其方法則是藉由「啟蒙」或「教育」的實踐。就像殖民世界的大多數知識菁英一樣，台灣的知識人也認為自己同時扮演了兩種角色：一是在要求自治的政治運動中擔任「先鋒」，

不同，具有近代教養……以及可流利使用日文」。

＊　三一起義：指殖民地韓國於1919年3月1日發起的抗日獨立運動，又稱「獨立萬歲運動」。1919年，美國總統威爾遜在巴黎和會上提出「民族自決」的原則，韓國殖民地的知識分子受到這項原則的鼓舞，於該年3月1日在首爾市中心公園發表了「獨立宣言」，引發市民的跟隨與騷動，隨即蔓延成擴及全國的示威活動，駐韓國的日本總督下令鎮壓，造成嚴重傷亡。許多參與者亡命海外，或轉為地下武裝革命，而日本統治韓國的政策，也因此這起事件轉而採取懷柔主義。

二是以「中介者」的身分為那些無知無識和飽受壓迫的人民發聲。[41]

與台灣議會設置請願運動關係密切的《台灣青年》（1920-1922）期刊，其創刊號的社論便是以下面這段有關全球處境的段落開始：[42]

> 各位！歷經四年半的世界武力大戰亂已告終幕⋯⋯這難道不就是世界人類的反省期嗎?!
>
> 為了保持國際間的永恆和平，產生了國際聯盟的條約。為了避免人類間的弱肉強食，引起了人類解放的問題。為了防止社會上的優勝劣敗，社會改造的呼聲正在高唱入雲。
>
> 然而，倘要謀求世界人類的和平，首先要謀一國內部的和平，要謀國內的和平，則應先謀一個社會上的和平不可。當然，一個社會的和平，非先求一家的和平，一家的和平，則非先求個人的身心不可。於此，我們倘真正要希

---

[41] 關於殖民地菁英的「中產階級性格」的討論，請見 Partha Chatterjee, *The Nation and Its Fragments: Colonial and Postcolonial Histories* (Princeton, NJ: Princeton University Press, 1993), chap. 3, "The Nationalist Elites"。

[42] 《台灣青年》是由台灣學生以及台灣富裕地主如林獻堂和蔡惠如所支持成立的東京台灣青年會所發行的第一份組織刊物。這份刊物和團體同時得到重量級日本知識分子的支持，如吉野作造與泉哲。這份期刊同時以日文及中文發表，其投稿人的意識形態光譜相當廣，同時包括自由主義及馬克思主義／社會主義。

求最大的世界人類和平，非先從希求最小的身心和平開始
不可。[43*]

　　這裡最動人的不是對一次大戰戰後情勢的壓倒性樂觀，而
是把「最小單位」的個人與「最偉大」的世界和平的夢想聯繫
起來。在此，個人不再局限於周遭的環境，而對更大範圍的社
會單位包括家庭、民族以及由民族構成之世界的福祉具有重要
影響力。該篇社論以上天賦予他們維繫世界和平的歷史使命為
名，催促讀者們「認真、嚴格、慎重來批評自己過去的生活，
探索未來的進路，謀求真正有意義的生活之必要」。之所以必
須做這樣的回顧，是因為過去受到許多「不必要的事」、「疑
惑」與「黑暗」所阻。殖民地台灣如今站在世界新秩序的門檻
上，每一個台灣人都應該利用這個機會消除過去的「不安和疑
惑」，同時「真正求取台灣的文化生活」。[44]
　　這個與世界同步以及意識到個人置身在其中的感覺，暴露
出殖民地台灣的落伍與落後。不像日本青年以及中華民國青年
所展現的「純潔的理想」與「活潑的運動」，台灣青年仍然在
「沉默無言」之中。這篇社論鼓勵讀者在這個時機站起來，並
批評那些「反抗世界潮流」的人是文明的落伍者。追求自由的

---

[43] 引自台灣史料保存會，《日本統治下の民族運動》，2：28。

　[*] 中譯摘自《台灣社會運動史》，50。

[44] 前引書。

任務必須藉著改革過去與打造全新的現代視野來完成：

> 我們應該早一點消除其在社會上、宗教上、藝術上、風
> 俗習慣上等很多的缺點，發揮很多的美點才是。而要消除
> 這些缺點，發揮美點，我們島民互相必須在精神上一致連
> 絡，且在一定的主義目標之下，將過去的各種事實，公平
> 地冷靜地嚴正地加以考究批評，而確立現在及未來應採取
> 的根本方針。不過，其考究批評，絕不是限以傳統的思
> 想，因襲的見解所能了事，必須依照現代的判斷，世界的
> 眼光才行。[45]

這裡所召喚的，恰恰就是由殖民地菁英帶頭領導的「島嶼
的文化啟蒙」——一個二十世紀大部分殖民地知識分子所共有
的文化政治觀點。

然而，《台灣青年》所顯示的動員與改革，以及推而廣之
的台灣議會設置請願運動，其目標並不是完全將台灣從日本殖
民統治中解放出來，而是改革殖民政府，使其更容易參與，並
讓台灣人在帝國內部享有更平等的地位。對於自主的台灣認同
與文化的呼喊，雖然在日本眼中是一種頑抗，其實並不必然反
對與帝國之間的政治與經濟統合。我們該如何理解這種看似矛
盾的立場，一方面堅稱台灣的首要性，另一方面又保留可與日

---

45 前引書，29。

本帝國協商的態度呢？簡單說，為什麼這個政治運動及其相關知識分子的看法，會採取「帝國的台灣與台灣人的台灣」這種矛盾的目標呢？

　　想要理解這種與帝國之間既對抗又默許的關係，將之視為一種歷史情境，我們就必須把台灣在地既存的階級關係與日本殖民統治的操弄和調解這兩者之間的關聯考慮進去。若林正丈簡要地總結了這種關係：

> 在地地主階級擔任了殖民地台灣社會經濟與政治統治的中介階級〔介於統治的日本人以及被統治的台灣人之間〕。由於殖民地的地位，這個階級與其他社會階級一樣臣屬於殖民當局之下。然而在此同時，從殖民地經濟發展的角度來看，這個階級也成為最大的受益人。[46]

　　換句話說，這群人的特殊階級與殖民關係，決定了他們的政治性格與文化展現。簡單來說，在地地主階級是殖民政府在其初期的土地改革——也就是矢內原忠雄所謂的「資本積累的基礎」——政策中所選定與支持的衍生階級。[47] 在日本人掌握台灣控制權之初，這座島嶼上的土地租佃系統已十分發達卻也高度混亂，具有雙層甚至三層系統的多重產權，每一層產權中

---

46 若林正丈，〈大正デモクラシと台湾議会設置請願運動〉，93。

47 矢內原忠雄，《帝国主義下の台湾》（東京：岩波書店，1988），18。

的每一個「所有人」都擁有特定的權利。[48] 為了讓土地所有權
的狀態得以簡化明瞭，殖民政府從1905年開始要求小租戶負擔
稅負並大幅減免他們必須繳付的地租，藉此承認單層的土地持
有者（即所謂的小租戶）為該土地的唯一所有人。由於日本資
本主義仍處於殖民主義初期，並不具備消滅整個地主階級之深
刻影響的力量，因此採用這種間接剝削佃農的方式。而這個經
過重新組織與重新鞏固過的在地地主階級，則在殖民當局的授
與下，成為財產權的唯一擁有者，並可從大租戶那裡得到大量
的利潤。

　　日本殖民統治初期這種「分而治之」的政策，不只挪用並
重構了在地租佃系統的生產關係，以便複製日本資本主義的結
構，它也把「反日游擊隊」與在地地主階級區隔開來，以引誘
後者與殖民當局合作。若林正丈指出，1920年代的政治運動顯
示出，由於日本資本主義的擴張（如今已處於壟斷階段）、一
次大戰之後自由主義在地主階級子女間所造成的影響，以及日
益強大的民族自我覺醒（透過中國以及其他反殖民運動的媒介）
等因素的影響，在地地主階級內部已重新分化為合作主義與新
興民族主義這兩個派別。[49] 於是在這個歷史轉折點上所出現

---

[48] 關於台灣高度複雜的租佃制度的討論，請見 Edgar Wickberg, "Continuities in Land
Tenure, 1900-1940", in *The Anthropology of Taiwanese Society*, ed., Emily Martin Ahern
and Hill Gates (Stanford, CA: Stanford University Press, 1981), 212-38。關於日本殖
民政策與土地改革，見矢內原忠雄，《帝国主義下の台湾》，12-26。

[49] 若林正丈，〈大正デモクラシと台湾議会設置請願運動〉，94-5。

的，正是地主階級掙扎在民族渴望與殖民調適之間的衝突矛盾。這個階級雖然懷抱了民族主義與族群情感，但它同時也是殖民經濟的主要受益人。因此在地地主階級自然不願挑起或支持任何基進的或革命的反日運動。然而，由於他們的經濟活動仍然依附在日本的資本之下，而且和殖民地的其他成員一樣，他們的政治權利也受到嚴格限制，因此他們也對殖民政府的獨裁統治感到不滿。唯有把在地的階級關係與曖昧的殖民關係之間這個特殊的中介角色考慮進去，我們才能更清楚地理解這項運動為何會一方面堅持自主的台灣意識，一方面又肯定這種自主性可以擺在帝國的整體架構之下。

　　或許台灣新民族主義政治運動的所有面向都可以藉由這些階級與殖民關係的屬性來分析和理解，包括它們的不斷接合和協商，以及它們的矛盾和獨立關係。透過這種階級利益與殖民壓迫之間的矛盾，我們可以看出「台灣派」與「中國派」的觀念在政治與文化論述中並不是民族或文化認同的對立形式。比較確切的說法是，他們代表了一個階級內部對於政治想像和實踐可行性的不同信念，這個階級在 1920 年代面對日本殖民統治的變動時，歷經了內部的衝突與分化。同樣的，台灣新民族主義運動在 1920 年代末期正式分裂成改革傾向的自由派與基進的馬克思主義派一事，也不應簡單地歸因於「外來」的政治影響。比較確切的說法是，這種意識形態的分歧凸顯出在地地主階級無法繼續扮演中介的角色，無法在自身從殖民經濟中得到的階級利益與農民和無產階級日益嚴重的赤貧狀況──拜日本

資本主義在一次大戰期間的高度景氣以及隨之而來的1920年代末期全球資本主義危機之賜,而讓情況雪上加霜——之間找到調解點。更重要的是,正是在這種區隔分化與相互關聯的政治脈絡之下,日本殖民當局為了對抗日益高昂的台灣新民族主義訴求,而將各種打著「同化」和「皇民化」招牌的論述與政策,建構成主流的殖民意識形態。

第三章
同化與皇民化之間
從殖民計畫到帝國臣民

經過拍掌的形式產生一種信念，就是這種信念的問題，這種能成為堂堂正正日本人的信念。
——周金波〈志願兵〉，1941 *

然而，在天皇信仰，我可以在「天皇陛下萬歲」這個喊聲裡面看出拯救之道。當一個人走投無路時，縱然用盡世上所有的詞句也無法形容他的痛苦，但是他卻仍然做為臨終的語言脫口而喊出：「天皇陛下萬歲」。我想，在那兒有拯救，有喜悅，有解脫
——陳火泉〈道〉，1943 **

* 譯文摘自周振英譯，〈志願兵〉，《周金波集》（台北：前衛出版社，2002），
31。

** 譯文摘自台灣文學研究工作室，「陳火泉日文原著小說道」http://64.
233.167.104/search?q=cache:c-5GObk2qsAJ:ws.twl.ncku.edu.tw/hak-chia/o/ ong-hak-
leng/to-3.htm+%E9%99%B3%E7%81%AB%E6%B3%89%E6%
97%A5%E6%96%87%E5%8E%9F%E8%91%97%E5%B0%8F%E8%AA%AA++%E5
%A4%A9%E7%9A%87%E4%BF%A1%E4%BB%B0&hl=zh-TW&lr=lang_zh-TW。

在這兩段摘自代表性的「皇民化」文本的引文中，值得注意的不僅是透過對天皇的「信仰」而成為「日本人」的「信念」，也包括殖民意識形態自身的外在表現形式。要成為「日本人」不僅得具備內在的信仰，更重要的是還必須配合一連串的肢體行為（拍掌以及高喊「天皇陛下萬歲！」）；這些肢體行為「不只是從屬於內在信仰的外在表現形式，更是**產生內在信仰的機制本身**」。¹ 換句話說，這些表演性的儀式，是殖民認同的產生基礎而非結果。這是意識形態的物質化，或如富山一郎所說的「規律」（規訓），對於塑造「成為日本人」這項意識形態至為關鍵。富山一郎在研究琉球「日本化」的作品中指出，「成為日本人」並不僅是信仰或意識形態的問題。而是藉由「日常生活的身體實踐」並在這樣的氛圍中想像出來的。因此，戰爭動員的規訓程序遂成為關鍵樞紐，決定是否開啟「成為日本人」這道步驟。「戰場」與「日常」不應分開理解，而應從兩者之間辯證性的相互關係切入。² 因此，我們不該將這些規訓程序歸因於一種傅柯式的「微觀權力」（micro-power）——在其中，身體的銘刻以其錯綜複雜的具體化網絡標誌了殖民權威的軌跡——而將我們自身抽離殖民權力的幽影。相反的，我們應當注意，這類身體的程序必定預設了殖民政府以及為了太平洋戰爭所發起的大規模動員會在不知不覺中夾帶出現

---

¹ Slavoj Zizek, *Mapping Ideology* (London: Verso, 1994), 12.

² 富山一郎，《戦争の記憶》（東京：日本経済評論社，1995）。

——這兩者的工具性目的，是為了轉變殖民地子民與帝國權力之間的關係。

　　然而，這也就是說，我們不該把殖民意識形態的外部形式視為日本晚期殖民主義歷史脈絡的單純反映。因為，如同我在這一章將討論的，對於「皇民化」意識形態的詰問，必然會暴露出「同化」這個出現在皇民化之前且在一開始使「皇民化」成為可能的殖民神話。一般有關日本殖民主義的研究都假設：「皇民化」即使不是「同化」政策的強化，至少也是其延伸，與日本殖民政治具有一脈相承的連續性。例如，裴迪（Mark Peattie）將「同化」政策的中心目標總結為「使其殖民地子民『日本化』，特別是台灣人與韓國人，將他們轉化為勤勉、忠誠、守法的『皇民』，灌輸同樣的價值，承擔一樣的責任，並具有與本島日本人一樣的生活風格。」[3] 皇民化構成了同化的「最後階段」。這項運動是「針對日本被殖民種族，使其完全體制化與日本化，並不斷透過儒家的道德教誨將這些目標正當化，並全力灌輸對日本天皇的責任感」。[4] 我反對這種將殖民意識形態視為連續且一致的假設，並主張皇民化應根據它與同化的**相同**和**差異**而予以歷史化。我認為，將這兩種殖民意識形態視為一體等於是重述了官方論述中那種一致與持續、平等與慷慨的殖民政策。更重要的是，它也抹去了在皇民化——「認同

---

[3] Mark Peattie, "Introduction" in *The Japanese Colonial Empire, 1895-1945,* ed. Mark R. Peattie and Ramon H. Myers (Princeton, NJ: Princeton University Press, 1984), 40.

[4] Mark R. Peattie, "Japanese Attitudes toward Colonialism, 1895-1945," in ibid., 121.

掙扎」是這個運動的基本課題與主要焦點──的政策之下，有
關殖民主體性的爭鬥。我認為，做為一種殖民意識形態，同化
代表了殖民計畫的一般場域，在其中並沒有一致的哲學或是系
統性的政策。此外，由於政治歧視與文化同化之間的落差所透
露出來的內在矛盾，「日本化」大體上被表述為一種殖民者的
問題意識──一種失敗或尚未實現的殖民理想。皇民化的「新
意」在於，它開創了「日本化」的政策並將之內化為被殖民者
──被視為不完整的「皇民」──的唯一問題意識。只有在這
個特殊的歷史交會點上，有關殖民認同的掙扎才確實成為殖民
地台灣的主導性論述，在此，「成為日本人」這個議題滋長出
巨大的存在焦慮和政治欲望。因此，在日本殖民主義的一般傾
向中，皇民化既非同化的邏輯延伸，亦非同化的突然斷裂。相
反的，皇民化是一種殖民意識形態，藉著隱藏與抹去同化的內
在衝突，而根本轉化並限定了殖民主體性與認同可以被容許的
表述與再現方式。

在同化與皇民化之間

　　習慣上，皇民化指的是1937年的盧溝橋事變到二次大戰日
本戰敗這段期間，日本在台灣（韓國與琉球亦同）殖民統治上
的「文化操作」（文化作業）。這是一個意圖透過「國語運
動」、「改名」和「志願兵系統」等措施，將殖民地人民轉化
成帝國臣民的文化政治運動。[5] 從殖民者的角度來看，皇民化

的過程是一種政治和文化上必要的強化措施，以便將殖民地人
民轉化成忠誠的帝國子民，以應付戰爭的需求。套用第十七任
台灣總督小林躋造1937年的談話：

> 　　從一開始，為了顯示國體的意義，闡明人民的決心，接
> 受並實行「在他公平注視下」的帝國願望，進而產生同化
> 的事實，這一直是日本統治台灣堅定且不變的政策〔目
> 標〕。鑒於帝國的使命、台灣的地位以及當前的世界局勢，
> 最緊急的任務是讓五百萬島民獲得與日本人同樣的資格，
> 以恢復他們的決心，共同為國家的繁榮奮鬥。為了達到這
> 個目的，我們必須透過提升大眾教育，矯正語言風俗，並
> 培養忠誠帝國子民的基礎，以便為帝國精神的推廣貫徹而
> 奮鬥。[6]

　　這裡值得注意的是兩個矛盾之處。第一，皇民化並不是突
如其來的強加政策。相反地，它打從殖民統治一開始就存在，
是日本一般殖民傾向不可缺的一部分：透過同化創造平等。生
產與再生產「忠誠的帝國子民」，只是「堅定而不變」的同化
方針的延伸而已。第二，與延續的殖民政策這個口號相反的

---

5 英語著作中對於台灣皇民化運動唯一一本完整的研究，請見Chou Wan-yao（周婉
　窈），"The *kōminka* Movement: Taiwan under Wartime Japan, 1937-1945" (Ph.D. diss.,
　Yale University, 1991)。

6 引自鷲巢敦哉，《台灣保甲皇民化讀本》（台北：台灣警察協會，1941），168。

是，皇民化藉由灌輸被殖民者「廣泛徹底」的「皇國精神」，
來強迫推動「言語風俗」的徹底轉型。這兩者之間的矛盾太過
明顯而無法忽視。如果皇民化只是同化殖民政策堅定而不變的
延續，為什麼需要新的殖民修辭與文化政策呢？雖然殖民當局
堅稱其政策是一脈相連，但我們不難從皇民化的實施中察覺到
一種斷裂與急迫性（「台灣的地位以及當前的世界局勢」）。皇
民化是同化的延伸，目的是將被殖民者轉化為忠誠的日本子
民，上述官方說法在1938年由記者竹越與三郎再次強調。他寫
道：「皇民化意味著成為日本人，但是既然本島人在四十三年
前已經是『日本人』，皇民化必定具有更多義涵〔不只是成為
日本人而已〕。皇民化運動是關於如何成為『好的』日本人以
及如何完成這項程序。」此外，對竹越與三郎來說，成為好的
日本人並不只是本島人的使命，也是整個日本民族的使命。[7]

　　從反殖民的觀點來看，皇民化意味的並不是將殖民地子民
轉換為帝國子民，而是徹底消滅被殖民者的認同與文化。文學
批評家尾崎秀樹寫道：

　　盧溝橋事變（中國事變）之後，鎮壓強化了。在皇民化
的禁令之下，使用中國字和表演中國戲曲遭到禁止。台灣
—中國式的廟宇和宗祠遭到廢止，宗教信仰也受到壓抑。
師範學校中講台語的人會受處罰；甚至傳統私塾也遭警察

---

[7] 竹內清，《事変と台湾人》（台北：台灣新聞報社，1939），206。

強迫關閉。……文學方面，在昭和十二年〔1937〕後，絕
對不可能以中文出版。如果要出版，一定是使用日文。[8]

對尾崎秀樹來說，皇民化代表了日本殖民者所傳播的犬儒
主義。如果同化意味著「成為日本人」，皇民化則意味著成為
「好的日本人」。更重要的是，隨著戰事升高以及動員強化，皇
民化對被殖民者而言不再意味著「生為日本人」，而是「死為
日本鬼」。[9]以天皇之名死為日本鬼，遂成為「好的」日本人的
同義詞。用台灣作家葉石濤的話說，皇民化純粹是一種「奴
化」，也就是驅使被殖民者受日本殖民者奴役。[10]

這種南轅北轍的有關皇民化的詮釋——殖民優惠vs.殖民暴
力——對皇民化與同化之間的關係產生了兩種迥然相反的概念
化。一方面，殖民者的論述將皇民化刻劃為同化的延伸與強
化。簡單來說，殖民同化的一般趨勢在世界大戰逼近之下，讓
位給——或說鋪展成——將殖民地人民徹底皇民化。同化只是
預告了皇民化的必然到來。另一方面，反殖民論述指出，將皇
民化視為平等與機會的保證只是一種謬誤，並揭露出隱藏在
「成為日本人」這項過程中的偽善。從生為日本人轉變成願意
為帝國而死的帝國子民，這是皇民化的基本矛盾。從反帝國主

8　尾崎秀樹，《近代文学の傷痕》（東京：岩波書店，1991），106。

9　前引書，139。

10　葉石濤，〈總序〉，收錄於《光復前台灣文學全集》，12卷（台北：遠景出版
　　社，1979），30。

義者的觀點來說，被殖民者所能追求到的平等對待，最多也就是有資格和日本人一樣，為天皇而死。因此皇民化代表的不是一脈相承的同化殖民計畫的繼續，而是中斷：從生為日本人轉變成願意赴死的日本人。同化與皇民化之間的問題意識可以用兩種方式表述。首先，皇民化真的代表了一個歷史的新浪潮，主導了那種可以用危機或其他原因來解釋的日本殖民意識形態和政策嗎？其次，就它的理論範型以及社會重要性來說，皇民化真的是一種殖民工具的新形式，無法化約成早先的模式，或僅只是一種戰術上的調整而已？

　　將皇民化視為從同化衍生而來或是同化的延伸，基本上並沒有什麼不對。許多與皇民化相關的政策（宣傳日語、整頓在地風俗等等），早在1920年一般的同化殖民政策中就已實施。然而，由於「皇民化」一詞要到1937年後才用來指稱一種殖民政策，而其方針只有從日本在中國以及東南亞的軍事擴張這個脈絡才有辦法全盤理解，因此將皇民化整個套進同化的邏輯當中是錯誤的。1937年，日本基於軍事需求而提出殖民地的經濟利益應從屬於日本帝國的戰時需求。皇民化因而成為日本將殖民地人民徹底組織化和日本化的手段，目的是確保殖民地人民對天皇的忠誠以及願意為日本的戰爭犧牲。以禁止台語為例，1934年5月，總督府教育廳宣布「使用台語者將課以罰鍰」。1937年4月，使用台語已成為日常生活中的不利因素。在台中州，公務人員之間禁用台語。在台北州羅東郡三星庄，不使用國語（日語）者會被控以懶惰並課以罰鍰。在花蓮港廳，工作

時使用台語的人立即會遭到解聘。[11]

　　這些例子顯示出，在1937年之前，日本人將同化視為一種殖民**計畫**（project），一種文化統合的根本策略，在其多變的外在呈現中，投射出殖民地社會最終的模糊輪廓。雖然有些政策的企圖是將被殖民者變成日本人，但同化的論述體制是矛盾的，且常常會遷就殖民地社會的特殊性。然而，皇民化藉著強行將計畫轉化成實踐，將理想轉化為物質，而建構了一種殖民的**具體化**。這種具體化的後果不僅包含意識形態的物質化，也包含了實際搗毀廟宇宗祠，將台灣／中國的名字改成日本名字，以及最重要的，動員成千上萬的民眾走上戰場。在思考皇民化與同化之間的關係時，必須同時顧及它們理論上的相互依賴，以及戰術上的區別差異。我們既不應該單純指出同化與皇民化之間的關係，也不應該將它們化約成日本整體的殖民趨勢。我們需要做的是，從日本殖民傳統中反覆出現的議題著手，然後從特殊的歷史情境所帶來的新刺激中，探詢皇民化在同化之外的獨特手段。要找出同化與皇民化的殖民操作史，不能只是把它們放置在各自的歷史脈絡當中。還必須去探詢它們之間的相互關係，以便揭露被殖民者在殖民統治下所表現與承受的衝突、妥協和挫折。

　　我之所以將皇民化與同化區隔開來，主要的目的是為了說明與認同（說得更精確點，是認同的**衝突**）有關的課題，這個

---

11 林景明，《日本統治下台湾の皇民化教育》（東京：高文研，1997），23-4。

課題已成為當今台灣與日本學者對殖民與後殖民論述分析的基本主題。我要強調的是,對被殖民者而言,皇民化導致了「內化」——這是同化所沒有的——也就是將客觀的殖民對立關係轉化為主觀的殖民認同的掙扎,而非殖民認同之間的掙扎。皇民化的歷史重要性在於:在台灣殖民史上,認同掙扎第一次成為被殖民者的主要論述。因此,皇民化下的文化再現便以個人的本體論問題意識取代了具體的社會問題意識。此外,皇民化的認同政治意味著,成為日本人這項義務的執行者已經從殖民地政府轉移到殖民地人民身上。在同化論述中,將被殖民者轉變成日本人這項課題,一般認為主要是殖民地政府的工作。然而,在皇民化之下,特別是透過將認同衝突加以內化的過程,「成為日本人」變成是被殖民者單方面的責任。

　　從1930年代晚期開始的皇民化,指的是以某種特定手段所完成的某種社會轉型的文化/精神政策,其手段是藉由要求被殖民者以日本人為典範來改變自身的言行舉止。改用日本姓氏、參拜神社以及穿著和服,只是其正式表現的一部分而已。然而,同化卻始終是一種模糊且多方包容的殖民策略(從經濟到政治,從文化到社會),無法以任何單一性格來形容。雖然不斷有人企圖界定同化的意義,但它卻不曾建構出一套系統性與一致性的殖民政策。甚至連這項政策最重要的支持者,原敬首相,都拒絕使用這個詞而傾向採用「內地延長主義」。正如駒込武提醒那些日本殖民論述的研究者:「同化並不是用來解釋某種特定現象的概念;這個概念自身就需要分析與闡釋。」[12]

在討論同化之前，我先要澄清接下來我要做以及不做的事。和
駒込武一樣，我的目的在於分析與說明同化這種殖民意識形
態，並試著去了解其可能性的條件，藉此揭露皇民化與戰爭動
員時期的特殊接合。因此，我的目標並不是對同化的社會與文
化政策提出完整而謹慎的分析，也不打算描述日本人在思考同
化這整個議題時經歷過哪些更替與轉變。[13]

將「同化」歷史化

日本殖民主義經常拿來和法國殖民主義相提並論，主要是
因為雙方都提出所謂的同化政策。此外，日本與法國的同化政
策也有別於英國的間接統治觀念。自由派經濟學家矢內原忠
雄，是最早試圖將日本的同化實踐與西方殖民政策的關係加以
理論化並提出批評的學者。矢內原忠雄在〈軍事與同化的殖民
政策：對日法殖民政策的比較〉（1937）一文中，整理出法日
殖民主義的歷史相似性與個別的意識形態差異。[14] 矢內原忠雄
在詳細分析過法國殖民政策的地理、金融、經濟、政治以及其

---

12 駒込武，《植民地帝国日本の文化統合》（東京：岩波書店，1996），20。

13 關於對日本整體殖民政策的討論，請見 Peattie, "Japanese Attitudes toward
　Colonialism,", 80-127。也請參考小熊英二，《「日本人」の境界》（東京：新曜
　社，1998）。

14 矢內原忠雄，〈軍事的と同化的の日仏殖民政策一論〉，收錄於《矢內原忠雄選集》
　Vol. 4（東京：岩波書店，1963），276-306。

對在地人民的政策之後，認為同化政策與軍事統治是法國最突出的兩大特徵。他也以類似的分析範疇來說明日本的殖民擴張。矢內原忠雄的結論是，日本殖民主義與法國殖民主義雖然有某些差異，然而「軍事統治與同化」卻是雙方共有的基本特徵。矢內原忠雄接著探討這兩項特徵之所以同時存在，究竟是「意外」或是「必然」。此外，他並進一步研究日法殖民主義的相似性究竟只是一種歷史的偶然，或是具有「共同的社會基礎」。

　　矢內原忠雄雖然察覺到日法殖民主義之間的相似性，卻認為他們是由迥然不同的哲學與意識形態所支撐。他認為法國的同化政策是建立在十八世紀的啟蒙哲學與法國大革命的理念之上，特別是有關普遍人權的觀念。在這樣的基礎上，法國人認為即使是被殖民者也具備與法國人同樣的天賦權利，因此理論上被殖民者同樣具有成為法國人的可能性與能力。然而，日本殖民主義卻是將日本語言強加到被殖民者身上，以便灌輸他們「日本精神」。被殖民者只有在完成「成為日本人」這個過程之後，（理論上）才能享有政治權利與社會自由。因此日本同化不像法國是建立在人文主義的自然法上，「而是由堅信日本民族精神的優越性所構成。就這個觀點而言，日本的同化政策比法國更種族主義（*minzokuteki*）、更族群中心（*kokuminteki*），也更國家主義（*kokkateki*），因此更容易和軍事統治相連結。」[15]

---

15 前引書，301。

文章最後，矢內原忠雄對日本人能否達到「真正的同化」深覺懷疑與悲觀，特別是考量到法國殖民主義在阿爾及利亞等地的失敗。16

　　讓我們把矢內原忠雄在批評殖民同化主義時對法國普遍主義與日本特殊主義所作的區隔擺在一邊，對我們的討論而言重要的是，矢內原忠雄對同化的批評是出自怎樣的脈絡。17 矢內原忠雄個人的政治思想（自由主義）與信仰（基督教人文主義），大體上形塑了他對日本殖民政策的批評。然而就矢內原忠雄的觀點來看，說到底，同化之所以不受歡迎，是因為它在全球脈絡下的殖民統治演進過程中，是一種落伍的表現。同化之所以遭到反對不只是因為它在各處都失敗，也由於它偏離了當時殖民行政的普遍發展。矢內原忠雄在〈殖民統治的觀念〉

---

16 矢內原忠雄寫道：「在日本殖民主義的軍事、官僚與同化政策之下，真正同化的政策目標究竟可以達到什麼程度？換句話說，究竟要到什麼樣的程度，我們才可以說被殖民者的日本化不只停留在表面層次，而是打從心裡培養出對日本的好感與友誼？要到什麼樣的程度，我們才可以說我們已經建立了幸福和平的永久基礎，並得到被殖民者在殖民地物質發展之外的奉獻？軍事、官僚以及同化政策能否完成這些目標，仍是一項疑問。」（前引書，305）

17 用「普遍主義」和「特殊主義」這種兩極化的對立來區分法國與日本的同化政策，會忽略了他們在各自的種族／民族意識形態功能中的共謀與矛盾。「人權」的訴求以及教育全人類的使命是蘊藏在法國民族主義的優越信念當中，這和日本的民族主義並非截然不同。關於「普遍主義」與「特殊主義」的共謀，請見 Naoki Sakai (酒井直樹), "Modernity and Its Critique: The Problem of Universalism and Particularism," *South Atlantic Quarterly* 87 (Summer 1988): 475-504。關於法國的案例，請見 Etienne Balibar and Immanuel Wallerstein, *Race, Nation, Class: Ambiguous Identities* (London: Verso, 1991)，特別是第三章，"Racism and Nationalism," 37-67。

一文中，將殖民統治區分成三個基本範疇：從屬、同化與自治。[18] 根據從屬原則，殖民的活動與統治完全是基於母國的利益，殖民地的福祉絲毫不在考慮之列。在同化之下，只要殖民地的本土文化習俗已根據母國的形象加以轉換，母國的政治、經濟與社會特權就該平等地延伸到殖民地身上。至於自治，則是承認殖民地的特殊性並鼓勵其發展自主性，最終的目標是廢除殖民關係。

這裡要特別注意的是，在矢內原忠雄的分類中，這些殖民政策既不隨機也不獨特，而是殖民主義一般進展的索引。殖民政策的範圍及其演化是根據國家經濟與歷史發展的需求而有所改變。從屬對應的是重商主義的發展，殖民地被視為母國的財富來源，可提供原料並消費母國的製造品，這項原則在安德森（Perry Anderson）所謂的「絕對國家」（absolutist state）的庇護下，在十七、十八世紀達到最高峰。[19] 同化的出現是對十九世紀晚期世界帝國主義的回應，在異國的人民與領土上建立政治主權。自治出現在二十世紀初，並隨著一次大戰逐步強化，當時各帝國為了因應殖民地變化多端的獨立運動（去殖民化）而開始自我重構。從這個殖民主義發展的歷史軌跡來看，不難理解矢內原忠雄對日本殖民地逐步增強的日本化的沮喪與批評，對矢內原忠雄而言，這是不合時宜又徒勞無功的。結果矢內原

---

18 請見矢內原忠雄，〈殖民政策の概念〉，收錄於《矢內原忠雄選集》Vol. 1（東京：岩波書店，1963），229-54。

19 Perry Anderson, *Lineages of the Absolutist State* (London: Verso, 1979).

忠雄認為自治是最人道也最可行的殖民政策，因為自治預示了
殖民統治終將瓦解。

　　撇開矢內原忠雄殖民範疇的目的論與決定論，他的理論化
導出下面這個問題：為什麼日本殖民統治採取同化政策的時間
點，恰好是該項政策遭到揚棄並且飽受道德非難的時刻？（舉
例而言，1916年法國將塞內加爾四個自治村完全納入法蘭西共
和國，並對信仰伊斯蘭教的阿爾及利亞提出一連串遲來的改
革。相似的，大英帝國也發覺自己有義務宣告在印度的終極目
標是讓印度人自我統治，並開始與埃及的在地政治領袖展開協
商，最後產生1933年的半獨立地位。）[20] 此外，同化在日本殖
民主義自身的整體發展中又是如何被解釋？這種不合時宜的舉
措甚至還有更令人震驚之處，1920年之前，日本在台灣的殖民
統治曾經避開同化，而選擇漸進主義和分離主義的統治政策。
矢內原忠雄的導師新渡戶稻造在1912年寫道：

　　我認為由於韓國的種族與我們非常類似，因此同化在韓
　　國將會比較容易。在台灣，同化在很多年之內都不可能實
　　現，而我們也不應當試圖強迫執行。我們不該施加壓力，
　　要當地人民同化或日本化。我們的想法是提供一種日本的

20 舉例而言，請見Tony Smith, *The Pattern of Imperialism: The United States, Great Britain, and the Late-Industrializing World Since 1815* (Cambridge: Cambridge University Press, 1981)。

氛圍，也就是，看台灣人是否願意自動適應我們的方式。
社會習俗不能施加在沒有意願的人民身上。……如果台灣
人或韓國人在風俗與習慣上與我們接近，我們將不會拒絕
他們。我們將張開雙臂接納他們，我們將會把他們視為兄
弟。但是如果他們不想採納我們的生活方式，我們也不應
該強求。**只要他們守法，我們就該放任他們的風俗習慣自
行發展**。我們的原則是堅定的統治與自由的社會。[21]

相似的，1915年時，竹越與三郎也以台灣人與日本人的自然差
異為由，認為不適合將同化當做殖民政策：

我們根據政治科學晚近的學派堅定地相信，殖民地統治
不能超越生物學的法則；也就是說，舉例而言，我們統治
台灣人不能像統治日本人一樣，而應當像統治台灣人一
般。我們不一定要禁止纏足，也不一定要逼台灣男人剪去
辮子。我們不需要費盡千辛萬苦要求當地人民效忠，而應
該允許他們採取適合自己的生活並保有他們的本性。我們
需要做的，是在更大的議題上負起對這個島嶼的責任。[22]

---

21 Nitobe Inazo (新渡戶稻造), *The Japanese Nation: Its Land, Its People, and Its Life* (New York: G. P. Putnam's Sons, 1912), 256。粗體為筆者所加。

22 Takekoshi Yosaburō (竹越与三郎), "Japan's Colonial Policy," in *Japan to America*, ed. Masaoka Naoichi (New York: G. P. Putnam's Sons, 1915), 97.

　　從這些片段中，我們可以發現在日本統治台灣初期，殖民管理的主流觀點並不是同化。在文化與社會政策上，殖民當局所採取的或多或少是一種漸進主義式的適應與聯合關係。

　　那麼，為什麼在1920年代改採同化政策呢？矢內原忠雄在《帝國主義下的台灣》一書中，將日本殖民統治區分成兩個時期，分隔點在1918和1919年之交。[23] 前期以兒玉源太郎和後藤新平為代表，統治基礎是承認台灣社會的特殊性。社會方面，傳統的地方習俗得到起碼的寬容；政治方面，警察的專制與歧視台灣人的政策是通則非例外。維持治安的安定是為了確保台灣的資本主義可以急速發展，有助於日本資本的輸入。在這個時期，在地民眾的教育幾乎完全不受重視。到了後期，大約自1918年開始，殖民政策從承認殖民地社會的特殊性轉移到同化，或更精確地說，內地延長主義。隨著新政策強調教育以及種族間的和諧，經濟政策也從在地發展轉變成將台灣經濟與日本、南中國與東南亞相連結。矢內原忠雄將前期稱為「警察政治的建設時代」，將後期稱為「文治發展期」。

　　矢內原忠雄認為這項殖民政策的轉移，是日本帝國主義為了回應中日之間的變動關係以及世界的整體局勢。隨著日本帝國主義擴張到中國大陸，台灣經濟進一步整合到日本的南向擴張，加上我們前一章所檢視的政治運動的興起，日本殖民統治確實需要調整與重新接合以維持其正當性。根據矢內原的看

---

23 矢內原忠雄，《帝国主義下の台湾》（東京：岩波書店，1988）。

法，同化或「內地延長主義」，純粹是日本帝國主義的「新糖衣」。是用來分散殖民地內部的「民族解放」運動，並將其經濟利益擴張到南中國和東南亞。[24]

　　對矢內原忠雄來說，雖然日本是往相反的方向走，但改變對台灣的殖民統治一事，卻是對應著一次大戰之後殖民主義的一般趨勢。殖民地的結合，以之為根據向世界經濟的積極發展，以及新興的民族主義運動，是當時帝國強權所面對的兩項主要挑戰。因此，在殖民地台灣強調同化，是為了反映這波全球殖民趨勢。而在台灣的特殊脈絡中，同化則是一種殖民策略，用來控制和因應殖民地菁英日益升高的要求。[25] 從1920年開始不斷向日本國會請求政治自主以及社會平等的自治運動，以及1921年成立的文化協會，都要求日本承認日本帝國之下獨特的台灣認同。為此，裕仁皇太子在1923年訪問台灣一事，可視為一場虛飾盛會，意圖透過象徵性地延伸帝國的善意，來平息殖民地內部日益增長的騷動。[26] 此外，隨著帝國主義國家之間日益嚴重的緊張以及對日本擴張主義的不安（表現在凡爾賽和約與華盛頓會議），日本殖民主義必須在**有別於**歐洲殖民主義的基礎上建立其正當性，方法則是透過一種不太站得住腳的

---

24 前引書，183-9。

25 前引書，188。

26 若林正丈，〈1923東宮台湾行啓と內地延長主義〉，收錄於《近代日本と殖民地》（東京：岩波書店，1992），2：87-119。同時請見 Takashi Fujitani, *Splendid Monarchy: Power and Pageantry in Modern Japan* (Berkeley: University of California Press, 1996).

與其被殖民者**認同**的論述。日本殖民主義和西方殖民主義不同，後者的組織架構是建立在一種暴力的、統治者vs.被統治、殖民者vs.被殖民者的關係之上，然而日本卻始終堅持「以天皇為中心的同質統治與自然擴張」。[27] 到了1920年代，同化已成為日本帝國用來鎮壓殖民地台灣的自由派力量，以及將自身與西方帝國主義做出區分的標準修辭，並為十年之後的皇民化政策打好了基礎。

同化的矛盾

同化與皇民化的關鍵區隔之一如下。皇民化為被殖民者勾勒出成為日本人的具體行為，而同化大體上仍然是一種模糊不定型的殖民計畫，既讓日本統治維繫一定程度的正當性，同時也留給被殖民者論爭與重新表述的空間。接下來我將提出的論點可整理如下。做為一種意識形態，同化是用來掩飾日本對台殖民政策的矛盾與斷裂，一方面在現實上屬行政治與經濟的不平等，另一方面卻又高喊文化融合。日本殖民者鼓勵台灣人在形式層次上成為日本人——說日語、模仿日本習俗以及尊敬天皇等等——但與此同時，他們卻又拒絕給予台灣人政治代表權以及經濟地位的提升。正是在這樣的脈絡下，我們可以理解被殖民者對殖民政府那些空洞的同化修辭所提出的批評與要求。

---

27 イエンスク（李妍淑），〈同化は何か〉，《現代思想》24, no. 7（1996）：156。

然而，在皇民化之下，同化的模糊地帶被分解成一系列具體的作業——只說日語，取日本名字，高喊「天皇萬歲」等等——被殖民者必須以行動證明他們身為「好」日本人的最高奉獻與忠誠。更重要的是，伴隨著同化措施的具體化，文化同化成為被殖民者尋求從政治與經濟不平等中解放出來的唯一路徑。

正如矢內原忠雄在他對法日同化政策的比較中所觀察到的，日本的殖民同化政策是建立在日本民族精神優越性的信念上。然而，理論上，做為一種同化的體制與意識形態，這種主張與對民族這個概念的依賴是高度矛盾的。關於殖民地韓國的情況，李妍淑寫道：

> 日本人越是堅持國體的自然化概念，理論上就越不可能同化其他民族。要同化不同的民族，意味著日本民族必須在一開始形成日本民族時刻意將他者移植進來。如果是這個情況，同化他者的可能性意味著國家與其人民的關係可以是人造的，而不必以「自然關係」為根基。[28]

就這點而言，既然其他民族至少有成為日本人的潛力，那麼有關日本「國體」、日本「國家」和日本「國民」的排他性主張，就變得相當有問題。這引出了幾個問題：到底什麼是同化？可能在一開始就同化其他民族嗎？如果同化的前提是有可

---

28 前引書。

能將構成一個國族的本質移植到其他民族身上，那麼構成國族的本質又是什麼？為了同化他者，必須先行確立自我的基礎。在自我意識模糊的情況下，又怎能同化他者呢？因此，殖民同化必然會引起這些問題：什麼是日本國族的本質？什麼又構成了日本國族認同的基礎？

　　撇開這些明顯的矛盾，日本殖民主義，至少在意識形態層次上，無法放棄同化的修辭，原因在於──如同我們早先提到的──日本殖民論述將其正當性建立在與西方殖民主義的**差異**之上。如果日本殖民主義放棄了同化論述，在定義上，它也將同時消滅日本殖民統治的正當性。一邊是自然賦予、獨特無二的國族／民族，另一邊則是日本殖民統治所要求的以人為方式將殖民地子民轉化為日本人，兩者之間的矛盾，暫時靠李妍淑所謂的「差別性（歧視性）的同化政策」得到解決。[29] 在被殖民者的政治權利與經濟利益不斷遭到否認的同時，同化的主張只具有文化意識形態的功能。換句話說，日本的同化（將被殖民者變得與日本人一樣）藉由同時將被殖民者塑造為日本國族的主體與日本殖民剝削的客體，而製造出「差別」（否認被殖民者具有平等的政治與社會權利）。這種「差別性的同化」明顯是個自相矛盾的概念。一開始讓同化顯得可能的原因，正是殖民的國族／民族認為自己和被殖民的臣子比起來是「不同」且「優越」的。因此，同化永遠是差別性的。這裡重要的並非

---

29 前引書，157。

嚴厲地譴責同化，而是如李妍淑所建議的，去分析同化的邏輯和運作，看它如何影響與掩飾這種差別結構。

想要更清楚地了解日本殖民主義的支配模式，就必須以更具啟發式的方法將同化概念區隔成「法律」與「意識形態」的面向——也就是駒込武所謂的「國家整合」與「文化整合」。[30]這種在現實上否認被殖民者的政治與經濟權利，但在同化論述中又將被殖民者視為文化上的日本人的矛盾斷裂，一直到日本統治結束都不曾改變。（不過，我在後面的討論將會提到，皇民化產生了一些方法，可以象徵性地跨越這條鴻溝。）將同化視為一種意識形態構造而非單純的經驗政策，其重要性在於，這暴露了殖民者希望被殖民者成為日本人，是一種典型的意識形態，目的是為了掩蓋政治經濟歧視與文化同化之間的鴻溝。在此，「日本人」與「日本民族」在同化論述中的透明性，只是用來模糊支配的結構。這些範疇合併並抹去了富山一郎所謂「表現國民單一性的民族以及被否認具有國民資格的民族」之間，也就是那些享有日本國民基本權利與特殊待遇的人民與那些無法享有這些權利的人民之間，那種無法化約的差異。[31]

---

30 駒込武，《植民地帝国日本の文化統合》，11-24。然而駒込武並沒有更進一步追問這個差距。這本精采的著作主要是處理「文化整合」的過程，特別是殖民教育。

31 富山一郎，〈小熊英二著『単一民族神話の起源』〉，《日本史研究》，no. 413（1997年1月）：77-83。關於日本國民的建構，請見伊健次，《日本国民論——近代日本のアイデンティティ》（東京：筑摩書房，1997），特別是第三章。

同化的文化意識形態

　　讓我簡單地總結到目前為止我對同化的分析。做為一種殖民論述，同化出現在1920年代帝國強權之間的緊張關係日益升高的脈絡下，做為區隔日本殖民主義與西方殖民實踐的哲學與政策。當在地知識菁英對政治自主性的要求日漸升高而殖民當局試圖去容納和鎮壓之際，同化在台灣便成為支配性的殖民意識形態。最後，我認為同化在強調文化統合的同時，也掩蓋了殖民者與被殖民者之間在社會上與政治上的不平等。然而，如同矢內原忠雄所指出的，日本的同化不像法國的同化蘊含著普遍主義的聲明，日本的同化本質上是特殊主義的，或是民族主義的。同時，如同李妍淑的批評所指出的，民族主義的傾向與殖民同化在理論上是不可共量的。所以，同化該如何建立自身的正當性？日本殖民論述需要採取什麼形式來減緩同化的內在矛盾？如果我們不採納李妍淑的假設，認為同化**必然**會讓兩個分離的實體或象徵結構產生接觸，而是假設同化能夠藉著**隨機性**地在兩者之間建構曖昧關係而達到功效，結果又會如何？

　　小熊英二認為，日本同化殖民論述中的特殊性，正是這種曖昧的同一性，而非根本的差異。小熊英二曾對日本人的系譜做過完整的研究，他在結論中表示，有一個簡單的原因使得大部分對於族群與群體認同的社會學分析都無法解釋日本的同化理論。小熊英二指出，這些分析的假設基礎是：不同群體之間的關係（無論平等或有差別）是建立在承認他者的差異之上。

然而，那些鼓吹「日本人」是一支「混合民族」說法的人，也就是那些同化意識形態的主要支持者，是把被殖民的他者放置在「血緣關係」而非原生（或種族）差異的場域。[32] 小熊英二認為，在天皇系統將殖民地整合進帝國家庭的過程中，養子系統提供了重要的合理性依據與支援。日本家庭系統不像中國或韓國的父系家庭系統，其特性是可以將不同民族的人民容納進帝國的「家戶」。在中國與韓國，來自父系的姓是不能更改的。在婚姻中，妻子保留其父系的姓，而小孩則是跟隨父姓。這個系統標示出明確的父系區隔，不允許同姓婚姻或是從不同姓的家庭收養小孩。然而，在日本的情況中，「氏」（即「家姓」）是很容易更改的。一對夫妻只有一個氏，但這個氏不一定來自父系。氏，不像父系的姓，氏是附著在所屬的「家戶」，並不連結到父系的血緣。然而，由於那些被合併進來的人必需遵照「家風」，因此這個看似「開放」的系統卻是極端壓制的。[33]

　　這種具有「養子」成分的特殊日本親屬系統，構成日本殖民論述的手段與擴張的最佳意識形態。這裡要強調的是，「混合民族」的論述並未決定日本殖民主義的實踐。相反的，將差異整合進帝國一事必然會驅使日本人建構出一套同化論述，以試圖合理化日本在亞洲的殖民主義。當然，這種整合說又會導

---

32 小熊英二，《単一民族神話の起源》（東京：新曜社，1995）。
33 前引書，377-9。

出先前提過的問題：為什麼當大多數的殖民政策紛紛放棄同化之際，日本卻採用了這種論述。可以立刻提出的理由之一是，日本做為一個後進的與唯一非西方的殖民強權，它有意識地將其殖民政策放置在與西方霸權的關係當中。這種自卑情結，可以從官方殖民文件不斷拿日本殖民統治的「成功」與「恩澤」來對照西方強權的剝削得到證實。小熊英二提供了另一項解釋來說明這種日本版的同化曖昧性。和矢內原忠雄在比較日本與法國殖民統治的研究一樣，小熊英二也提出一項經常引用的觀點，亦即日本殖民主義的特徵之一就是與其被殖民者具有親近的關係：台灣人與韓國人在「種族上」與日本人相近，三者在一定程度上都包括在中國文化的影響範圍，要在文化和宗教上做出區隔相當困難。支持日本人為「混合民族」的人遂將這種種族與文化上的曖昧性當做同一性而非差異性整合進他們的同化版本中。這種特殊的同化機制使得李妍淑的「差別性的同化」成為可能。小熊英二寫道：「混合民族論是一種將差異化為曖昧的工具。日本人藉由一種無明顯差別的自我／他者，而得以逃避與他者的互動。結果雖然沒有明顯的排他，也沒有完整的平等。於是，原來被認為彼此衝突的既同化又歧視的行為，遂成為可能。」[34] 更重要的是，這個自我與他者間的曖昧關係有助於加害者根絕其罪惡感或責任感。正因為沒有在自我與他者之間預設一條清楚的界線，藉著將他者化為無形，同時也讓我

---

[34] 前引書，376。

們無法認清同化與歧視、臣屬與和諧之間的矛盾。[35]

變調的同化

　　同化做為「差別性同化」的弔詭並非沒有遭到殖民地知識分子的挑戰。在〈我對同化的想法〉一文中，蔡培火，1920年代台灣知識分子運動的先驅者，試圖重新定義同化及其在殖民統治中的適用性。[36] 蔡培火首先將同化的定義區分成兩種：「自然的同化」與「人為的同化」。自然的同化是建立在自然的作用以及生命和非生命形式的共存保證之上，蔡培火認為，人為的同化就不一樣，是自我中心且具強制性的。然而蔡培火指出，有一種普遍的同化過程正在全世界進行。舊習俗如綁小腳、剃髮蓄辮、蓆坐、生食等等，都已逐漸遭到淘汰；專制讓位給自由與平等，迷信與多神教則歸降給一神教。這種形式的同化標準不是單一群體的特質，而是受到「真善美」的驅使，那是創造來完成「大宇宙」的。刺激這種同化的力量存在於每個人與每個種族的內心。存在於他們對「自發的真善美」的最高渴望以及他們追求自由的強烈意願。蔡培火相信，隨著人類之間的關係逐漸向這種高強度的同化貼近，不同的思想、情感與習俗，將會互相調和，而「四海之內皆兄弟」的理想也終將

---

35 前引書，387-8。
36 蔡培火，〈吾人の同化觀〉，《台灣青年》1，no. 2（1920）：67-82。

實現。³⁷ 要指責蔡培火空洞的烏托邦主義以及對現代性缺乏批
判並不困難。然而，蔡培火之所以訴求一種建立在自然發展以
及他所謂的非強制性手段的普遍性同化，必須從他對「日本人
為」同化的批評來理解。蔡培火藉由建構一種廣義的和民主的
普遍性同化的敘述，而得以對日本那種特殊主義與民族主義的
同化政策提出批評。

　　日本總督聲稱同化是日本據台以來堅定不變的政策，蔡培
火提出反駁，並指出同化最多也只實現了一小部分。他以教育
體系和就業體系內部長久以來的差別待遇，以及殖民政府致力
消滅在地風俗等做法為例證，指出日本殖民主義並不是真心想
要將殖民地整合到日本當中。蔡培火在文章最後將先前的同化
政策評為「完全不負責任」。雖然蔡培火對殖民政府所謂的同
化政策提出批評，但是他並不排除實行「人為同化」的可能
性。不過，這必須建立在下列的前提上。首先，新得到的領土
必須較小並且與「母國」距離遙遠。殖民地必須像「東洋流的
老式出閣」一樣，除了認命之外別無選擇。第二，統治者必須
保護「良好」風俗並尊重殖民地人民的個體性，就如同男方家
庭應該尊敬新娘，讓她在新環境中感到愉快。第三，統治者必
須展現「異心同體」的精神與態度，以確保平等與兄弟之情。
最後，這個政策不能以政策的形式來執行。換句話說，既然同
化意味著歧視，並喚起了「新附民」的舊觀念，對統治者來

---

³⁷ 前引書，73。

說，比較明智的做法是不要將同化當成政策加以宣傳。

　　蔡培火對同化的看法有幾點值得注意。首先，雖然他明白反對日本的同化政策，但他接受甚至還鼓勵某種形式的同化。其次，他的建議將同化的吸納本質無線上綱，幾乎使這個字失去了意義。根據蔡培火的建議，這個字應該實際從殖民語彙中消失。第三，蔡培火採用夫妻和睦關係的隱喻來說明同化雙方的關係。一方面，他以家庭關係強化支撐力的說法回應了小熊英二所分析日本殖民論述的支配形式。但另一方面，他以性別化的方式描繪殖民關係，又與官方論述產生了微妙的差異。蔡培火將殖民地形容為「新婦」或「妻子」，而非養子，描繪出一種受到日本殖民統治影響的不同婚禮。首先，蔡培火用「東洋流的出閣」來形容殖民地在未經同意的情況下被併入日本這個帝國家庭，明顯指的中國在甲午戰爭後將台灣割讓給日本一事。第二，建立在中國傳統上的夫妻關係，不像養父母與養子女的關係，前者存在著另一個家，新娘有可能回去的娘家。而中國正是在這個意義上以「母國」的身分出現，當蔡培火在行文中提及中國大陸時，他拒絕使用具貶抑意味的「支那」，而採用「中華」這個詞彙。林呈祿，另一個改革派的殖民地菁英，認為同化對於那些「野蠻沒有文化沒有歷史的民族」而言，是一種適當的政策──在此，他顯然把台灣人排除在外。他接著指出，最適合殖民地台灣的做法，是在帝國的架構下允許殖民地擁有某種程度的地方自治，與矢內原忠雄所指出的**自治**類似。[38]

在此，我當然不認為蔡培火的同化觀——他將這個觀念擴張到無法辨認的地步，是一種強制的婚姻而非善意的收養——對於官方版的同化意識形態具有什麼強大的「抵制力量」。他只是點出了同化這個概念及其不同表述的曖昧性與不精確性——一種在皇民化運動中不可能存在的迴旋空間。此外，他也證實了一次大戰之後的環境是比較自由的，當時，殖民地台灣的政治異議起碼還能得到殖民當局的容忍。更重要的是，由像蔡培火這樣的知識分子所提倡的部分同化與文化獨立的論述，不能單純解釋成某些「民族主義」或「族群」意識的浮現——雖然這項論述無可避免地會以這類詞彙進行表述——我們必須同時注意到我們在前面章節所提到的，附著在這個論述上的特殊「階級利益」。由於大部分的台灣學生以及行動主義者都出身自地主階級以及相對富裕的家庭，在他們的終極目標中，台灣獨立或是與中國統一，其重要性都遠不如在日本帝國**內部**得到接受以及享有平等的對待。這裡我要強調的是，如同我先前指出的，同化這個觀念自身的某種固有本質，加上其內在矛盾與其歷史可能性，容許了某種接合與再脈絡化，就像我們在其鬆散的定義尺度內所看到的。同化做為一種建立在政治不平等與文化整合之緊張關係上的殖民計畫，其可能性正是在於其不可能性，在於它不斷將其具體實踐**往後推遲**。

---

38 林呈祿，〈近代植民地統治に関する政策〉，《台灣青年》2，no. 1（1921）：19-27。

內化皇民化

接著我們將焦點轉移到皇民化。我們要討論的，並不是將被殖民者同化為日本人的這項舉措，而是要去判定這個相對較新的語言究竟在多大的程度上，表達出一種對於社會實踐和集體再現以及對於殖民意識形態與殖民認同形塑的嶄新而持久的接合。在我開始討論皇民化做為一種日本殖民意識形態的新接合之前，我想先對所謂的皇民文學做番後殖民的評估，以便為這些在皇民化時期書寫的文學作品界定出不同的意識形態立場。針對皇民文學以及推而廣之的皇民化本身的後殖民辯論之所以重要，有幾個原因。首先，它強調了日本的殖民遺緒對於形塑以及界定當代台灣的文化政治學具有頑強的影響力。其次，這個辯論凸顯出在1990年代，當台灣的社會政治氛圍漸趨開放而可以進行殖民歷史的討論之際，台灣與日本雙方的學者對於殖民文學日益增長的興趣。第三，也是對我而言最重要的，是批評家們總是不約而同的把關懷焦點放在這些皇民文本所表達的認同衝突之上。這些討論與其說是解釋了皇民化，倒不如說是皇民化自身的症候群。我在這裡所關切的，不只是「當代批評家疊加在皇民文學上的屬於另一個時代的政治關懷，結果只是重申了他們個人所信仰的普遍道德準則」，還包括認同掙扎是如何和為何成為這些文本與這些批評家的**首要**考量。[39] 在我看來，正是因為把「認同」同時當成既是描述性也是分析性的範疇，因而掩蓋了皇民化做為殖民意識形態的歷史

特殊性，雖然皇民化明顯和同化有關，但仍然需要屬於它自己的理論化。

　　一直到最近，皇民文學，特別是台灣「協力者」（collaborator）所寫的作品，開始受到學院以及大眾的注意。皇民文學在國民黨統治下長期被視為學術禁忌，在日本學術圈也普遍受到忽略，但近幾年，拜許多針對這些通敵者作品所召開的學術會、研討會以及出版品之賜，用星名宏修的話來說，「掀起了一股小熱潮」。[40] 在這種長久以來飽受壓制和忽視的背景下，垂水千惠率先開始重估這些她稱之為「台灣的日本語文學」的作品。[41]

　　垂水千惠在〈台灣作家的認同與日本〉一章中，處理最惡名昭彰的皇民作家之一——周金波，並對這位典型的「背叛者」與「協力者」提出另一種詮釋。周金波堪稱是最具代表性的皇民作家，他在戰前的暴得大名（他是 1941 年第一屆文藝台灣獎的受獎人，並是 1943 年大東亞共榮圈文學會議的代表），只能和他戰後旋即被打成叛國惡賊的速度相比擬。在近來出版的所

[39] Sung-sheng Yvonne Chang (張誦聖), "Beyond Cultural and National Identities: Current Reevaluation of the *Kominka* Literature from Taiwan's Japanese Period," *Journal of Modern Literature in Chinese* 1. no. 1 (1997): 91.

[40] 星名宏修，〈気候と信仰と持病論〉，收錄於下村作次郎、中島利郎、藤井省三、黃英哲編，《よみがえる台湾文学——日本統治期の作家と作品》（東京：東方書店，1995），433。星名宏修舉了一個例子來說明這股小熱潮：1993 年 10 月，《文學台灣》作了一個周金波專輯，距離周金波的名字首次出現於 1992 年 5 月 31 日的《自立晚報》上，只有一年半的時間。

[41] 垂水千惠，《台湾の日本語文学》（東京：五柳書院，1995）。我將在第五章進一步討論垂水千惠的「日本語文學」這個概念。

有日本殖民時期的台灣文學選集中，周金波（以及其他皇民作家）的名字都不在其中。少數幾篇在戰後提到周金波的文本中，有一篇簡單地將他貶抑為「不折不扣的皇民作家」。[42] 垂水千惠反對戰後這種從民族主義和道德主義的角度譴責協力派作者的做法，她寫道：

> 　就算「皇民化」是一種時代潮流，既然作家會用它做主題寫出作品，應該就有他個人內在的必然因素。周金波的確有逃避當時台灣知識分子之現況的意念，但是，只憑民族主義的觀點，就判定他的逃避有罪，也解決不了問題。我認為，周金波有非「親日」不可的動機，而這個動機就是解決問題的重要線索。一言以蔽之，**就是在近代化過程中，一個人如何和自己的民族認同意識妥協**。[43]*

　然而，在垂水千惠看來，對周金波進行重估的重要性，確實超越了在地化的殖民社會。因為認同形成的**問題意識**「在日本近代文學中，這個題目往往以和西洋文明對峙的形態表現出來」，垂水千惠希望藉著將周金波放在這個脈絡之下，「把這個題目從二元論的死胡同裡，釋放到多元論的世界裡。」[44]

---

[42] 前引書，57。

[43] 前引書，57-8。粗體為筆者所加。

* 中譯摘自涂翠花譯，《台灣的日本語文學》（台北：前衛，1998），52。

[44] 前引書。

　　垂水千惠試圖將皇民文學及皇民作家從明目張膽的民族主
義審查制度及其潛藏的道德主義語調中解放，這點確實值得鼓
勵。然而，承認「協力的」（如今翻譯成「矛盾的」）殖民認同
必然可抵銷西方與日本的二元對立，這點還有待釐清。做為一
個帝國主義的後進國家以及唯一非西方的殖民國家，日本與日
本認同（不管意味著什麼）永遠是銘刻在更大的關係結構當
中，這個關係曖昧地將日本放置在西方**旁邊**與亞洲**內部**，這種
相對關係可說從19世紀後期以來就不曾改變。[45] 此外，一個
「多元論的世界」必然能保證從二元對立的限制中解放出來
嗎？垂水千惠並沒仔細闡述她所提出的這些理論問題，便開始
討論周金波最具代表性的作品〈志願兵〉。[46]*

　　〈志願兵〉這篇小說，伴隨著1941年6月20日志願兵系統
的正式實施，發表在當年的9月。這個短篇小說敘述兩位主角
之間對於皇民化這個問題的言語衝突與哲學差異。兩個主角分
別是張明貴，一個從日本回來的學生，以及高進六，一個小學
高等科畢業後一直留在台灣的朋友。這篇小說由敘述者，也就
是張明貴的姊夫，去碼頭接張明貴時撞見高進六開始，張明貴
剛從留學三年的東京返鄉。短暫的返鄉興奮過後，張明貴對於

---

45 請見柄谷行人，《終焉をめぐって》（東京：福武書店，1990），特別是〈1970
　＝昭和45──近代日本の演說空間〉，9-44。

46 周金波，〈志願兵〉，《文藝台灣》2, no. 6（1941）：8-21。

 * 以下該篇文章的中譯引文，皆摘自周振英譯〈志願兵〉，收入《周金波集》（台
　北：前衛出版社，2002），13-35。

故鄉整體發展的停滯與單調感到失望與幻滅。明貴的沮喪批評，和進六的熱情熱忱正好形成對比。敘述者很快就從明貴口中得知，既沒繼續讀中學也沒出國唸書的高進六，因為在一家日本人開的大食物店工作，與日本員工住在同一個房間一起生活，因此學會了流利無瑕的日語。明貴所抱持的環境論——亦即要塑造帝國的子民必須從打造合適的環境開始——就是因為進六這個活生生的例子才得以成立，進六早已改了日本姓氏，並加入了報國青年隊。故事很快便發展到明貴與進六有關皇民化的討論，而敘述者則是做為無私的旁觀者。

他們的共同目標是成為日本人，但是對於這個目標該如何達成，卻產生了理論與實際，邏輯與熱情，以及智識主義與行動主義之間的典型差異。當明貴以嘲弄的口吻詢問報國青年隊的拍掌儀式與成為皇民這兩者之間有什麼關係時，進六很誠懇地回答：

> 拍掌時，神明會引導我們向神明接近，向至誠神明祈禱就是達到神人一致的境界……我們隊員從拍掌儀式而能接觸到大和精神，努力去體驗大和精神，這種體驗是過去的台灣青年很少有人領會到的。[47]

對進六來說，皇民化不是「方法」或「理論」的問題，而

---

[47] 前引文，16-7。

單純是「必須走的路」。明貴指責高進六的方式是「靠神明的力量」，他堅持皇民化是一個「文化」問題，應該透過「教養」與「訓練」將台灣文化提升到殖民母國日本的水準。對明貴而言，成為日本人是一個需要深思的存在問題；正如他向敘述者所吐露的：

　　當然，我們台灣人不當日本人是不行的，但是我不願像進六一樣像被矇住眼睛的拖馬車的馬一樣。為什麼不做日本人不行的原因，這是我首先必須考慮的，我在日本的領土出生，我受日本的教育長大，我日本話以外不會說，我假如不使用日本的片假名文字我就無法寫信，所以我必須成為日本人以外沒有辦法。[48]

這時候，旁觀的敘述者轉而成為譴責性的評論者，對明貴的「精細打算」皺了眉頭：

　　我一直以為他是一種軟弱的人種，他對自己的目標無法突破猛進，雖然不是自己的本意卻是只有吃路邊草的份，他的這種計算也是原因之一，但是這種計算的想法，結果還是有無法決定的因素存在，正如他自己所說的一樣，他一生下來就是日本人，像日本人一樣地養育起來，不只這

---

[48] 前引文，20。

樣，生下來以前就注定成為日本人，但是這種命運不幸就用在東京所得到的知識階層的算盤來計算。[49]

當明貴與敘述者知道進六參加血書志願的時候，故事出現了轉折。明貴宣布他敗給進六了：「去向進六道歉了，輸給進六了，進六才是為台灣而推動台灣的人材，我還是無力的，無法為台灣做什麼事。」[50]〈志願兵〉一文最初步的政治與意識形態義涵，並不難察覺。如果說同化已經在歷史上成為知識階層的政治計畫（就像前面在討論蔡培火時所看到的），新施行的皇民化，以及同步進行的殖民地總動員，其目標乃鎖定「民粹派」的肯定。無須計算，無須對「成為日本人」（或更精確地說，成為帝國的子民）進行沉思探問。這不是認同的問題，而是命運。這不是變化的歷程，而是存在的狀態。

垂水千惠沒有把焦點擺在皇民化的反智主義，以及其意識形態的效果，相反的，她將周金波與殖民地菁英（就像明貴與敘述者）並列，試圖去強調他們對「分裂的認同」的掙扎。對垂水千惠來說，藉著「忽略〔這篇小說〕這個唐突的結局，光留意描寫張明貴苦惱的部分」，周金波身為皇民化協力者的「罪」，即使無法解消完全，至少也可以減輕。[51] 垂水千惠將周金波的其他作品結合起來，建構出一套角色（所有殖民地菁英）

---

[49] 前引文。

[50] 前引文，21。

[51] 垂水千惠，《台湾の日本語文学》，61。

的系譜，這些角色不僅是鼓吹皇民化而已，更是在認同問題上掙扎著。垂水千惠暗示我們──但並未詳論──菁英階級在日本殖民主義已經確立長達半世紀之際所產生的這種分裂認同，與殖民早期的情況屬於不同類型。認同的掙扎對這些殖民地菁英而言，已經不是「外來的」本體論遮蔽了原生認同的問題，而是一種「不當日本人是不行的」感覺。換句話說，後期的殖民主義已經抹煞了任何相對認同的可能性，再也沒有一種認同可以與其他認同並列或是相互補充，而認同衝突也無法象徵性地透過殖民臣屬或是本土復興來「解決」。

如果說，垂水千惠是試圖藉著將我們的注意力導向認同掙扎而使周金波做為皇民化協力者的單一面向複雜化，那麼星名宏修則是試圖藉由思考周金波對台灣文化的看法來做到這點，他所選用的素材是周金波一篇較不為人知的小說：〈氣候、信仰和宿疾〉。對星名宏修來說，即使是周金波最具代表性的皇民作品，諸如〈水癌〉以及〈志願兵〉，都流露出作者「對台灣的強烈關心」。如果沒有對台灣充滿關懷，「就不會有這麼強烈的皇民文學」。[52] 星名宏修選擇〈氣候、信仰和宿疾〉這篇文章來證明周金波的複雜性並不令人意外，因為這篇作品本身就算不是徹底顛覆、至少也是反駁了周金波在先前作品中所呈現的皇民意識形態。寫於1943年的〈氣候、信仰和宿疾〉，記錄了一個曾經是神道教狂熱信徒的台灣人，如何回歸到傳統

---

[52] 星名宏修，〈気候と信仰と持病論〉，442。

民俗的歷程。小說的主角，一個嚴格奉行皇民化意識形態的模範皇民——將家裡改裝成和式以奉祀神道——長期飽受神經痛所苦。隨著病況逐漸惡化，他變得六神無主，甚至無法阻止他那秉持傳統習俗的妻子不斷請算命的來看相或向道士問卦，祈求先生的病況好轉。有天他妻子到媽祖廟問神，求得「在東方有貴人」這樣的靈籤，隔天果然有訪客自東方來，並推薦一位漢方外科醫生。這事讓主角既驚訝又困惑，最後果然因為這名醫生的治療而奇蹟性的痊癒。

　　星名宏修認為周金波之所以轉而「對台灣文化充滿喜愛」，是因為他從日本歸來後對台灣文化的認知起了變化。星名宏修認為，一開始周金波的立場非常接近那些在殖民母國接受教育的殖民地菁英，回到殖民地後，他認為身為「領導階級」他必須擔起改革殖民地台灣的使命。然而，隨著他在台灣定居，他對「古老的」本土文化開始有了不一樣的看法：

　　　　回到台灣之後，周金波「發現到」由媽祖廟所代表的台灣文化，這種根深柢固的台灣文化，已經從被「排擊」的對象變成了「逃脫」無聊生活的所在。他在《台灣日日新報》以及《民族台灣》上所寫的散文，以及〈氣候、信仰和宿疾〉這樣的小說，都和他早先的作品相當不同。作者對台灣文化的喜愛可以從這裡看出。[53]

---

53 前引文，448。

　　星名宏修認為，當我們從周金波「對台灣文化的喜愛」這個角度重讀他的作品時，一個不同於皇民作家的周金波圖像便開始浮現。星名宏修的分析顯示出，周金波與所謂台灣文化的關聯無疑比之前理解的要複雜許多。但是這種關係是否能與他早年鼓吹皇民化的立場一刀兩斷，卻未必見得。事實上，這兩個立場是互補的。正如星名宏修自己指出的，由於志願兵制度被詮釋成藉著付出「血稅」一次掃除對台灣人的歧視，因此「對台灣的關心」與皇民化或皇民文學並不衝突。星名宏修引用周金波自己所了解的志願兵制度：「有個想法認為，我們之所以受到歧視，是因為我們不曾流過一滴血。當我們流了血，我們就可以誇耀。我們必須先完成我們的義務，接著我們就可以提出要求。這種事大家都了解。」[54]

　　另一篇重新思考皇民化文學，而且是以較明智審慎和台灣人角度出發的作品，是林瑞明的〈騷動的靈魂——決戰時期的台灣作家與皇民文學〉。[55*]林瑞明以殖民時期作家張文環在1942年聲稱「台灣沒有非皇民文學」以及葉石濤在1990年論稱「沒有『皇民文學』，全是『抗議文學』」這兩種截然不同的

54 前引文，445。

55 林瑞明，〈決戰期台湾の作家と皇民化文学〉，松永正義譯，收錄於《近代日本と殖民地》（東京：岩波書店，1993），6：235-61。

　* 中文原作最初發表於《日據時期台灣史國際研討會論文集》（台大歷史系，1993），也收錄於林瑞明，《台灣文學的歷史考察》（台北：允晨出版，1986），294-331。以下相關引文皆根據中文本還原。

說法為引子，藉由比較陳火泉的〈道〉與王昶雄的〈奔流〉，討論了歸降與抵抗之間扭曲複雜的關係。林瑞明首先指出，這兩篇小說刻劃的主題，都是接受日本教育的本地菁英在皇民化運動下所產生的內在心靈衝突。接著藉由這兩篇作品最初刊載的文學期刊，來判定兩者的意識形態立場。雖然這兩篇作品都以戲劇化的方式呈現了「做為日本國民的台灣人」那種糾繞纏結的複雜情感，但他們各自提出的解決方式顯示出他們明顯不同的政治企圖，並反映出這兩份期刊不同的文學理念與社會使命。林瑞明指出〈道〉中的主角經歷了長期的苦悶與掙扎，甚至也曾拆穿「一視同仁」的假象，然而最後的結果卻是更激烈地否定台灣的認同。他拒絕自己的母語，並藉著參加志願兵將自身奉獻給皇民化。相反的，〈奔流〉則是藉著小說中一個角色宣稱「我若是堂堂的日本人，就更非是個堂堂的台灣人不可」，提出了一個比較開放的認同觀點。對林瑞明來說，這種努力維持某個程度的台灣本性的做法，畢竟「維護了台灣人的尊嚴」。[56]

　　林瑞明這篇文章中最醒目的部分，是討論到戰後對於這些文本的評價。陳火泉的〈道〉在1986年所出版的十二冊《光復前台灣文學全集》中，由於編者「無言的、寬容的批評」被排除在外，不過在此之前，陳火泉已經在1979年將這篇小說翻譯成中文並發表在《民眾日報》上。林瑞明觀察到，陳火泉在該

---

56 前引文，249。

篇小說的翻譯說明及其他地方不斷強調：「故事中的那些言論和作為，完全是時代和環境逼出來的。」[57] 王昶雄也在戰後自己將〈奔流〉翻成中文，並得到上述全集的選錄。陳火泉的譯文相當忠於原文，而王昶雄的翻譯則與原版有些出入。王昶雄在後來的回憶文字中曾經對此提出解釋，他說〈奔流〉發表前經過殖民政府非常嚴格的審查，有些部分遭到了當局的修改，因此中譯本有必要更正回來。林瑞明同意王昶雄的說法。1980年代時，有不少學者開始呼籲以更開放的方式閱讀陳火泉的〈道〉，有些人甚至表示這篇小說非但不是「皇民文學」，反而是道地的「抗議文學」。[58] 對於這種修正主義式的詮釋以及其中的曖昧性，林瑞明強烈主張應該從「道德」的層面去閱讀這個文本。對林瑞明來說，「皇民文學」與「抗議文學」並不單是分類範疇的問題，而是一個攸關「民族尊嚴」的問題，一個「道德性」的問題。對於像林瑞明這樣的「被加害民族的後代」而言，這個問題是無法「游移於皇民文學／抗議文學之兩極」，而使焦點變得混淆模糊。在涇渭分明的順服與抵抗之外，〈奔流〉這類作品——重新被林分類為「非皇民文學」——的重要性在於，它拒絕放棄台灣認同的觀念。林瑞明充滿

---

57 前引文，251。

58 例如請見塚本照和，〈紹介——陳火泉の道〉，收錄於《台湾文学研究会会報》，1982年12月。林瑞明同時也注意到星名宏修同樣認為〈道〉具有「雙重意義」的性格，可以解讀為皇民文學也可以解讀為抗議文學，見林瑞明，〈決戰期台湾の作家と皇民化文学〉，255。

熱情地宣稱：「有尊嚴存在的族群，不會永遠沒有希望的。」在林瑞明看來，陳火泉的〈道〉顯然是缺乏這樣的努力。[59]

　　林瑞明對皇民文學這場辯論的貢獻在於，他抗拒了後殖民的曖昧模稜，不會偽裝要顛覆投降與反抗的二元主義，但其實只是想保持政治的搖擺以及理論的幼稚。單是把兩個預先設定的範疇顛倒過來，只不過是順應了評價常規的轉移，而無法對最初支撐這種對立的根本結構提出質疑。林瑞明藉著創造出「非皇民文學」這個第三範疇，技巧性地避開了四處尋找抵抗的後殖民欲望，以及到處譴責背叛的民族主義狂熱。在那個所有的文化生產與意義都遭到強制、質疑與臆斷的特殊歷史情境之下，要在「皇民文學」與「抗議文學」之間做選擇的確是「徒勞的」。個人與歷史之間，以及預謀的意圖與偶然的效果之間的辯證，產生了這種矛盾的實踐，無法用僵硬乏味的分類法來化約。「非皇民文學」不僅駁斥了對「抗議文學」的過度補償，同時也讓該受譴責的「皇民文學」恢復了某種程度的歷史主動性。

　　林瑞明與星名宏修這類日本批評家的差異，主要是取決於他們所處的位置以及相對應的觀點。一方面，林瑞明反對中國民族主義者與中共一直以來不分青紅皂白就將皇民文學譴責為「奴化文學」的做法。在這點上，林瑞明的角度與日本學者試圖去重新考量殖民文學的多面性並無不同。然而另一方面，林

---

59 林瑞明，〈決戰期台湾の作家と皇民化文学〉，255-6。

瑞明也無法接受隨意將順從倒轉為抵抗，將協力倒轉為控訴；
這樣的倒轉意味著在殖民／反殖民的天平上，不存在任何不可
更動的標準。對殖民時期書寫文本的再評價，不僅是一種文本
上的遊戲或智識上的努力，同時也是一種具道德後果的政治行
動，特別是對「被加害民族的後代」而言。林瑞明以下面這段
話總結了他的討論：

> ……皇民文學，可以同情，但殖民地台灣的作家有無可
> 推諉的責任。……
> 日本殖民政權，做為加害者民族，當然要承受更大的譴
> 責！「非皇民文學」意義的逆轉，恰恰還給台灣一些尊
> 嚴；而皇民文學的存在，則留給台灣做為警惕！[60]

林瑞明的政治堅持與理論洞見相當卓越，但是他的新民族
主義與道德主義仍有些地方沒有解決。首先，如我們先前觀察
到的，族群認同與反殖民主義之間並沒有必然關係。追求「台
灣人」的認同並不必然得拒斥殖民地的「日本人」認同。既然
「台灣性」（Taiwaneseness）這個觀念是殖民現代性的產物，那
麼這兩種認同之間的相互倚賴關係也就沒什麼好驚訝的。這麼
說並不表示在日本殖民主義到來之前不存在「台灣人」認同的
意識。而是說，當時「台灣性」一詞並不具備這個詞彙的現代

---

[60] 前引文，258。

概念與詮釋，而只是用來指稱這個島嶼上的華南移民社群。林瑞明以簡單的道德信念做為善惡的最後裁判者，藉此省略掉殖民認同過程中的緊張關係。換句話說，林瑞明的族群信條預設了某種社會／民族的同質性，而這種同質性最終會讓皇民化本身的複雜辯證過程變得神祕化。然而今日我們所需要的，並非道德上的評判而是意識形態上的研究，研究在皇民化運動的限制之下，文化產品是如何圍繞著認同和社會轉型等觀念提供一個創造性與毀滅性的緊張領域。

雖然垂水千惠、星名宏修和林瑞明三人對於皇民文學各有不同的重新考量，但是他們卻採用了同樣一種反射性因而也就是化約性的方式去理解「文學」與「皇民化」之間的關係，亦即：文學作品是以一種即使不是未經質疑至少也是未經媒介的方式表現皇民化的「真實」（reality）。這種認知到的真實，接著內轉成主角的認同掙扎，然後根據某些認同被肯定或是拒絕的方法來評價他們各自的道德與政治立場。但是正如富山一郎在有關沖繩的皇民化討論中所提出的，皇民化的觀念指的並非從某個「均質的認同」轉換到另一個，或是兩個已然確立的認同之間的衝突。皇民化並沒有在自我與他者之間預設一個「被分割的空間」。這是一種「曖昧認同」的情境，就在「成為日本人」那一刻，一種「他者性」的感覺入侵到自我的內心。[61]因此，所謂的日本認同或台灣認同，實際上是由皇民化所賦予

---

61 富山一郎，《戦争の記憶》，10。

和定義的，而不是在皇民化之前就已形成。諷刺的是，皇民化是認同掙扎之所以產生、加劇的罪魁禍首，但這個範疇本身，卻被視為理所當然而從未加以檢驗。如果如同我想指出的，皇民化主要是一種文化模式而非政治或經濟模式的殖民權力（就像「同化」例子），那麼文化產品本身就不單只是反映了殖民統治的基礎，它們本身就構成了一種殖民政策與論爭場域。從這角度出發，認同掙扎就不只是皇民化過程的一種反思或反應，而是皇民化自身邏輯的一部分。

從社會敵視到認同掙扎

這裡我要指出的是：「認同掙扎」這個觀念有其特定的歷史條件，而且只有在皇民化這種殖民意識形態之下，才會成為被殖民者的根本問題與首要考量。這些以後殖民方式閱讀皇民文學的學者們，因為急於藉由認同掙扎的轉喻來搶救和闡明這些「協力」文本中所蘊含的尊嚴，因而無法掌握到皇民化的邏輯與有效性。簡單說，和這些後殖民批評者的說法剛好相反，認同掙扎並非皇民化的結果，而是皇民化的起因。在台灣政治運動於1930年代銷聲匿跡之前，以及在所謂的同化統治時期，「文化」是一種政治表現與社會評論的重要形式。在這點上，殖民者與被殖民者之間的二元對立是文學再現的共同主題。文學，主要是短篇小說，藉由在殖民者與被殖民者之間以及資本家與普羅大眾之間畫出一條涇渭分明的楚河漢界，讓這種衝突

更加戲劇化。同化是由漸進式的社會改良政策所主導，在教育制度以及一般福利上，始終是一項不夠徹底的計畫。以中文出版為例，不管是古典漢文或白話文，雖然得接受殖民當局的審查，但終究是得到允許與包容。然而隨著日本在中國的涉入越來越深，加上與其他帝國主義國家全面對抗的考量日漸升高，於是在1937年伴隨著軍事動員而實施了皇民化政策。

「同化」始終維持著整合殖民地這個不切實際的理想，但「皇民化」則不然，後者要求被殖民者以天皇之名而行動、而生、而死，以保衛日本帝國，藉此達到具體的「日本化」。皇民化塑造出「堂堂正正、誓死效忠的日本人」以及所謂的皇民文學，透過這類示範，皇民化對被殖民者所造成的影響，是將客觀的殖民與階級敵視「內化」成主觀的殖民認同內部而非殖民認同之間的衝突。換句話說，皇民化下的文化再現，以個人的本體論問題取代了明確的社會問題意識。接下來我想借用兩篇殖民時期重要的經典作品來說明這個內化的過程：楊逵的〈送報伕〉（1934）以及龍瑛宗的〈植有木瓜樹的小鎮〉（1937）。我的目的不是評價這兩篇文章各有哪些優劣，而是分析它們的同時存在與相互關係如何再現了反殖民實踐與政治可能性逐漸消亡的歷史過程，以及這個過程如何在皇民化的論述下達到最高點。

〈送報伕〉最初於1932年在殖民地台灣出版並遭到查禁，1934年時，因為得到東京左翼雜誌《文學評論》年度競賽的第二名，因而成為第一篇以日文書寫並在日本出版的台灣人作

品。[62*] 不過，〈送報伕〉獲選的原因不在其藝術價值，而在於它以寫實主義的筆法刻劃出台灣與日本兩地的社會和殖民處境中的集體苦難與鬥爭。撇開「不是好小說」、「缺乏藝術性」、「缺乏經驗的主觀意識」、「粗糙的寫作」以及「想像與結構上的弱點」這類評論，所有的評審委員，包括日本重要左翼作家德永直、武田麟太郎、龜井勝一郎、中條百合子、藤森成吉以及窪川稻子，一致盛讚這篇中篇小說「深入」、「感人」又「誠懇」。[63] 那麼，究竟是什麼原因，讓〈送報伕〉這篇小說儘管有如此明顯的美學缺陷，卻依然獲得那些普羅作家的青睞，認為它生猛有力地描繪出社會和殖民的病徵？

〈送報伕〉以社會寫實主義的風格記錄了一個殖民地子民，在看到殖民壓迫與資本主義剝削的共同點後，逐漸興起無產階級意識的過程。敘述者從台灣來到東京這個「全國失業者三百萬」的地方。他花了一個月時間依然找不到工作，從家中帶來旅費幾乎要耗盡了，最後終於用他僅剩的盤纏做為保證金得到送報伕的工作。他與其他日本勞工在惡劣的環境下經過二十天不眠不休的工作，結果卻因為沒有達到送報公司設定的配額而遭到開除。他痛苦不已地想起留在故鄉的年幼弟妹與年邁的母親。他回想家裡的土地如何被製糖公司奪走，害他父親因

---

62 楊逵，〈新聞配達屋〉（送報伕），《文學評論》1，no. 8（1934）：199-233。

＊ 以下中譯摘自胡風譯，〈送報伕〉，收入《楊逵集》（台北：前衛出版社，1991），15-58。

63 前引文，198。

此死亡，整個家也跟著瓦解。與此同時，他收到一封由叔父寫來的信，說他母親自殺了，並在遺書中要求他一定要在東京成功，然後回來拯救村子裡的人。他忍住失去母親的痛苦，在前同事的介紹下認識了佐藤，一個工運人士，並與他策動了一場罷工行動對抗送報公司。這場罷工成功地為勞工爭取到更高的工資與更好的工作條件。故事的尾聲，敘述者搭船返鄉，並且堅信他可以讓台灣變成一個更好地方。

楊逵這篇作品的重要性，主要不在於無產階級的最終勝利，而在於他煞費苦心地描繪出殖民壓迫與階級敵視原來有著一樣的本質：

> 我想到這個惡鬼一樣的派報所老闆就膽怯了起來，甚至想逃回鄉間去。……昏昏地這樣想來想去，終於想起了留在故鄉的，帶著三個弟妹的，大概已經正在被饑餓圍攻的母親，又感到了心臟和被絞一樣地難過。
>
> 同時，我好像第一次發見了故鄉也沒有什麼不同，顫抖了。那同樣的是和派報所老闆似地逼到面前，吸我們底血，剮我們底肉，想擠乾我們底骨髓，把我們打進了這樣的地獄裡面。[64]

楊逵這篇作品是藉著強調資本家與無產階級之間的剝削與

---

64 前引文，214-5。

壓迫結構，而非種族之間的對立，來完成這個任務。抽象化的
階級認同避免了將所有日本人視為壓迫者而將台灣人視為被壓
迫者的本質化做法。敘述者的家庭之所以陷入貧困，不僅是受
到日本人的迫害，也包括台灣協力者的壓迫，像是村長以及敘
述者的哥哥。接下來作者又告訴我們：「日本底勞動者大都
……反對壓迫台灣人。」當佐藤對敘述者高喊「好！我們攜手
罷！使你們吃苦也使我們吃苦的是同一種類的人！」時，這項
殖民地子民與殖民母國無產階級攜手合作的任務也宣告完成。
楊逵的階級主義或許太過簡略，他對無產階級團結的呼喚或許
也太過理想，然而在我們的討論脈絡中，〈送報伕〉一文代表
著：雖然殖民體制日益嚴酷，但是在殖民地台灣的某一個時
刻，反殖民的抵抗與烏托邦的憧憬至少是「可以想像的」。

　　然而這種樂觀的感覺在〈植有木瓜樹的小鎮〉中已消失殆
盡。〈植有木瓜樹的小鎮〉和〈送報伕〉一樣，曾在 1937 年贏
得日本《改造》雜誌的一個獎項，一夜之間，一個沒沒無聞的
銀行職員搖身成為台灣最具聲譽的作家。不同於在文學風格上
有缺陷的〈送報伕〉，〈植有木瓜樹的小鎮〉是一篇結合了藝
術性與社會評論的作品。用另一個日本重要左翼作家葉山嘉樹
的話來說：

　　　　此作能得以當選，我認為極有意義。（略）其思想性也
　　經由各種角度提示，並作相當深入的探討……這不只是台
　　灣人的悲吟，而是地球上所有受虐階級的悲吟。其精神與

普希金、柯立芝、魯迅相通；也與日本的普羅作家相通，十分具備了至高的文學精神內涵。[65]

更重要的是，〈植有木瓜樹的小鎮〉刻劃了殖民地子民內在的心理掙扎，標示出早期反殖民文學的根本轉向，自此之後，台灣小說裡才出現了「現代心理的挫折，哲學的冥想以及濃厚的人道主義」。[66] 換句話說，〈送報伕〉中的人物只是單純的類型角色，代表一種建立在殖民與階級差異上的反抗立場（因此缺乏文學性），而〈植有木瓜樹的小鎮〉則在台灣殖民時期的文學史上首開風氣，對被殖民者的心理做出深刻而複雜的探索。

〈植有木瓜樹的小鎮〉敘述一個台灣知識分子，雖然最初懷抱熱誠，渴望追求更好的生活，最後卻屈服於殖民主義的現實，充滿絕望與消極。故事一開始，是主角陳有三前往中台灣的一處鎮公所報到，他在那裡謀得一份低薪的會計助理工作。不過在那裡等待他的，卻是日本人與台灣人之間明顯的差別待遇，以及無法忍受的孤寂。陳有三深信，聰明才智與辛勤工作終將可以克服殖民的不平等，因此決定考上普通文官考試，並計畫十年後要成為律師。陳有三的雄心壯志是建立在下面這三

---

65 引自羅成純，〈龍瑛宗研究〉，收錄於《龍瑛宗集》（台北：前衛出版社，1991），239。

66 葉石濤，〈從送報伕，牛車到植有木瓜樹的小鎮〉，《大學雜誌》，no. 90（1966）。轉引自羅成純，〈龍瑛宗研究〉，234。

項殖民現實的基礎上。首先，他對他的經濟現狀並不滿意。其
次，他是以優秀的成績從中學校畢業，他深信可以憑自己的腦
筋和努力來開拓自己的境遇。第三，身為殖民地的知識分子，
他對自己的同胞有種輕蔑的心理。他認為台灣人是「吝嗇、無
教養、低俗而骯髒的集團」。對陳有三這個所謂的新知識階級
而言，這些人「像不知長進而蔓延於陰暗生活面的卑屈的醜
草」。因此，陳有三「常穿和服，使用日語，力爭上游，認為
自己是不同於同族的存在，感到一種自慰」。[67]* 然而，鎮民的
絕望、實際以及認命逐漸開始影響他。宛如「這個小鎮的怠惰
性格漸漸地滲入陳有三的肉體」。就在此時，陳有三愛上同事
的女兒並在她身上尋求維持信念的力量。陳有三提出求婚，但
是這個女兒已經許配給隔壁村莊的有錢人家庭。最後，在沮喪
與心灰意懶之下，陳有三放棄了他的學習，「一味地把理性與
感情沉溺於酒中」。

　　這個結局和〈送報伕〉那種勝利的收場，簡直有天壤之
別。雖然身處於同樣的殖民空間，這兩名主角卻代表了兩種截
然不同的被殖民者形象，以及他們與殖民結構之間迥然有別的
關係。〈送報伕〉中的敘述者試圖藉由無產階級政治學的辯證
策略，克服殖民者與被殖民者之間的對立。然而，在〈植有木
瓜樹的小鎮〉中，「理性」與「科學」這兩個主導社會變遷的

---

67 龍瑛宗，〈パパヤのある町〉，《改造》19，no. 4（1937）：1-58。
　* 以下中譯皆摘自張良澤譯，〈植有木瓜樹的小鎮〉，收入《龍瑛宗集》，13-72。

批判力量，不但再也無法生效，甚至已無法想像。作者透過一位垂死的年輕理想主義者所說的話，與失敗但活著的陳有三之間的對比，象徵性地表達出對於知識與真理的信仰，正在逐漸消亡當中。這位垂死的年輕人告訴陳有三：

> 　我的生命也許已迫於旦夕之間。但在我的肉體與精神將消失於永遠的虛無之瞬間為止，我要追求真實。不放棄我的追求。塞在我們眼前的黑暗的絕望時代，將如此永久下去嗎？還是如同烏托邦的和樂社會必然出現？只有不摻雜感傷與空想的嚴正的科學思索，才能帶來鮮明的答案。當真實的知識解釋現象的時候，會把我們拉進痛苦的深淵也說不定；但任何現象都是歷史法則所顯示出來的姿態，吾人不該詛咒。幸福要沒有痛苦與努力將無法達成。我們處在這陰鬱的社會，唯有以正確的知識探究歷史的動向，切勿輕易陷入絕望與墮落，非正確的活下去不可。[68]

　然而，對陳有三來說，這些不過是「空空洞洞的話而已」。殖民社會的現實已經蒸發掉所有被殖民者尋求更好生活的「目標」。龍瑛宗寫道，他感覺自己「如同蜘蛛網上掙扎的可憐蟲，一種莫名的巨大力量的宿命俘虜了他，隨著日子的增加，強烈地啃食他的肉體」。[69] 在沒有任何出路可以超過的情

---

[68] 前引文，52。

況下，陳有三向「黑暗、悲觀的時間」投降，並如預料的「墜入絕望與墮落」。

　　〈植有木瓜樹的小鎮〉的出版時間，正好逢上日本殖民政府宣布軍事動員並以「皇民化」取代1920年代以來的漸進式「同化」政策，做為正式的殖民綱領，這種時間上的巧合並不令人意外。充斥在〈植有木瓜樹的小鎮〉中的絕望感，正是反映了當時的殖民處境，任何的政治突破行為都已不再可能。政治對立「內化」成心理掙扎與內在衝突只是其徵候之一。在這歷史性的關頭，這種「內化」尚未體現為充斥在皇民文學中的「認同掙扎」。陳有三希望「成為日本人」是基於比較實用主義的目標，而非台灣人與日本人之間的本體論掙扎。

　　單只研究皇民化本身是無法認清其客觀地位；分析者必須把「皇民化」與「同化」這個較難理解的對比政策擺在一起考量。如同我們先前在討論「同化」時曾指出的，同化具現了一種廣義的殖民計畫，在這項計畫中，由於其內在衝突是表現為文化與政治之間的巨大落差，因此「日本化」遂成為殖民者最突出的問題意識——做為一個失敗或是尚未具體化的殖民政策。皇民化做為一種殖民意識形態，其「新意」在於：它開始將「日本化」內化成被殖民者——那些不完全的「帝國子民」——的唯一問題意識。因此，皇民化的論述不斷強調殖民地台

---

69 前引文，39。

70 鷲巢敦哉，《台灣保甲皇民化讀本》（台北：台灣警察協會，1941），180-241。

灣對於天皇以及帝國的恩澤缺少「感恩心」和「感激」。[70] 只有在這個特殊的歷史時刻，殖民認同的掙扎才真正在殖民地台灣成為主要的論述，而「不當日本人是不行的」感覺，遂成為壓倒性的存在焦慮與政治欲望。因此，「皇民化」在日本殖民主義的一般傾向中，既不是「同化」的邏輯延伸，也不是突如其來的強化。應該說，它是這樣一種殖民意識形態，藉由隱藏與消去「同化」的內在矛盾，而將殖民地的主體性與認同得以表述和再現的方式做了徹底的轉變與限制，而且其後果一直影響到後殖民時代的今天。

第四章

從叛變者到志願兵

霧社事件以及對原住民的野蠻與文明再現

天皇陛下萬歲　　　　　天皇陛下　万歳
我是一個日本男人　　　私は日本の男です
我有大和精神　　　　　大和魂があります
不管多苦的任務　　　　どんな苦しいことでも
為了天皇陛下與國家　　天皇陛下のため　国のため
我都不以為苦　　　　　苦しいとは思ひません
請讓我成為士兵　　　　軍部にしてください
──達利洋（ダリヤン）

　　開頭這段引文是太平洋戰爭急遽升高時一位原住民「志願兵」所寫的血書。[1] 在這種愛國主義的身體政治以及國家性（nationhood）的殖民建構中，我們見證了一位帝國子民從「番人」轉變成「日本人」的過程。這段引文將其中的殖民意識形態展現得淋漓盡致。然而，原稿中的一個錯誤——把「軍伕」寫成了「軍部」——透露出一種無意識的滑落（slippage），這種滑落就算沒有侵蝕至少也顯示出殖民者的整體政治—意識形態意圖以及權力與知識之間的直線工具關係是有問題的。這個滑落難道不是管制與規訓的殖民政策所產生的結果嗎？這種政策將某種形式的殖民刻板印象——一個被認為是一樣，但從來就不完全一樣的殖民地子民——做了雙重接合。這難道不是霍米・巴巴（Homi Bhabha）所謂「含混矛盾的學舌」（ambivalence of mimicry）那種文本化或論述的歷程？[2] 對巴巴來說，「學舌者」藉著他或她對殖民者從未完整的部分再現（做為其不斷滑落、過頭和衍異的結果），「將監看者的觀看回復成被規訓者所置換的凝視，在此觀察者變成被觀察者，『部分的』再現重新接合了整個認同的觀念，並將它從本質疏離開來。」[3] 換句話

---

[1] 引自尾崎秀樹，《近代文学の傷痕》（東京：岩波書店，1991），173。

[2] Homi Bhabha, *The Location of Culture* (New York: Routledge, 1994), 85-92. 巴巴將擬仿（學舌）界定為：「對一個改善的、可辨識的他者的渴望，**做為一個幾乎一樣、但不完全相同的差異主體。**」也就是說，擬仿的觀念是建構在含混矛盾（ambivalence）之上；為了要產生效果，擬仿必須不斷地製造其滑落、過頭和衍異（粗體為原文所加）。

[3] Ibid., 89.

說，原本熟悉而穩定的殖民者形象，一旦傳輸到遙遠的殖民地，就會變得疏離而變異，並因為殖民地子民的擬仿而產生不尋常的轉化，以怪誕的樣貌取代了自我的形象。根據巴巴的說法，在這種殖民再現（與誤現）的循環中，殖民權力就算沒有被完全倒轉過來，至少也被替換掉了。

　　巴巴以細緻的理論闡述了殖民論述的含混矛盾性格，並承認擬仿是一種可能的顛覆行動，藉此避免了殖民者與被殖民者以及權力與非權力之間僵化的二元對立。殖民論述並不如想像中那般牢不可破，反殖民抵抗則比想像中更容易發動。然而，巴巴藉由置定（positing）一種對殖民論述的不知情解構以及由學舌者所展現的一種無意識威脅，徹底擯除了意向性（intentionality）與主體性，從而抹去了最初建構出殖民者與被殖民者這種權力關係中的不對稱運作。他對殖民意向性的否定，聽起來更像是對殖民論述的辯護而非批判。英國帝國主義者不就是聲稱他們是在「不知不覺的狀態下」取得他們的帝國？真的只要被殖民者現身就必然能顛覆殖民體制嗎？什麼樣的論證可以聲稱，在地的反抗永遠是存在於系統的縫隙與鴻溝之中──超出了底層階級自身的知識？倘若殖民論述真的這麼含混矛盾，而殖民抵抗又如此無所不在，那麼殖民主義又怎麼能一直持續下去呢？毫無疑問的，殖民論述在其自身的接合上必然是矛盾的（就像我們在討論日本的「同化」與「皇民化」時所看到的）。然而，在輸出資本、剝削勞動與自然資源、斷然劃分封閉的殖民地界、否認差異、屠殺百萬人民，以及以「文

明使命」之名摧毀在地習俗這些方向，卻是絲毫也不含混。

在達利洋立下血誓幾個月後，就像他前後的數百位原住民「志願兵」一樣，在以天皇之名發動的太平洋戰爭中，以皇軍成員的身分戰死。

在這一章，我將檢視日本殖民階層中最弱勢和最邊緣的族群：台灣原住民。[4] 在此討論原住民有兩個重要義涵。首先，它指出殖民社會的發展不能化約成一種均質現象。原住民的「山地」大多仍維持「未開發」狀態，不像「平地」，資本主義的生產模式已逐漸引入，既存的階級關係也遭到殖民政府的利用。如同小島麗逸指出的，台灣原住民不像漢族社會那樣，擁有既存的封建結構和私人所有權制度可供日本進行資本主義式的積累，結果就因為缺乏這些條件而招來日本政府更為殘暴的統治。原住民的主要生產模式是狩獵和火耕農業，而且是以整個部落為單位的共同體方式組織經營。由於原住民的部落內部尚不存在階級分化，同時他們的生活與土地緊密相連，這兩點使得日本殖民者無法利用既存的階級關係，因此只好與整個原住民社群進行對抗。[5*] 在第五任總督佐久間左馬太自1910年開

---

4 清朝與日本依據原住民的身體特徵、習俗和語言，將他們分成九族：阿美、泰雅、排灣、布農、鄒、雅美、賽夏、卑南和魯凱。總人口約十三萬。

5 小島麗逸，〈日本帝国の台湾山地支配〉，收錄於《台湾霧社蜂起事件：研究と資料》，戴國煇編（東京：社会思想社，1981），47-83。以下簡稱 TMU。

* 中譯本見《台灣霧社蜂起事件：研究與資料》上（台北：國史館，2002），62-113。以下相關引文的中譯皆參考此譯本。

始進行了五年的鎮壓理番計畫之後，接著登場的是剝奪土地、強制移居以及建立永久保留制度。日本人的目標是要隔離原住民，將他們編入普通的行政區，限制他們的狩獵活動，鼓勵他們種植稻米，以及剝削豐富的森林、木材和樟腦。

其次，由於原住民特殊的生產模式（以及不同的剝削方式），使得日本殖民當局採取了比對待平地漢人更加威權的方式統治他們。例如，1931年時，日本警察與平地人口的比例是1：963，然而與山地原住民人口的比例卻高達1：57.5。日本警察在原住民區域高度集中的現象，顯示出日本是意圖採取規訓與懲罰的壓迫式管理體制。日本警察在原住民居住區所扮演的角色，是灌輸帝國當局的恐怖和威嚴。這裡的警察同時必須是管區內的老師、醫生以及所有原住民的總顧問。他同時要負責記錄出生、死亡、人口變動以及氣候變遷，所有這些對於殖民政府、能源產業和森林經營至為重要的因素。簡單來說，警察是殖民政府與原住民之間最直接最關鍵的連結。就像我們將會看到的，霧社地區的警察行為正是導致原住民起義的原因之一。

1930年的霧社事件是台灣被殖民者前所未有的抵抗活動，雖然不出意料以失敗收場，卻還是深深撼動了日本的統治。這次起義以及當局所採取的無情鎮壓，逼使日本政府必須重新接合其殖民統治策略，於是以「皇民化」形式出現的「涵化」（acculturation），遂成為殖民權力藉以施展和鞏固的主要工具。這起事件的成因以及解決方式在日本國會激起了熱烈的辯論，

不管日本內部或海外都對殖民政府發出批判之聲。於是，在後
霧社時期，日本政府擯棄了粗糙的政治手段──那曾經是日本
統治者與原住民被統治者之間標準的殖民關係──嘗試透過整
合與同化的論述來維持其正當性。我將在這一章中指出，在霧
社事件之後，對於原住民的再現出現了明顯可見的轉變，並成
為當時殖民文化的趨勢。在後霧社時期，殖民意識形態是透過
象徵主義和意義的場域進行生產、行動與再製。原住民不再是
等待殖民恩澤開化的野蠻人，而成了帝國的子民，靠著展現他
們對天皇的忠誠而同化到日本的國體當中。我認為這種再現上
的轉換並不是真正的或基進的轉變。撇開（或正是因為）殖民
的意圖與威權，它只是一種變形而已，依然局限在「文明」與
「野蠻」這種無可化約的關係與二元對立的圈圈當中。我相
信，從這個底層抵抗與殖民調適的特殊歷史脈絡，我們可以更
清楚地理解原住民從「野蠻」到「文明」的這場非凡轉變。

「霧社緋櫻不合時節地怒放」

　　1930年，也就是昭和五年和日本統治台灣第三十五年，10
月27日的早晨，在霧社這個中台灣山區的「生番」保留地裡，
一年一度的運動會正要開始。這場秋季運動會是這個地區的原
住民聚落總部最熱鬧也最重要的場合。平常隔離在日本人的
「小學校」、台灣人的「公學校」以及原住民的「番童教育所」
的兒童們，全都匯聚一堂參與競賽。這場運動會正好也遇上郡

守來訪，同時吸引了眾多警官、賓客以及他們的家人、僕人和挑夫。大約八點左右，在眾人的興奮期待下，總數約四百人左右的泰雅原住民、台灣人以及日本人，一起高唱日本國歌並升上日本國旗。然後，突然傳出一陣尖銳如野獸般的叫聲，一顆日本中年男人的血淋淋頭顱拋落在湛藍的秋空當中——這是能高郡郡守小笠原敬太郎命喪黃泉的時刻。不知從何處突然湧來的三百多個原住民穿著傳統服飾，佩著槍枝與刀劍，奔向學校操場，並用母語高喊：「不要放過任何一個日本人！」泰雅族的女人聽到男人的叫喊，隨即奔向操場搶救她們的孩子，與此同時，日本男人、女人和小孩的頭顱與身體紛紛散落在操場上。根據碧侯・瓦歷斯的回憶——他是該起事件少數倖存的原住民目擊者，當年他十五歲——那個場景就像是「霧社緋櫻突然間不合時節地怒放」。[6] 總計有一百三十四個日本人遭到殺害，使得霧社事件成為殖民史上最大也最著名的起義事件。[7]

　　這場起義，也就是日本官方論述中的「霧社事件」，不只對台灣殖民當局構成巨大打擊，同時也重挫了日本的殖民計畫

---

6 碧侯・瓦歷斯，《霧社緋桜の狂い咲き》，加藤實譯（東京：教文館，1988），11。

7 1930年時，總計有157個日本人住在霧社保留區，但是如果加上參加運動會的日本人以及到訪的殖民地高官，據說在這起事件中總共有227個日本人。有兩名穿著日本和服而被誤認為日本人的台灣人（一個男人和一名小孩）也被殺。六個參與這起事變的番社加起來約有1373人。扣掉那些自殺以及後來在日軍鎮壓中被殺的，只剩下551個倖存者。在日本默許親日的「味方番」於4月發動「第二次霧社事件」之後，倖存者更只有298人：153名男性，145名女性。六個番社只剩下一個，三分之二的人口被殺。

以及與原住民的整體關係。這起「大不祥事件」和「意外中的意外」之所以震撼了日本帝國，有幾個原因。首先，起事者是來自被殖民官員盛讚為所有原住民中最「開化及柔順」的地區，具有相對較高的生活與教育水準。其次，兩位傑出的原住民警察，被視為日本恩澤與教化象徵的花崗一郎和花崗二郎，竟然事先沒有警告殖民當局事後也沒勸服叛變者投降，而是選擇了自殺一途。第三，從起事者率先攻擊霧社周圍的派出所，到不分性別年齡地屠殺所有日本人，可以看出這起行動顯然是有計畫的預謀。最後，這場叛亂發生的時間正值全球經濟危機，日本的資本主義及海外殖民事業的發展受到進一步的限制。許多殖民母國與殖民地的官員都擔心霧社事件會引發民族運動的狂潮，而且不只會刺激殖民地台灣的階級對立，還可能會延燒到殖民地韓國甚至日本本身。[8] 這起事件讓殖民當局產生強烈的懷疑與不安，甚至不惜動員三千名軍警（叛變者只有三百人）並部署了國際上禁止使用的毒氣瓦斯，以確保能徹底殲滅所有的叛變人口。

　　霧社事件在台灣和日本一直得到極大的關注，從學術研究到旅行報告，從回憶錄到漫畫，始終沒有斷過。根據一項粗略的估計，直到1996年為止，至少有兩百部以上的出版品試圖用不同的方式理解這起事件，包括官方與非官方的，日本與非日本的。霧社事件之所以持續引發討論以及戲劇化的呈現，可以

---

8 戴國煇，〈霧社蜂起と中国革命〉，*TMU*，203。

歸諸於下面三個歷史性的決定因素。首先，在事件落幕之初，與這起事件相關的幾個面向仍然疑雲重重：這起事件究竟是一小撮心懷不滿者的臨時性發難，或是基於對日本殖民者的深仇大恨所引發的有組織叛亂？花崗一郎與花崗二郎真的像殖民者一開始所指控的，是事件的主謀嗎？他們模仿日本武士以切腹的方式自殺，究竟是展現了對殖民統治的忠誠與服從，或是一種挑釁與拒絕合作的姿態？在他們死後發現的自殺遺書是不是殖民當局偽造的，說他們宣誓效忠日本？殖民當局在事後鎮壓時，使用的究竟是毒氣瓦斯還是他們聲稱的催淚瓦斯？

　　其次，日本與台灣／中國的作家都把這起事件當做戰後治療日本殖民主義創傷的一種程序，他們以各自的方式試圖將這起事件再現為一起武裝抗暴行動，用以表示日本與台灣之間的一般殖民關係。在日本這邊，這個議題最初是由來自殖民地台灣的流亡者開始談論，後來又加入了記者、旅行者、作家以及學院中人。除了那些由前殖民地警官以及官員所寫的作品之外，大部分的戰後作品一般都可以歸類為反殖民書寫，只是其中包含了各式各樣彼此矛盾的情感，憂傷、控訴、懷疑、沮喪、敬畏。在台灣人／中國人這邊，主要是為了配合國民黨的反共大業與民族解放的口號，霧社事件被建構成一個毫無疑問的單純事件：一起典型的抗日民族運動。這種將原住民整合到官方民族主義論述的做法，是與原住民持續在社會與經濟上遭到歧視與剝削同時發生，這個政府一邊歧視原住民，一邊又豎立紀念碑，舉辦紀念會，頌揚那些在事件中喪生的人。最後，

直到最近，關於這起事件的文學作品終於浮現，這些作品主要
是以少數原住民倖存者與目擊者的回憶與口述歷史為基礎撰寫
而成。這些個人化的敘述，以其生動的回憶與情感連結，還有
個人的流亡與集體的奮鬥和苦痛，呈現出歷史敘述無法產生也
無法復原的情感面向。

　　有關霧社事件的敘述不但數量龐大而且形式繁雜，單用以
上三種時間框架和文本策略來歸納，或許過於粗糙簡化；而我
所列出的這些年代學與分類法中，的確有太多重疊、反覆與連
續之處。不過無論如何，我仍試圖分析其中的某些作品（包含
文學和非文學類），以便檢驗和追蹤「環繞著霧社事件的那些
事實」如何被構成與重構成日本與台灣原住民殖民關係的標
記。我認為這種關係一直是牢牢建立在「野蠻」與「文明」的
二元對立之上。

霧社事件的官方與非官方論述

　　日本殖民當局曾對霧社事件及其後續發展做了一連串的調
查，並發表了一系列的報告。[9] 1934年的《霧社事件誌》相較
於早先的官方報告，不但更為完整細緻，同時也包含許多其他

9　這些官方文獻一部分收錄在《霧社番騷動事件調查復命書》（1930年11月）、
　《霧社事件の顛末》、《霧社襲擊事件概要》（1931）和《霧社事件誌》（1934）。
　在接下來的討論中，我主要是仰賴台灣總督府警察署出版的《霧社事件誌》做為
　我的主要官方素材。

相關報告未發現的證據。這份報告從日本最初對待原住民的殖民政策一直寫到霧社事件，再從鎮壓任務一直寫到最後對倖存原住民的拘禁，清清楚楚地記載了這起事件的發展與終結。根據我們的討論脈絡，我將把焦點集中在這份報告所提出的原住民叛變的潛在動機。這些動機可整理如下：

1. 番人的本性：雖然殖民當局毫不厭倦地撫育教化番人，但是他們的暴力本性，特別是獵人頭的習俗以及對於這類習俗沒有絲毫「罪惡感」的情形，並不是短期可以根除的。他們內在的幼稚、愚蠢與「頑固」，讓他們深信只要殺掉幾個日本人就可以重拾過去的光榮。

2. 馬赫波社頭目莫那‧魯道的反抗心：莫那‧魯道是嫌疑最大的叛亂領袖，因為他妹妹特娃斯‧魯道與日本巡查班長近藤儀三郎的婚姻失敗，因而心懷反抗官方的「陰謀計畫」。

3. 巴茲紹‧莫那對家庭的不滿：巴茲紹‧莫那是莫那‧魯道的次子，也是該起屠殺的領導者，他為了婚姻問題與家人爭執不休，並以傳統的出草、砍頭儀式向另一個女人誇耀自己的勇武。

4. 吉村巡查毆打事件：霧社事件前二十天，也就是10月7日上午10點15分左右，莫那‧魯道的長子達道‧莫那在一場原住民婚禮上強拉吉村巡查敬酒遭到拒絕，於是將吉村巡查痛毆一頓。事後因為擔心官憲的嚴厲處罰而促成其叛亂決心。

5. 警察紀律的鬆弛：許多警察濫用職權剝削原住民的勞力

並強佔婦女，激起了原住民的強烈不滿。

6. 警察娶番婦的問題：殖民當局的理番政策鼓勵日本警察與原住民重要頭目的女兒通婚。然而一些婚姻失敗的例子反而加深了番人對殖民當局的反感。

7. 事件前各項工程：當時大約有九項大小工事需要番人提供大量勞力，引來番人的諸多抱怨。

8 霧社小學校寄宿舍建築工程：這個工程需要從地形險惡的濃密森林中運送大量木材。又禁止番人用傳統方式拖在地上運送，而必須用肩膀扛挑。加上薪資過低且時有侵佔拖欠的情事，許多番人因而對日本警察充滿恨意。

9. 不良番丁的策劃：荷戈社番丁皮和・沙茲波，與他堂哥皮和・瓦利斯兩人皆性情粗暴、道德鬆散，煽動其他原住民反對小學校寄宿工程。

10. 本島人的策動：雖然不太確定，但有人懷疑住在霧社的本島人與這起殺戮事件有所牽連。

11. 人事行政上的缺陷：少數警官的手段過度高壓、可疑番地缺少長期駐守的職員，以及警察與番人之間缺乏溝通，這些都讓雙方的緊張關係加劇。警察數量減少是因為整體殖民支出縮減的關係。[10]

這份報告的結論是，這起事件的直接誘因是霧社小學校寄

---

[10]《霧社事件誌》收錄於《台湾霧社蜂起事件：研究と資料》，附錄，369-82。

宿舍工程所引發的憤恨以及少數「不良番丁」的策動。報告者
哀嘆道，因為當地缺乏真正了解番人心理的老練職員，「對於
不能夠像文明人那樣，靠投書、陳情等方式自求救濟途徑的他
們而言，採取這種手段，豈非不得已？」[11] 該份報告將這起無
可避免的流血衝突事件歸咎於叛亂者的「原始」、他們的暴力
傾向以及他們對「文明」的無知，這樣的結論並不令人意外。
我之所以用這麼長的篇幅列出這些官方報告，並不是要重述這
些可以預見的官方修辭，而是要指出這份報告所運用的擴散戰
術。《霧社事件誌》列出了十一項可能的原因來強調這起事件
的多重決定本質。這種廣納多方的考量與其說反映了這起事件
內在的複雜性，倒不如說透露出殖民當局的缺乏準備，不知如
何面對這起殖民史上最嚴重的叛亂而且是發生在他們認為最
「開化」的原住民聚落內。只好不斷強調這起事件背後的原因
完全是偶然的個人動機，藉此暫時壓制這種介於原始獸性與殖
民文明性之間的歷史矛盾。因此，這份報告把霧社小學校寄宿
舍的工程以及所需木材的搬運當成原住民不滿的主要來源；而
少數幾位原住民的個人偏差以及某些日本警察的錯誤行為，也
就成了引發事件的唯一火苗。殖民當局藉著將這起事件描述成
偶然的個人行為，而將調查和批評的矛頭從自己身上轉開。

　　然而殖民政府的立場還是遭到了質疑。日本大眾黨的河野
密以及河上丈太郎，在1931年1月短暫造訪霧社，並以這次訪

---

11 前引書，382。

問為基礎發表了兩篇文章駁斥殖民政府的報告。[12] 在〈談霧社事件的真相〉一文中，河野密和河上丈太郎一開始便強調這起事件的「時代意義」。他們追問為什麼這場原住民的騷動如此重要？假使這起事件發生在十年前，會對中央政府造成這麼大的衝擊嗎？他們認為是「時間的力量」讓這起事件變得如此重要，但他們懷疑政客們依然是以十年前的「腦袋」在看待這場起義。這些政客因為知識不足而傾向「從番人的特殊習俗及心理中找尋事件的真相」。[13] 殖民政府把「勞役數量增加」與少數原住民的不滿列為事件的可能原因之一。然而，河野密以及河上丈太郎認為，要替霧社事件的真相定位，必須深究其「經濟的意義」以及「民族背景下所蘊含的義涵」。他們寫道：

> 簡言之，單從番人的素質或特殊心理來解釋「霧社事件」完全無法切中要領。「霧社事件」並不是「人類學」的問題。將這起事件視為一般的以「強制無償的勞動」虐待番人的事件，只是看到全貌的一面而已。「霧社事件」絕非單純的「人道問題」。此外，把這起事件理解為因警察的獨裁和不當行為所引發的壓迫事件，也是不夠充分。「霧社

---

12 〈霧社事件の真相を語る〉由河野密以及河上丈太郎在1931年的《改造》雜誌中聯名發表。河野密在同年3月的《中央公論》上發表了〈霧社事件の真相を暴く〉。這兩篇文章非常類似，但是〈霧社事件の真相を暴く〉對官方的調查逐一提出具體的反駁。

13 河野密與河上丈太郎，〈霧社事件の真相を語る〉，121-2。

事件」的政治責任問題不單是「懲戒問題」而已。[14]

　　對河野密以及河上丈太郎來說，霧社事件不是一種脫軌行為，而是體現了「民族解放」問題、「勞動問題」，以及「與整體殖民統治相關的問題」。因此，霧社事件反映的是帝國主義這個時代——對殖民統治與殖民剝削的不滿與抵抗。他們認為，唯有把這些殖民統治的基本要素考量進去，這起事件的「真相」才可能釐清。

　　河野密與河上丈太郎的觀點正好和殖民當局的看法相反，後者強調這起事件的短暫性和偶發性，前者則認為這是殖民統治本身的系統性與結構性失敗，並提出兩個各自獨立卻又彼此相關的議題來說明這點：所謂的「番人問題」以及日本殖民政策的錯誤。首先，他們試圖從殖民政策對原住民生活所造成的種種「轉型」來揭露原住民統治的問題。他們認為殖民政府強迫原住民以農耕放牧取代傳統的狩獵採集，以資本主義經濟取代初民經濟，以薪資勞工取代「獨立的自營主體」，凡此種種皆讓原住民的處境日益惡化。以霧社事件而言，他們認為，由木材運輸所引發的強制勞動以及工資延遲給付，在原住民看來，必定是威脅到他們的生活方式。此外，教育與知識的普及，也就是殖民政府美名的「教化政策」，必然會在原住民知識分子心中注入「民族自覺」以及殖民不平等的意識。其次，

---

14 前引書，124。

他們認為霧社事件揭露了日本帝國主義的兩項基本缺陷：獨裁專制以及「缺乏批判性」。河野密以及河上丈太郎以霧社事件之前的各種原住民騷亂為例，指出這起事件並不是由少數幾位放蕩的警察和少數幾件日本人與原住民之間的醜聞所引起，相反的，這些不法和惡行是典型的作為，是「殖民政府的整體傾向」。[15]

如果把河野密和河上丈太郎在霧社的短暫停留和調查密度考慮進去，他們的介入確實深具洞見，並對殖民政府對於霧社事件的反應構成強大的殺傷力。他們認為霧社事件不是一起突發偶然的意外，而是反映了長久以來牢不可破的殖民矛盾。可惜，他們那種殖民母國左派論述的通病，也就是以偏概全的泛論式說法和以恩人自視的態度，削弱了他們的分析力道。他們雖然可以理解並同情原住民的處境，但是他們卻從來不願親自去面對這些世上不幸之人或與他們做出某種協議。這一點在河野密單獨撰寫的那份篇幅更長也更詳細的報告〈揭露霧社事件的真相〉中，表現得更加明顯。該份報告彷彿是用兩個不同的觀點寫成的：一個是「客觀的」調查者，另一個「主觀的」窺伺狂。河野密形容他就像一個置身異地的旅行者般，在踏進霧社時心中充滿了五味雜陳的感覺：「渴望」、「焦慮」、「不安」、「期待」和「理解」。在殖民警察的保護下，他的隊伍逐步探訪事件的地點與遺跡，親眼目睹被斬首的原住民婦女在地

---

15 前引書，131-2。

上留下的標記，斬殺郡守的那把兇刀的血跡，還有叛亂領袖莫那‧魯道躲藏的山洞等等。他們一邊懷疑這些暴力的遺跡是否足以做為「真相之鑰」，一邊又參觀了一個親日的原住民聚落，第一次見到原住民。看到原住民日常活動及生活中的忙碌紛亂，河野密寫道：

> 許多番人紛紛升起藍十字旗（藍十字旗代表親日的番人）。我們聽說長官命令他們去收集武器。這些帶著番刀大搖大擺走路的番人有一種不可思議的魅力。他們相當可憐，走來走去時見到我們直說「konnichiwa, konnichiwa」（你好，你好）。總之，我們只看到他們的可愛，完全看不到他們的可恨。他們身上哪裡隱藏著所謂的凶暴性呢？誰應該為這起事件負責？[16]

在霧社待了一整天後，河野密哀嘆他們依然無法接近「事件的真相」。這篇文章的其他部分和〈談霧社事件的真相〉一樣，把日本殖民主義蘊含的「勞動問題」以及「民族問題」視為原住民叛亂的主要原因。

就我們的討論而言，河野密這篇〈揭露霧社事件的真相〉最令我們感興趣的是，介於「眼見」與「相信」、「表象」與「真相」之間那種弔詭的區別，河野密正是用這項區別支撐其

---

16 河野密，〈霧社事件の真相を暴く〉，345。

理論假設與調查方法。河野密和河上丈太郎對霧社事件的質
疑，主要是因為他們「完全不信任」殖民當局提供的叛亂原
因。他們此行的動機，是想要解開官方一切修辭與解釋背後的
「謎團」。然而，這個基進的政治姿態掩蓋了下面這個事實，那
就是他們的操作策略是建立在他們相信他們在那些「可愛」、
「可憐」和「迷人」的原住民身上所看到的東西。換句話說，
殖民的問題因為複雜萬端所以需要透過多種分析與審視才能夠
理解，然而在母國基進分子那雙仔細探究的眼中，「番人」卻
只是一種單純的存在，不具任何深度感。在這個意義上，河野
密和河上丈太郎複製了殖民污名化的另一面：對土著的浪漫
化。在此，我的目的並不是要斥責河野密和河上丈太郎在下意
識裡將土著理想化了；在任何政治學中，某種程度的浪漫化都
是不可避免的。在此，我要批判的是，他們隨隨便便就把一場
在地抗爭毫不懷疑地簡化成一般性的革命實踐。一旦原住民的
抵抗被納入「勞動問題」與「民族解放問題」這類熟悉的母國
基進論述當中，河野密自然就可以輕易地將這起事件總結為
「專制」、「腐敗」以及「布爾喬亞政治」的結果，而這起事件
以及相關調查也將成為對抗帝國主義、軍國主義以及獨裁統治
的「巨彈」[17]。在殖民的污衊和壓迫以及左派的挪用與解放之
間，原住民還有其他任何出路嗎？

　　霧社事件的官方報告與河野密和河上丈太郎兩人的反官方

---

17 前引文，352。

論述，儘管彼此的政治信念相反，卻同樣都是根據二元主義的方式區分「自我」與「他者」、「殖民者」與「被殖民者」以及「日本人」與「番人」。在這種二元區分中，前者的本體論地位是理所當然的，後者則只能以其原始凶殘或原始美麗的方式存在；他者只被看成是凶惡的加害者或無助的受害人。我們不該為霧社事件的官方論述與反對論述之間的共謀關係感到驚訝，在這些報告所流通的政治脈絡之下，這樣的共謀是不足為奇的。[18] 只要霧社事件的解釋與辯論依然局限在殖民行政與政策制定的範圍之內，就不可能針對殖民者與被殖民者以及日本人與原住民之間的根本矛盾提出詰問。我們必須轉向文學的領域，才能看到一些不一樣的努力，試圖去調和與揭露文明和野蠻之間的構成關係。

外在的野蠻，內在的野蠻

　　大鹿卓的〈野蠻人〉可說是後霧社時期最具代表性的以日本人—原住民關係為主題的文本，這個作品同時代表了一個轉捩點，自此之後，在日本的殖民意識中，對於「文明」、「野蠻」、「日本人」與「番人」這些範疇的詮釋，發生了根本的改變。[19] 如同川村湊正確指出的，在日本帝國主義剛剛萌芽的

18 霧社事件在第五十九帝國議會中引起激烈的辯論。一些反對黨派（政友會以及貴族院）抓住這個機會想推翻執政的民政黨。請見丸山明哲〈昭和政治史における 霧社蜂起事件〉，收錄於 *TMU*，131-54。

那個歷史時刻，「發現番人」這件事，可說是日本「認同」自己做為一個「文明」的現代民族國家的外在表現。反諷的是，隨著日本將番人納入帝國統治之下，發現番人一事卻也意味著發現日本人自身**內在**的野蠻性。[20]〈野蠻人〉一文發表於1935年2月號的《中央公論》，是從1218篇徵文作品中脫穎而出。雖然這個文本並未直接處理霧社事件（它處理的是台灣殖民早期對另一個原住民團體的鎮壓事件），但是很難相信大鹿卓的這篇作品沒有受到霧社事件的影響。[21]

　　〈野蠻人〉的故事與「原住民變成日本人」的情節剛好相反，這篇小說描寫了主角田澤如何從「日本人」轉變成「被鎮壓的原住民」。田澤的父親是日本一家礦場的主人，因為在一次勞工糾紛中煽動礦工作亂而被他父親趕到台灣。田澤帶著「些許的絕望和反抗輕蔑之心」，勇敢地請求番人管理局長將他派往原住民居住地。田澤抵達接近霧社的指定地點後，受到兩名「番婦」的吸引，她倆是當地警察局局長伊諾（イノ）的小姨子。雖然眾人都嘲笑並警告田澤，說原住民女子一心一意想要追求日本男人，但他發現「她們的舉止表現都和日本女人相

19 大鹿卓，〈野蠻人〉，《中央公論》（1935年2月）：67-101。

20 川村湊，〈大眾オリエンタリズムとアジア認識〉，收錄於《近代日本と植民地》Vol. 7（東京：岩波書店，1993），119。

21 大鹿卓早年待在台灣並發表過一系列關於台灣原住民的短篇小說：〈塔茲達卡動物園〉（1931）、〈番婦〉（1933）、〈欲望〉（1935）、〈僻地之人〉（1937）。此外，大鹿卓的妹妹嫁給河野密，也就是前面所提到那兩篇報告的作者。

當類似」，只是「更粗野、更單純」。不出所料，泰茉莉卡爾
（兩姊妹當中的姊姊）纏著田澤不放。田澤被她「純真的靈魂」
吸引，卻發現自己無論如何都無法讓這段關係圓滿無缺，感覺
到兩人之間有道無法消除的隔閡。在一次鎮壓「沙拉茅番」叛
亂原住民的任務中，他無意識地割下一個剛被自己用步槍打死
的原住民的頭顱。當這顆頭顱帶回警察局並跟其他「敵人的頭」
一起放在架上時，泰伊莫那莫（妹妹）對這「殘忍的畫面」所
展現出來的歡慶與平靜，讓田澤大為吃驚，並發現自己的「心
智軟弱」。他對自己說：

> 她的樣子看起來不像是殘暴的習俗完全掌控了她的心
> 智。那感覺比較像是一個人吸進了血脈相傳、令人窒息的
> 野蠻氣味。不，那不是隨口說說的那種野蠻。野蠻就像注
> 滿了反叛精神的大樹的莊嚴脈動，這棵大樹在自然無情的
> 壓迫下努力擴張自己的內在，並藉著痛苦的憐憫維持生
> 存。這股精力貫穿樹身，甚至從最細小的枝幹中汩汩湧
> 出。跟這比起來，我只是一株剛移植的小樹。[22]

田澤認為，他之所以無法回應泰茉莉卡爾的熱情是因為他
的「野蠻還不夠徹底」。他告訴自己「要野蠻，我一定要變成
野蠻人」。田澤渴望成為野蠻人的願望同時也是受到他想要讓

---

22 大鹿卓，〈野蠻人〉，84。

泰茉莉卡爾回歸到原始野蠻狀態的欲望所驅使。他斥責她學習用筷子吃飯，怒罵她把臉塗成白色，詈責她穿上和服。當田澤穿上原住民的服飾，臉上抹了灰，同時磨亮了他的番刀，想像他正在獵砍其他土著時，他終於完全轉變成「野蠻人」。當眾人高聲鼓譟歡呼著「番人」、「番人」的時候，他發現自己被一種無法言喻的激動給淹沒了。「就像剛關進籠子裡的野獸一般，」田澤對著自己喃喃說著：「我也是一個野蠻人！我不輸給任何人了！」

　　這裡對於土著的想像似乎明顯到不能稱之為權力運作；一名小資產階級日本男性從「文明」轉變到「野蠻」，是建立在禁止土著越界的基礎之上。他對野蠻人的想像認同的執迷，糾結著他對半同化的「日本」女人可怕外型的否定。這種對「內在野蠻性」的發現與對「外在野蠻性」的殖民投射並無不同。[23]在這個再現過程中，理解、定義和從屬關係全都綁在一起，這個過程可以追溯到在「日本人─原住民」關係中的某個特定脈絡下的帝國權力運作，在這個脈絡下，階級、種族和性別這些範疇具有緊密的相互關係。那起在母國日本以失敗收場的勞工鬥爭，首先被轉移成（以及取代了？）日本殖民統治與原住民抵抗之間的種族對立。這種超越的欲望接著又投射為尋求野蠻性的田澤與渴望文明的泰茉莉卡爾之間的性別衝突。然而，在

---

23 舉例而言，請見川村湊，〈大衆オリエンタリズムとアジア認識〉（118-21），以及河原功，〈日本文学に現れた霧社蜂起事件〉，收錄於 *TMC*，182-87。不管是川村湊或是河原功，都沒有提到在這個轉換過程中針對性別的操作。

最後的變形中最為緊要的，是這個過程必須得自我逆轉。日本
男人與原住民女人的結合意味著否認殖民的／種族的罪錯；而
「文明」與「野蠻」之間的殖民差異也必須重新恢復與確認。
因為看到一個「模仿的」女人只會提醒田澤他自己的不完整
性；他是一個有著其他本質的歪曲形體。到最後，母國的階級
衝突就在田澤對野蠻的幻想式認同以及對「被壓迫者被壓抑的
狂熱」的同情理解中，消解於無形。

　　這裡要強調的是，在後霧社時期，原住民的議題已經是日
本人不得不去思索的。他們引發的不只是殖民行政與原住民統
治的問題，也是日本殖民現代性自身的根本矛盾。〈野蠻人〉這
個泛稱性的標題，似乎是在強調一個理當是文明的日本民族及
其殖民教化任務所展現的野蠻性。然而，正如我所指出的，這
個自我反思的姿態──發現內在的野蠻性──是建立在鞏固與
延伸外在的野蠻性之上。雖然作者努力想將野蠻安置到文明當
中，但這兩個詞彙──它們不是殖民現代性的結果而是其根本
構成──的二元對立結構依然原封未動，並因此而更形強化。

文明邊緣的自我譴責

　　在霧社事件的影響下，日本對原住民的殖民態度經歷了一
次明顯的轉變，皇民化的意識形態取代了軍事鎮壓和經濟奴
役，成為主要的殖民控制形式。然而，這並不是說警察的壓制
徹底停止，剝削勞動力的情況不復可見，或是殖民主義的文化

經歷了史無前例的轉變。叛亂居民幾乎全體遭到殲滅，可見殖民者的殘酷武力並未中斷。而文化性的作為也是因襲長久以來的習慣，根據殖民者與被殖民者、文明與野蠻，以及自我與他者的疆界來定義和劃分。這裡我想指出的是，在後霧社時期，我們在殖民文化的經濟學中看到一種不一樣的原住民再現。原住民不再是等待被同化的野蠻異教徒；他們現在是在日本國體內部接受文化薰陶的帝國子民。我認為，這項從野蠻到文明的轉化，部分是因為殖民政府試圖化解由霧社事件所示範的那種無法壓抑的矛盾。這項轉變同樣也顯示出日本政府急切想要徵召原住民的勞力投入戰爭。整個召喚（interpellaiton）的過程，或是後來所知的「皇民化」，顯示出日本殖民統治的強韌以及原住民想要讓自身成為創造歷史的積極行為者的欲望。正是因為這種自我肯定，我們可以把想要「成為日本人」的欲望視為原住民與霧社事件的悲劇創傷所達成的一種協議，而不只是「錯誤意識」的實現。碧侯‧瓦歷斯是少數倖存的原住民士兵之一，他的右手腕上刺著他的日文名字米川，他辯護說，他決定成為戰爭志願兵是因為：「我想藉著成為日本士兵去除掉附著在霧社事件上的恥辱。只要入伍，我就能和日本人一樣光榮。我從不怕死。」[24]

　　霧社事件震撼了殖民政府以及日本各派的意見領袖，這種

---

[24] 摘自林えいだい編，《写真記録：台湾植民地統治史、山地原住民と霧社事件、高砂義勇隊》（東京：梓書院，1996）。書中沒有頁數。

說法並不為過。不僅是當時的總督石塚英藏在壓力下辭職負責，日本國會也為了叛變的起因以及殖民當局的暴力鎮壓熱烈辯論。更重要的是，霧社事件給了殖民當局一個機會，重新去評估和檢驗整體的原住民政策。繼任總督太田政弘在1931年12月發表的《理番大綱》中，要求不論在殖民地的管理方式或是對待原住民的態度上，都必須改弦更張。

> 理番的目標是教化這些番人，確保他們的生計，使他們沐浴在帝國的平等恩澤之下。雖然理番政策有一些變動，但終極目標永遠是實行帝國一視同仁的願望並讓他們以帝國化〔日本化〕為榮。這是永續不變的基本精神。25

雖然當局宣稱對原住民採行同化政策是基於「永續不變的基本精神」，但是這項重述的動作只是證實了的確需要一套新的殖民理論做為後霧社時期的補救措施。這個主要的新方向是「教化」原住民，讓他們成為忠誠的帝國子民。先前，文明只是野蠻的普遍對立面，而現在，文明則和日本特殊的民族性結合，專指對天皇的效忠。殖民政府在1935年6月廢止了「生番」一詞，改用高砂族（字面上的意思是「台灣的部落民」）這個更一般性的稱謂來指涉原住民。

---

25 引自近藤正己，〈台湾総督府の理番体制と霧社事件〉，收錄於《近代日本と殖民地》（東京：岩波書店，1992），2：35-60。

　　接著我要討論兩篇從1910年代到1930年代相當受歡迎的有關原住民的再現：〈吳鳳的故事〉和〈沙韻之鐘〉。這兩篇文章是最好的例證，可用來說明對原住民的再現如何從「自然野蠻人」轉變成「國家子民」。〈吳鳳的故事〉是日本人挪用漢人的傳說，描述吳鳳這位清朝官員如何為了說服原住民放棄獵頭習俗而自我犧牲。〈沙韻之鐘〉則是經過殖民者渲染美化的故事，紀念沙韻這個原住民女孩替一位日本徵兵擔行李時不幸溺死的事蹟。一方面，〈吳鳳的故事〉再現了最初那種否定的殖民策略，藉由否認原住民除了獵頭之外的個體性與獨特性來建構原住民的野蠻性。〈沙韻之鐘〉則體現了後霧社時期那種將原始性理想化以推行教化的做法。〈吳鳳的故事〉敘述了原住民如何透過殖民主義的恩澤體悟到自身的野蠻性並進行自我譴責；〈沙韻之鐘〉則藉由自我犧牲來誇耀原住民對日本國的贖罪與自我奉獻——從一個後悔不已的原住民轉換成愛國的帝國子民。我認為〈吳鳳的故事〉想要達到的意識形態目的之一，是為了在早期鎮壓原住民時強化台灣人／漢人與原住民之間既有的對立。然而，在〈沙韻之鐘〉裡，被殖民者之間那種無法化約的差異，卻在太平洋戰爭期間為了因應全面動員的需要，而在日本國的推動下給同質化了。在這段期間，原住民與台灣—漢人不再相互**對抗**，而是彼此**休兵**，各自為了成為忠誠的帝國子民而全心奉獻。

　　〈吳鳳的故事〉因為曾編入台灣和日本的小學教科書中，或許是有關原住民的敘事中最廣為人知的一個。吳鳳這名清朝

通事，是台灣島上的漢族移民與原住民之間唯一的溝通管道。多年來，吳鳳一直透過不同的協商與操作來防止原住民殺害漢人，但最終他用盡一切辦法，仍然無法滿足原住民不斷要用人頭獻祭的需求。吳鳳逼不得已只好許諾給那些獵頭者一個大禮——一個穿著紅袍的男人，他會在特定時刻出現於特定地點，部落的男人可以殺他並取他頭顱。在說好的那一天，一個男人穿著紅袍，覆著紅帽，騎在白馬上抵達預先指定的地點。這群獵頭者遵照吳鳳的指示，突襲並立刻殺了這個人。當他們急切地掀開紅帽時，他們愣住了，那竟是吳鳳平靜的容顏。這群番人發現自己殺了敬愛的吳鳳，全都痛哭流涕悔恨不已，並發誓從此不再殺任何漢人。這個故事的道德訓示不僅在於吳鳳為了他人的福祉而犧牲自己，也在於他的死為這些因為後悔而放棄野蠻習俗的番人帶來了文明。

　　這則敘述清代漢人與原住民衝突的故事，是日本殖民當局在二十世紀初根據民間的流傳故事改寫的。在吳鳳這篇講述文明vs.野蠻、文化vs.自然以及恩澤vs.無知的故事背後，有著日本殖民當局的朦朧身影，殖民當局藉由自身在敘述中的缺席，編寫並認可了一種經過複雜的重構與重述的殖民意識形態。

　　〈吳鳳的故事〉就像大部分的民間傳說一樣，都有一個挪用與刪節、修飾與濃縮的眾聲喧嘩（heteroglossic）過程，在殖民當局完成「官方」版的改寫之前，已存在許多不同版本。根據駒込武的研究，當時至少有六個版本：其中四個是漢人版本，另外兩個記述在原住民的口述歷史中。[26] 雖然所有的版本

都具有最基本的敘事結構——一名漢人與原住民的衝突，漢人被殺，以及原住民發誓停止殺戮——但是在早先的版本中顯然並沒有將吳鳳視為自我犧牲、值得模仿的人物。舉例而言，在大部分的漢人版本中，雖然獵頭也是導致吳鳳與原住民衝突的主要原因，但是獵殺吳鳳卻是部落男子的有意行動，而不是無意的誤殺，這和殖民當局的版本恰好相反。吳鳳只是單純的與原住民對抗並捲入一場戰鬥。原住民很清楚他們要殺的人是誰。衝突過後，陰魂不散的吳鳳發出詛咒，招來一場傳染病，死了數百個原住民並導致最後的結局：原住民放棄獵頭習俗，改以圓石替代頭骨來祭祀。早期漢人版本中的超自然因素之所以在殖民當局的重寫過程中遭到刪去，很可能是因為當時的整體殖民政策就是要去除台灣所有的迷信與古老信仰。

　　在這個故事的原住民版本中，獵頭從來就不是衝突的原因。他們是為了報復吳鳳手下幾位清朝官員的持續掠奪與騷擾，所以決定殺人。不過吳鳳是被誤殺的。在他死後，一種神祕的疾病在原住民當中流傳開來，導致很多人死亡。部落人害怕這次傳染病是一種懲罰，因為他們誤殺了吳鳳，所以他們承諾不殺別的漢人，想藉此平息吳鳳的詛咒。日本殖民當局的改寫大致上是依循漢人的版本，但加入了原先不存在的吳鳳犧牲的情節。值得注意的是，在殖民政府的版本中，原住民之所以

---

26 駒込武，〈殖民地と異文化認識〉，《思想》no. 802（1991）：104-26。根據駒込武的研究，吳鳳故事的最早版本可能是 1912 年由中田直久所寫的《殺身取義，吳鳳》。

放棄獵頭的習俗，不是因為某些超自然的詛咒，而是基於吳鳳
這個文明人的道德努力。這樣的殖民介入（保留了殺戮的非意
圖性）最終讓原住民不可能退回到野蠻狀態。在這篇指涉著真
實存在的殖民實踐的敘事中，一項人性的舉動——一項具有道
德典範的行動——讓番人就此進入文明。

　　日本人在改寫吳鳳時所採取的文本策略之一，是透過漢人
版本中普遍可見的獵頭主題來再次強調原住民的野蠻性。之所
以要重新強調原住民的野蠻性，不僅是為了彰顯吳鳳的偉大，
也是為了讓日本的殖民教化任務具有某種正當性。殖民文本是
這樣描述獵頭的習俗：「根據阿里山番人的習俗，舉行宗教祭
典時必須獻上一顆人頭。結果許多經過番地的人便因此遭遇不
幸。」[27] 這段對於獵頭習俗的簡單描述，看似在陳述事實，但
是其實遮蓋的遠比揭露的多。就這項習俗被觀察到以及紀錄下
來的情況而言，這的確是「真實」的敘述。然而，這也是一種
意識形態的描述，透過漫不經心的敘述口吻來完成一種象徵性
的排斥戰術：把他者的恐怖野蠻性當成一種既成的公認事實來
述說。就是在這裡，確立了自我與他者、文明與野蠻、以及文
化與自然之間那種執意強調的疆界。這段簡短的描述掩蓋了獵
頭這項習俗在更廣大的原住民社會關係結構中所具有的特定文
化功能：諸如在部落之間以及在他們與日本人和漢人這些非原
住民之間建立敵對的關係，以及做為原住民男人的成年禮等

---

27 前引文，114。

等。它只是被簡化成野蠻與殘酷的代名詞。在日後收進殖民地教科書以及最終收入日本帝國教科書的版本中，完全看不到獵頭的儀式性與社會性目的。獵頭習俗被自然化了；原住民的天性是敗德與毀滅的。然而，諷刺的是，獵頭者無法被**徹底的**自然化；你無法將他們視為非人類，因為如果他們是動物的話，他們的行為就不會引起那樣的憤怒與恐懼。因此，原住民必須被放置在人性的邊界上，他們能夠越界與救贖，但是只能從預先安排給他們的道德墮落狀態中得到越界與救贖。[28]

任何政治性的解讀都必須從更大層面的政治—敘述框架來詮釋小範圍的文本衝突。〈吳鳳的故事〉也不例外。就威權主義式的殖民論述而言，對於既存敘述的重構當然是範圍更大的殖民實踐的一部分，這種殖民實踐只能擺在殖民地台灣特定的歷史脈絡之下才有辦法理解。日本佔領台灣之初，曾經遭遇到台灣漢人出乎意料的頑強反抗（最著名的是壽命只有三個禮拜的台灣民主國）。這類武裝反抗多半規模不大而且零星發生，但是在日本殖民早期始終沒有中斷過。因此在前四任總督統治期間，殖民政府的主要工作就是鎮壓這些武裝反抗以及壓制平地漢人的騷亂。那些被漢人移民不斷逼退到山區裡的原住民，在這個時期尚未成為殖民政府的主要顧慮。等到殖民政府逐漸

---

28 這個案例的重點是區隔——早於李維史陀對食物準備的社會性解讀——也就是「生番」與「熟番」的區隔。「生番」是那些尚未臣服，因此被認為比較危險而不文明的原住民。「熟番」則是那些跨越了自然—文化界限，因而被視為比較順服且比較接近文明的原住民。

以武力肅清了平地台灣漢人的反抗之後，因為急於剝削台灣山地豐富的天然資源，於是發起了大規模的動員試圖控制原住民。第五任總督佐久間左馬太從1910年起開始針對北部的原住民部落推行所謂的五年軍事理番計畫，而吳鳳故事的改寫也是發生在這段期間，這點並非巧合。由於殖民政府無法負荷這項征討計畫所需的財力和人力，因此必須尋求漢人地主階級的支持與協助。[29] 因此，在吳鳳的敘述中發明一個自我犧牲的漢人以及重構一個獵頭的原住民，是具有殖民意識形態的功能，試圖藉此加深和激化台灣漢人與原住民之間既有的敵對關係。所以殖民論述對〈吳鳳的故事〉的挪用，可說是殖民者想要將已經被殖民的台灣漢人整合到軍事征伐計畫的一個附屬產物。文本的暴力具體化為真實的行動。

　　征服原住民的重要性不只在於鼓勵台灣漢人與殖民者攜手合作，共同完成「理番」這項立即的在地任務。它同時也是一種轉喻用來支持日本的教化使命，從而為日本殖民的「成就」——日本的「現代性」象徵——提供合理的藉口與讚頌。如同新渡戶稻造在《日本國族》（*The Japanese Nation*）一書中扼要提到的：「現代國族競相表現它們在領土擴張或種族殖民上的偉大與輝煌。」[30]《日本國族》和《武士道》（*Bushido*），以及岡倉覺三的《東邦的理想》（*The Ideal of the East*）和《茶之書》

---

29 駒込武，〈殖民地と異文化認識〉，108。

30 Nitobe Inazo (新渡戶稻造), *The Japanese Nation: Its Land, Its People, and Its Life* (New York: Knickerbocker Press, 1912), 231.

（*The Book of Tea*），都是在二十世紀初期以英文寫成的文本，試圖向西方的讀者們陳述（與正當化）日本新得到的殖民地位。新渡戶稻造在〈做為殖民主的日本〉一章中，將殖民地台灣視為日本國以「殖民的藝術」持續推行教育的卓越例證。新渡戶稻造將弭平（或根絕）叛亂、禁吸鴉片、改善公共衛生，以及鎮壓原住民，特別是有獵頭習俗的部落，視為日本殖民政府的四大成就。他這樣描述原住民：「他們處於非常原始的社會生活狀態……他們衣不蔽體，少數部落甚至完全沒穿。他們的房子通常是用竹子與木頭所建，用石板和稻草覆頂……在個性上，當他們被激怒時非常勇猛好鬥，其他時候則顯得友善與孩子氣。」[31] 這種將匱乏、赤裸與幼稚的形象擺在一起做法——他們的「缺乏」物資與他們的情緒化傾向——建立了一套未開化的修辭，一方面為日本人的介入提供正當的理由，另一方面也重述了殖民者與被殖民者之間必備的根本差異。關於原住民的獵頭習俗，新渡戶稻造寫道：

> 他們的生活習慣中最令我們不安的是：在**任何代表吉利**的場合中，他們都要用人頭獻祭來表示尊崇。比方說在一場即將舉行的婚禮上，年輕新郎非得帶來一顆人頭才能結婚，人心都是敏感易動的，不管在野蠻社會或文明社會都一樣，這點大大激勵了獵頭行為……沒錯，**所有大小慶典**

---

31 Ibid., 248-9.

都要用人頭來增添榮耀。**在那些你會用花束來妝點的場合裡，一顆剛割下來陰森頭顱就是它們的基本裝飾。**[32]

　　這段引文中令人震驚的是，首先，在承認獵頭是一種文化建構與社會實踐的同時，又對這樣的習俗表示出一種漫不經心的態度，像是使用「任何」和「所有」這些隨意的詞彙，以及拿被割下的頭顱與花束相比等等。其次，他利用**人性**共通（「我們」與「他們」之間的相似性）的訴求，彰顯出他們的行為和我們比起來似乎是**非人**的，從而在文明與野蠻之間創造出一條不得不然的分界線。然而，新渡戶稻造藉由肯定番人的人性，而斷言他們有成為文明人的潛力，並暗示文明的進步是建立在壓制或根除野蠻的生活之上（殖民地化）。在此，我的重點當然不是要認同獵頭的行為，或是鼓吹文化相對主義。而是想揭露殖民論述的矛盾機制，這個機制藉由貶抑和羞辱的標示本身，以及在自我與他者、文明與野蠻之間劃定疆界，從而建構出殖民論述中的善惡範疇。然而他者不能永遠是殖民經濟體制外的絕對他者；這裡的界線必須明確，但也要是可以調整的。土著被塑造成殖民主義者的扭曲和負面形象：與我們相同，但又不像我們。[33] 換個說法，殖民者必須藉由發現（如果

---

32 Ibid., 249. 粗體字為我所加。

33 在某個地方，新渡戶確實提到日本人與原住民之間的親近性。他寫道：「那些馬來部落比中國人更像日本人，他們自己也說日本人是他們的親戚，中國人是他們的敵人。」（*Japan Nation*, 251.）

不是發明的話）土著的不文明性，才能將他們自己安置在文明
這一端，就像我們先前在〈野蠻人〉一文裡看到的。未開化的
他者只是一種工具，好讓殖民者可以不斷顯示自我的道德優越
性以便滿足自我肯定的需求。同理，日本唯有將番人整合到帝
國內部並彰顯日本自身的野蠻性，才可能讓日本變成一個文明
的現代國家，加入西方強權的行列。岡倉覺三在1906年已經預
見了其中的矛盾：

　　一般的西方人，在他時髦自滿的眼中，會把茶道看成是
另一項奇風異俗，就像另外那一千零一個讓東方看來幼稚
有趣的古怪玩意一樣。當日本沉溺在文雅的平和藝術之
時，他把日本看成沒教養的蠻人；當日本開始在滿洲戰場
犯下大屠殺的罪行，他卻稱日本為文明國家。[34]

族國邊緣的救贖

　　如果前霧社時期的〈吳鳳的故事〉代表了最初在建構野蠻
性時所採取的否定性的殖民主義策略，那麼〈沙韻之鐘〉就構
成了後霧社時期在日本民族性內建構文明的理想化戰術。如果
〈吳鳳的故事〉訴說的是原住民在殖民恩澤的感化下體悟到自

---

[34] Okakura Kakuzo（岡倉覺三）, *The Book of Tea* (Tokyo: Kōdansha International, 1989), 31.

身的野蠻性並進行自我譴責，那麼〈沙韻之鐘〉則是藉由自我犧牲來誇耀原住民對日本國的贖罪與自我奉獻——從一個後悔不已的原住民轉換成愛國的帝國子民。〈沙韻之鐘〉講的是十七歲少女沙韻的故事，她是東台灣流興社部落（現名金岳村）的族人，全族共有三百四十位居民。1938年9月，隨著日本在中國的戰事升高，沙韻的老師同時也是負責管理該部落的警察田北，被徵召到前線。沙韻和其他十個原住民一起將田北的行李扛到山腳。9月27日，他們一行人在颱風天的陡峭山徑上走了三十四公里的路。當他們越過架在高漲溪水上的獨木橋時，沙韻滑倒並被激流沖走。歷經一個月的仔細尋找，依然沒有發現沙韻的屍體。據說她當時是把三個行李箱扛在背上然後用布條繫繞在額頭上。

　　沙韻的意外事件不小心出現在9月29日的《台灣日日新報》上，標題是「番婦跌入溪中失蹤」。[35] 接下來整整三年的時間，這個十七歲原住民少女溺斃的故事一直未曾引起注意。再一次，將沙韻改造成一位愛國者這項工作，還是需要殖民政府的編寫和權威。1941年春天，總督長谷川清在得知沙韻的「善行」之後，送給流興社部落一口鐘，上面刻著「愛國少女沙韻之鐘」。這個紀念儀式在整個島嶼，特別是原住民當中引起相當大的迴響，並在媒體上引起一陣轟動，造就出一些沙韻畫

---

35 甲乙女勝元，《台湾からの手紙：霧社事件、サヨンの旅から》（東京：草の根出版会，1996），96-7。

像、一首流行歌曲，甚至還有一部以她的故事為本的電影。[36]
更重要的是，這口鐘據說一直用來召喚原住民的愛國青年團，
鼓舞了許多人「跟隨著愛國少女的腳步」投身戰場。[37] 在這
裡，重要的並非沙韻是否真的愛國，或是殖民政府是否歪曲事
實把一個遙遠山地部落的普通原住民女性拿來利用。[38] 在此我
們要強調的是，當時出現了一種對於原住民的全新再現：唯有
在戰爭動員時期，沙韻才有可能成為原住民的情感象徵。

這些圖畫、流行歌曲以及由著名的日本電影偶像作主角的
電影，構成了一種論述和視覺的策略，日本殖民論述藉此將原
住民再現為帝國子民以便動員他們加入戰爭。這場多媒體的競
賽將一起意外的悲劇轉變成英雄式的命運，在這個故事裡，原
住民少女取代了清朝官員成為殖民者與被殖民者、文明與野蠻
之間的橋樑。隨後又出現了其他各種的再現與渲染形式，用來
褒獎原住民男子在戰鬥中的愛國行徑，特別是他們的勇敢與忠
誠。不過，沙韻的處女形象依然是最關鍵的，就算不是實際促
成了、至少也是具現了後霧社時期原住民從桀驁難馴的民族搖

---

36 這些畫作是由知名畫家鹽月桃甫所繪製。其中一幅描繪沙韻抱著那口鐘的畫像
曾在東京的戰爭與藝術展中展出。歌曲是由西条八十與古賀政男所作，由渡邊
濱子主唱。電影《沙韻之鐘》是由台灣總督府和滿映公司合製，主角是國際知
名的李香蘭（山口淑子）。諷刺的是，這部電影是在霧社拍攝的。

37 甲乙女勝元，《台湾からの手紙：霧社事件、サヨンの旅から》，113以及120-
1。

38 在他與沙韻姪兒的訪談中，甲乙女勝元得知沙韻實上是奉命與警官隨行，並
想乘機替家裡到山腳的鎮上購買一些必需品。前引書，119。

身為愛國子民的轉變。換個說法，沙韻很像是英國殖民神話中的寶嘉康蒂（Pocahontas，《風中奇緣》的女主角），她佔據了一個非常特出的位置，跨越介於殖民者與被殖民者，以及介於殖民主義的意識形態期待與不幸事件的歷史發生之間的「文化裂隙」（cultural rift）。[39] 然而，沙韻的跨越邊界不像寶嘉康蒂，並不是建立在約翰・史密斯（John Smith）的成功「拯救」（後殖民學者彼得・修姆〔Peter Hulme〕稱之為「互惠的規範」〔the norms of reciprocity〕），或是她後來與另一個殖民者約翰・洛夫（John Rolfe）的婚姻，或是最後接受了殖民的文化與基督信仰。沙韻的越界是不完整且致命的，就像她未能成功跨越颱風中的激流一般。但正是因為這樣的失敗以及她無可避免的死亡，使得後繼原住民的越界成為可能。沙韻的越界失敗，並不是要（像寶嘉康蒂般）彰顯一種高貴野蠻人的形象——既不殘酷也不無知，事實上還相當文雅並具有教化的潛力。沙韻所體現的，也不是一位成功變成日本人的同化土著。沙韻這個故事的意識形態效用，在於殖民者將她為了完成任務而犧牲奉獻的卓越行徑，建構成帝國**一般**子民該有的行為。

　　殖民媒體藉由沙韻的年輕與天真來強調她的平民性格。例如，在〈沙韻之鐘〉（1943）這幅畫像中，我們看到沉靜肅穆的沙韻坐在一個看起來像是大圓石或大土墩的東西上。畫中有

---

39 關於英國對寶嘉康蒂的殖民建構，請見 Peter Hulme, *Colonial Encounters : Europe and the Native Caribbean, 1492-1797* (New York: Routledge, 1986), 137-73。

一種刻意描繪的原始性。沙韻穿著原住民的服飾和特殊髮帶，像是發呆般面無表情，眼神並未注視任何地方。她的左手撐在地上，雙腳穩穩的放在泥土上。她那不成比例的大手和赤腳，顯示出她的鄉土性與原始性，和當時普遍被強迫穿著和服的原住民婦女有所不同。她不僅被空間限住，也被時間凍結。雖然這幅畫的標題是〈沙韻之鐘〉，但這口鐘始終沒有出現，也沒有任何地方描繪了她的模範行為。在這幅印象派的畫作裡，畫家以全然純真和原始的姿態將沙韻再現成一個不具威脅、不具性徵的少女。

如果沙韻的英雄意義被這幅畫作的美學形式給限定了，那麼〈沙韻之鐘〉這首流行歌曲則是用非常接近殖民合成的方式把沙韻的故事給詩意化了。這首歌以日本傳統演歌的形式呈現，歌曲由沙韻在颱風中開始：

激烈的風暴，在山腳下　　嵐ふきて　峰の麓
危險的急流，一座木橋　　流れ　危うき　丸木橋
誰正跨越，是那美麗少女　渡るわ　だれぞ　うるわし乙女
紅色的嘴唇，是沙韻　　赤き　口びる　ああサヨン

第二和第三段描述沙韻在風雨中扛著她「情深款款的」「導師」的行李，以及她「令人悲傷的消失」。這首歌以下面這幾句結束：

這純潔的少女，和她的真誠　　清き乙女の　真心を

誰會記得她的眼淚　　　　　　だれか　涙に　偲ばざる

南方的島嶼，漸深的黃昏　　　南の島の　黃昏ふかし

鐘聲響啊響的，喔——沙韻　　鐘は鳴る鳴る　ああサヨン

　　沙韻神話的一項特徵是透過愛情故事來表現文化和諧與自我奉獻的理想。她對那位日本警官也是她老師那份「不求報酬的愛」，是表現在當他被徵召入伍並可能為國家而死那天，在暴風雨中為他挑行李，然而這份愛從未真正實現。在這篇殖民論述中，與沙韻對警官的愛不可或分的是：她深知國家的使命重於個人的欲望。

　　沙韻的「純潔」、「真誠」以及她對日本男人毫無保留的愛，這種處女和原始的美麗形象是很重要的，有助於讓沙韻擔任兩個社群之間的「調解人」，以及在原住民女性與日本男性之間建構一種不一樣的關係。早期的殖民策略之一，是鼓勵日本警官與原住民女性通婚，通常是重要首領的女兒。可是，這類策略性的婚姻往往以失敗收場，並導致雙方的不滿。事實上，在霧社事件之後，殖民政府十分嚴格地監視並阻撓日本警官與原住民女性的戀愛關係。這類情事一旦曝光，該名警官立刻就會被調離駐地。隨著殖民政府禁止異族通婚，沙韻這種不帶性愛意味以及無法實現的「愛情」，這種偶像化與純潔的展現，為男性殖民者與女性原住民之間提供了一種工具性的關係。這關係不再是男人與女人或丈夫與妻子這種隱藏著不適合

或是離婚可能性的關係；這種關係是以一種導師與學生、權威與從屬之間的柏拉圖情感重新呈現，建立在忠誠與服從的基礎之上。正因如此，沙韻在後霧社時期的殖民論述中必須保持「原始」與「純真」，在此，從屬與奉獻的意識形態取代了越界與同化的工具性。

　　沙韻藉由從屬而達成的調解功能，是1943年「國策」電影《沙韻之鐘》的首要主題。在這部電影的敘述中，原住民女性的歷史現實與殖民者所發明的愛國烈士，為了戰爭動員而共謀造就出沙韻這個完美的魅影。這部電影特別強調了沙韻墜河的天候因素，但是情節中並未出現她為日本軍官扛負過重行李的畫面，這當然是導致她殞命的原因之一。做為殖民帝國體系下的原住民婦女，她的義務重新被定義為支持即將對原住民男性實行的「志願兵」制度，並擔任宣傳媒介。這部電影增加了兩個原住民的角色——賽布羅和莫那（或許是對霧社事件領袖莫那‧魯道的狡猾指涉），兩人都想贏取沙韻的芳心。一天，莫那接到了第一梯徵召「高砂義勇軍」參戰的通知。當所有年輕男人帶著鼓勵與羨慕之情歡呼慶祝時，賽布羅卻深陷失望當中。沙韻勸慰他：「賽布羅，你為什麼這麼沮喪？今天不是高砂義勇軍出發的日子嗎？就算你沒在第一梯次被徵召到，還有第二、第三、第四和第五梯次。你總會接到徵召令的。」沒多久，日本警官也接到了他的徵召令，電影的結局是沙韻在送行的路上不幸溺斃。這種以粗俗且充滿教化的手法把沙韻的死亡悲劇與原住民志願兵的愛國主義串聯在一起，是經過精心設計

的，目的是為了在太平洋戰爭後期戰況最為吃緊的時刻，向人民灌輸效忠日本的觀念。藉由各式各樣的殖民再現，一個平凡原住民婦女的死亡，就這樣提升成愛國少女沙韻的象徵行動。然而，在日本殖民主義對沙韻的再現中隱藏了一個事實，那就是許多原住民志願兵也將追隨沙韻的腳步，踏上一條不歸之路。

　　〈沙韻之鐘〉與〈吳鳳的故事〉有許多明顯的差異。首先，〈吳鳳的故事〉是受到原住民與漢人之間的**衝突**所刺激，〈沙韻之鐘〉的戲劇性則是因原住民與日本人之間的**合作**而強化。在〈沙韻之鐘〉裡，我們看到的不再是文化差異的衝突（像是獵頭與文明），而是自然力量與人類行為、冷酷的暴風雨與堅定的沙韻之間的衝突。其次，雖然這兩個文本都透過主角的死來化解論述中的緊張，但兩者的義涵卻有天壤之別。吳鳳的死是基於他的「捨身取義」：不只漢人因此免除被獵頭的命運，番人也因為放棄原先的野蠻行為而變得更加文明。另一方面，沙韻的死則是限制在「盡忠報國」的敘述當中：她的意外身亡，不論是刻意為之或機運使然，很快就附屬在為日本國無私奉獻這個更偉大的道德之下。〈吳鳳的故事〉產生了好幾種不同的版本和修訂，其中包含了相當程度的曖昧與含混，但〈沙韻之鐘〉卻沒有這樣的曖昧性。她的故事簡單明瞭：她是為國而死。最後，如果〈吳鳳的故事〉主要是為日本人／台灣漢人的讀者而寫，那麼〈沙韻之鐘〉顯然是為了原住民／台灣漢人的觀眾而作。如同我先前指出的，吳鳳的意識形態目的是為了在早期鎮壓原住民的階段激化台灣漢人與原住民之間既存

的對立關係。然而在〈沙韻之鐘〉中，被殖民者之間那些無法化約的差異，已經在日本國的主導之下被同質化了，以便因應太平洋戰爭總動員的需求。這一次，原住民與台灣漢人不再彼此**對抗**，而是彼此**休兵**以便競相展現出他們做為忠誠的帝國子民的最大奉獻。

　　我們不該把這樣的轉變詮釋成一種純粹的演化，只是單純反映出歷史脈絡的改變。我們必須把有關原住民再現的這種轉移理解成後霧社時期的一種意識形態收編策略，當原先那種野蠻與文明的二分法不再有用時，殖民當局就把原住民整合到日本國體當中。此外，這項轉移也掩蓋了台灣漢人與原住民在日本殖民主義下的不平等發展與資源分配不均。因此，在這意義下，「野蠻」與「文明」並非固定的範疇，可以用文化／種族的越界以及個人的認同掙扎來界定殖民的日本人或被殖民的台灣人的本體位置。應該說，它們是一種卓越的殖民操作和殖民想像的一部分，這種操作與想像試圖去控制殖民主義本身的壓迫與暴力，並將之正當化、自然化與崇高化。然而，我們不解的是，霧社事件才不過結束十年，當初的「凶番」為什麼就徹底轉變成「愛國志願兵」。從反殖民抗爭的「番人」變成帝國的「文明」苦役，這種看似難以理解的矛盾，遂成為戰後在書寫霧社事件時的核心議題。[40]

---

40 大田君枝與中川靜子的〈造訪霧社〉（霧社を訪ねて）或許是戰後最早關於霧社的報導。他們1963年的這趟造訪之旅，主要的目的是想透過倖存者的言談重探

從反抗到戰敗：從叛亂者到志願兵

加藤邦彥曾對日本殖民當局偽善的「一視同仁」政策提出勇敢的批判，他在書中闢了一章專門探討那些成為「志願兵」的原住民當初立下的誓約。[41] 加藤邦彥在這批「意料之外的帝國主義遺產」中，老是會看到「原住民志願兵」與霧社事件叛亂者的連結，他認為這真是莫大的歷史諷刺。[42] 加藤邦彥對愛烏移（アウイ）這位原住民特別感興趣，他的父親在霧社事件中死於日本警察手中，而他本人卻加入了第六梯的高砂義勇軍。愛烏移的父親並未參與起義，但卻在日本殖民部隊為霧社事件復仇的行動中遭到殺害，而且還是活活被折磨致死。十三年後，愛烏移成為皇軍的志願兵。加藤邦彥所關心的核心問題是：「我們該如何看待這十多年所發生的變化？」根據訪談，愛烏移在霧社事件隔年上了四年小學。愛烏移說，他在學校中學到了「日本精神」：

霧社事件。雖然他們的受訪者對1930年事件當天的回憶與官方／反官方的論述屬於不同的性質，但是對於事件起因的解釋依然是在「意外事件」與「審慎計畫」、「偶發事故」與「政策失敗」之間擺盪。這篇報告可以確認的是：即便是從原住民的觀點來看，也很難明確指出哪一個單一因素是這起事件的主要原因。大田君枝と中川静子，〈霧社を訪ねて〉，《中国》no. 69（1969）：2-33。

41 加藤邦彥，《一視同仁の果て》（東京：勁草書房，1979）。

42 酒井直樹是這樣定義「意料之外的帝國主義遺產」：「指的是那群被移置或壓迫的人民，包括那些離鄉背井的難民，我們無法理解他們的經驗，只因為帝國主義的操作摧毀了他們先前的所有習慣。」請見 *Translation and Subjectivity: On "Japan" and Cultural Nationalism* (Minneapolis: University of Minesota Press, 1997), 19。

日本的教育都是關於「大和魂」。我要怎麼翻譯這個詞呢？一種精神……我們全都吸入了日本精神，為了贏得最後的勝利，為了贏得最後的五分鐘。我們也記得那些歌曲。男子漢應該以為國犧牲為榮。光榮就是到南洋去丟炸彈，不是嗎？還有，一個人的身體就該像花一樣消散……也就是為國家而死。不管被打或被殺，都要服從命令。這就是日本精神。我們都有日本精神。因為日本統治了我們五十年。[43]

不過，加藤邦彥覺得這個過於直接而工具性的答案不足以解釋愛烏移為何加入志願兵。加藤邦彥沒有提到愛烏移父親的死亡，他請愛烏移繼續說說他願意加入志願兵的理由：

我們志願加入是因為我們都學到了日本精神。我們都是在警察站申請的。不過我記得，當時也有一份〔徵召〕命令。是郡守發給警察站的，要徵召一些男人。於是警察就到部落去找尋合適的男人。「你會去嗎？」「喔，當然。」每個人都這樣回答。只要命令我們去，我們就會去。這就是日本精神。不能說不。表面上是志願，但跟命令沒什麼兩樣。[44]

[43] 加藤邦彥，《一視同仁の果て》，132-3。
[44] 前引書，133-4。

　　雖然愛烏移聲稱，在當時的殖民脈絡下，很難分清楚志願
與服從命令之間的差別，但加藤邦彥還是對這種明顯的矛盾感
到困擾。加藤邦彥最後無法壓抑他的不耐，直接詢問愛烏移他
加入志願兵是否和他父親的死有關：「愛烏移先生，但是你知
道你父親是在霧社事件中被日本人所殺，這樣你還願意為日本
而戰？」愛烏移的反應簡短而平常：「是因為我們學過日本精
神。」愛烏移重複了好幾次「日本精神」這個詞，並強調教育
在這種意識形態的灌輸上扮演了重要角色。在其他人開始加入
對話之際，加藤邦彥問了最後一個問題：「嗯，由我這個日本
人來問這個問題可能有點奇怪，但是請告訴我日本精神到底是
什麼。」對於加藤邦彥這個單刀直入的問題，坐在愛烏移旁邊
的前原住民士兵和他一起回答：「國民精神總動員」、「堅忍
持久」、「為國家捨命」，以及「為天皇捨命」。[45] 加藤邦彥非
常無奈地寫道：

　　這時候，我不得不同意：這是日本統治者唯一教導他們
的事，就這些，沒別的了。對那些位於殖民階級中最底層
的人來說，教他們這些觀念就夠了。不斷把暴力的價值灌
輸給那些無辜的小孩；不斷把帝國的價值捶進他們腦中。
帶著這些難以忍受的想法，我終止了我的訪問。[46]

---

45 前引書，134-5。
46 前引書，135。

在林英代（音譯。原文為林えいたい）那些紀錄了日本在台統治的珍貴攝影中，也對原住民志願兵的矛盾立場表達了類似的保留與不可置信。[47] 林英代在簡短討論過霧社起義以及殖民政府的強力鎮壓之後，確切地指出「透過教育的皇民化」是將原住民轉變成志願兵的主要原因。日本的同化政策「改變了原住民的傳統世界觀，拔除了他們的族群精神，並引進了建立在天皇世系與日本國族之上的新觀念」。林英代雖然強調國家意識形態機器的總動員，但是就像加藤邦彥一樣，他也相當關心那些志願兵是怎麼從霧社事件「向後轉」：

> 霧社事件發生時他們是小學學童。十二年後，為什麼他們會立下血書加入高砂義勇軍呢？他們的父兄遭到屠殺，日本人理應是他們的敵人。這無法單用警察的皇民化教育來解釋。[48]

雖然林英代的受訪者眾口一致地表示：「成為日本軍人是最高的榮譽，為天皇和國家而死是終極的日本精神」，但他們那種意識形態性的回答依然讓他深感困惑。這項由來自前殖民宗主國的反殖民主義者與前殖民地的民族主義原住民所進行的「會談」，似乎比較像是訊問而非對話，這一點和殖民主義最盛

---

47 林えいだい，《写真記録》，書中沒頁碼。
48 前引書。

時期的情況似乎沒有根本的不同。這是因為，說的殘酷一點，雖然已經去殖民化了，但是原住民與日本人之間的基本權力關係依然沒變。因為戰後的日本人同情原住民的遭遇，因此那種非比尋常的民族主義式的「世俗」（mundane）回答——這種陳述在1945年後的日本，就算不會受到禁止至少也會遭到嚴格的反駁——就成為一種迷惑、一種難解，以及一種時代錯置，像是複製了日本自身的魅影：一個不完全一樣但很相像的擬仿他者。諷刺的是，在試圖為「一視同仁」的殖民意識形態除魅的同時，他們對原住民的「愛國主義」深感挫敗的那種反應，實際上卻再製了他們試圖矯正的偽善。

　　加藤邦彥與林英代的不可置信和挫敗感，或許可以詮釋成他們無法逃脫「民族性體制」（regime of nationality）的作用。對他們來說，原住民的認同以及由此而來的差異，和對天皇與日本國的忠誠是不可共量的，特別在霧社事件之後。一方面，這裡有一種殖民母國的欲望，想要在被壓迫者當中以一種反歷史和本質化的方式尋求「抵抗」。被壓迫者，由於他們與壓迫者之間的本體論和存有式關係，絕對是頑抗的和具有潛在顛覆性的。另一方面，忠誠和順服只有在國家與其人民的一對一關係中才能感知與理解。對日本人來說，為民族主義以及帝國主義意識形態犧牲是完全合理的——「為天皇和日本國而死」——但是當被殖民者的原住民也這樣做時，在他們看來，就算不是一種令人痛惡的做法，至少也一種錯亂。這裡所顯示的是一種認同的政治學，雖然原住民事實上在殖民時期「曾經是」

日本人和帝國的子民，但是根據這種政治學，日本人永遠只會從他們的「差異性」去理解他們。我並不是說我們應該按照字面上的意思去接受原住民的回答。他們的陳述當然是經過後殖民主義政治學和一種更新過的內部殖民的中介。值得注意的是，在一些戰後日本人有關原住民的報導中，例如加藤邦彥的例子，這些日本訪問者一開始都被誤認成日本官員，原住民以為他們是從日本來到這個遙遠山區傾聽他們的痛苦並提供賠償。由於日本戰敗以及隨之而來的去殖民化意味著這些原住民志願兵不再是「日本人」，而是新政權之下的「中國人／台灣人」，他們不但拿不到積欠的薪資，也無法從日本政府那裡得到任何補償。今天大部分的原住民仍然生活在貧困當中，這種愛國主義和效忠日本的說法，只是當下用來抗議前殖民者「背叛」的一種策略，以及試圖維持賠償可能性的一種努力。

　　撇開經濟的動機，對於霧社事件之後經過殖民重構與再強化的原住民對日本殖民者所展現的忠誠，我們該感到驚訝嗎？這些志願兵絕大多數是處在殖民階級的最底層，並且喪失了所有的政治和經濟可能性，成為「日本軍人」或許是他們被視為平等行為人的唯一管道。這並非台灣原住民特有的歷史情境；而是被殖民者普遍的生存處境，對此敏米（Albert Memmi）曾有過這樣的生動描述：

　　　　被殖民者的第一項嘗試是藉由改變膚色來改變自己的處境。殖民者就是一個伸手可及的誘人典範。殖民者不會因

他們的弱勢地位受苦，擁有一切權利，享受各種財產，並可以從每一項特權中得到好處。此外，殖民者還是這場比較的另一方，是那個壓榨被殖民者並讓他們處於奴役狀態的人。**被殖民者的最大野心，就是讓自己和那個輝煌的典範不相上下，甚至讓自己完全消失變成他的模樣。**[49]

原住民對日本的擁戴以及堅持與日本「認同」，對今天這個在文化政治學上過度強調「差異」的時代而言，或許像是彈了一個刺耳的和絃。但是對這些一無所有的人而言，存在於野蠻與文明、殖民者與被殖民者、土著與日本人之間的對立關係，只有透過策略性的建構同一性與平等性才能克服。這裡的同一性與平等性本身並不是做為最終的目的，而是做為一種暫時的超越，超越殖民主義加諸在他們身上的異化與打擊。我以碧侯・瓦歷斯這位霧社事件少數倖存者的話，做為本章的總結：

我不是一個有知識的人，但是腦中閃過一個想法，我懷疑日本是不是幾千年前從南洋遷到日本。高砂族部落或許是那些因為思鄉而決定回到南洋卻不小心漂流到台灣島上的日本人。或許當時他們曾帶著美麗的櫻花來到這座島嶼。因為環境不同，那些櫻花就變成了霧社的緋櫻。[50]

---

49 Albert Memmi, *The Colonizer and the Colonized* (Boston: Beacon Press, 1965), 120. 粗體字為筆者所加。

50 碧侯・瓦歷斯，《霧社緋桜の狂い咲き》，78。

第五章

「在濁流中」

《亞細亞的孤兒》中的三重意識與殖民歷史學

這是一種特別的情感，這種雙重意識、這種感覺永遠是透過他者的眼光看著自己，永遠是用那看起來輕蔑可笑的可憐世界的量尺在衡量自己的靈魂。人總是會感受到他的雙重性——一個美國人、一個黑人是這場鬥爭的歷史——渴望能取得自覺的人格，以及渴望將他的雙重自我整合成一個更好、更真實的自我。

——杜波伊斯，《黑人的靈魂》（W. E. B. Du Bois, *The Souls of Black Folk*）

雙重生活是痛苦的。……我必須忍受痛苦，而使日本和台灣的雙重生活兩全並存。對此，忍耐尤關重要。無視於台灣或日本中任一方面的生活，鄙而棄之，那是一個卑怯、沒有良心者的做法。……要走天地之公道，不，要由至道以行、而毫無心智之苦，不可得也。……我要使自己歷盡苦難，非受苦到底不可。我不要怨天尤人。我要只想自己的短處。

——葉盛吉，《雙鄉記》*

　* 日文原書名為《或台湾知識人の悲劇》，楊威理著（東京：岩波書店，1993），中
　　譯本書名《雙鄉記：葉盛吉傳：一台灣知識份子之青春・徬徨・探索・實踐與悲
　　劇》，陳映真譯（台北：人間出版社，1995）。此段譯文出自中譯本，頁60。

　　第一個台灣「本土出生」的總統李登輝在一場與日本知名作家司馬遼太郎的訪問中，承認他在二十歲以前是「日本人」。日本保守主義政治人物石原慎太郎在一本與馬來西亞總理馬哈地合寫的書中，指出他是一名混血兒，父親「看起來像印度人」，母親「看起來像中國人」。[1] 在後殖民的今天，李登輝對被殖民歷史的聲稱與石原慎太郎對多元文化體的篡奪，有一種不對稱的關係——因為李登輝在1945年以前確實**曾經是**（was）日本人，而石原慎太郎的多元文化主義則是（is）在後冷戰時期地緣政治結構的變遷下，受到日本「重回亞洲」的風潮所驅動。不過，這兩種陳述都指向了交融（syncretized）與混雜（intermixed）的認同形構，這已成為今日殖民論述分析和後殖民理論的主流。近來文化理論強調認同的多元性與分歧性，並且透過不同版本的混雜（hybridity）的觀念，凸顯出殖民與後殖民形構的不同面向之間所存在的互補性。這種對不確定性以及多重認同的強調，一方面終結了殖民關係內部任何簡化與固定的二元式區分，在文化研究中，這種二元對立的看法已經標上了文化本質主義和民族沙文主義的污名。另一方面，它也連帶開啟了一種「空白相遇的場域」（empty meeting ground）[2]，

---

1 司馬遼太郎，《台湾紀行》（東京：朝日新聞社，1994），484-502；石原慎太郎與馬哈地，《Noと言えるアジア》（東京：光文社，1994），294。

2 我從 Dean MacCanell 關於後旅遊（post-tourism）的書中借來這個詞彙。MacCanell 用「空白相遇的場域」（empty meeting grounds）一詞來指稱現代晚期的移民、觀光和勞動交流下的一種雙重移動：觀光客移往邊陲以及邊緣人移往中心。請見 Dean MacCanell, *Empty Meeting Grounds: The Tourist Papers* (London & New

讓（前）殖民者與（前）被殖民者可以在此進行一種完全偶然的曖昧互動，進行一場不具衝突與暴力的對話。

在李登輝和石原慎太郎用來發表他們的多重文化歸屬和民族歸屬的方式中，稱得上某種徵候的，或許不是他們所說的**內容**是否真實，而是他們用來提出這些聲明的工具。無法壓抑的衝突感、得到認可的欲望、壓倒性的物化，或是周蕾所說的「被看見性」（to-be-looked-at-ness），[3] 這些在殖民關係中架構出雙重意識的特殊形式以及殖民再現中的主要事件，在李登輝與石原慎太郎的聲言中顯然（或者，也許沒那麼明顯）是缺席的。換句話說，這兩位政治人物並沒有把多元性視為一種混沌的、跳動的以及缺乏組織的構成，而是將他們各自的殖民／後殖民認同當成可共量的、穩定的以及固定的總合加以召喚。就這點而言，不管這種認同是日本人、台灣人、中國人或印度人，都被想像成一條等值的鎖鏈中的預構單位，存在於文化與歷史的真空當中。更重要的是，這些個別化認同是被明確地而非相對性地視為與眾不同的實體，並不是經由不斷重複的差異發聲過程而創造出來的互連結構或系統。這種「個體主義的邏輯」藉由推翻認同與文化之間那種令人不快且往往引發爭議的翻譯經驗——總是由權力的擁有和剝奪作中介——來否定歷史。[4]

York: Routledge, 1992)。

[3] Rey Chow (周蕾), *Primitive Passions: Visuality, Sexuality, Ethnography, and Contemporary Chinese Cinema* (New York: Columbia University Press, 1995), 179.

[4] Joan Scotter, "Multiculturalism and the Politics of Identity," *October* no. 61 (1991), 17.

　　我們顯然應該留意保守的政治人物所利用的一般語言與當代文化評論所採用的批評性詞彙之間的相似性（這個問題只會凸顯出在晚期資本主義之下，「批判」與「商業」論述之間的模糊）。在此，我感興趣的是重構下面這兩個關鍵性的殖民／後殖民研究課題：認同與歷史性。在這一章，我將對《亞細亞的孤兒》進行文本化的閱讀，並藉此證明：在概念化殖民暴力時，意識（consciousness）重構比起認同政治是一種更具歷史性也更具批判性的另類選擇。[5]《亞細亞的孤兒》就和大多數殖民晚期與「皇民化」時期的文學作品一樣，也展現出這樣的特徵：亦即將政治的不可能性潛化成個人式的認同鬥爭。我認為，撇開這種必然的內在化，這部小說打開了一張更大的畫布，細細描繪出日本、中國和台灣三方在整個日本殖民時期那種無法化約的殖民─民族─在地（colonial-national-local）三角關係。《亞細亞的孤兒》像是台灣在殖民統治的強化以及中國民族主義的幻滅之下逐漸「成形」的一則寓言。《亞細亞的孤兒》也象徵了這樣一個歷史時刻：逐漸吃緊的太平洋戰爭排除了日本殖民主義進行任何革命與改革的可能，而中國和中國民族主義也不再能為台灣解放提供一條清晰而可行的出路。我要強調的是，這個「突然出現」的台灣，並沒有任何穩定或是完

---

[5] 我完全理解近來有關認同問題之討論的複雜性。我的意思並不是說，認同這個概念應該被或可以被意識這個概念所取代。不過，我的確有興趣用意識這個觀念來反讀認同這個概念。這裡的意識不應被普遍化地視為一種主體形構的象徵，而是視為一種歷史的機遇過程，可藉此理解一個人如何「存在於世」。

全成形的「身分」。我們必須同時從它與「殘存的」中國文化
主義以及「支配的」日本殖民主義的關係去理解它、接合它
──這個衝突矛盾且無法化約的三重意識，具現了殖民地台灣
的認同形構。

孤兒化：被遺棄的意識形態

　　吳濁流的《亞細亞的孤兒》是台灣殖民地時期最著名的文
學作品之一。[6] 這本完成於1943到1945年間的小說，描寫了一
位殖民地子民的旅程，他從殖民地台灣前往日本帝國又轉到飽
受戰火摧殘的中國。這部小說幾乎橫跨了日本統治台灣那五十
年，內容是關於歷史、運動、地方以及殖民處境無法消解的矛
盾，這些力量不斷驅使著主角去（再）探尋更好的生活與不受
束縛的確定性。更重要的是，這個文本描述了這樣一則寓言：
在殖民與民族主義再現的體制下，想要找到一個固定而自主的
認同，既是不可避免也是無法實現的。這段流離的旅程最後以
主角返回台灣並在台灣發瘋告終。

　　比起它的宣洩性內容，《亞細亞的孤兒》的產生脈絡或許
更受人尊敬與讚美，它被視為是抵抗日本殖民主義的文化實
踐，在同類中獨一無二。在殖民當局為了配合日本戰爭需要而
採取諸如動員警察、檢查言論以及皇民化等日漸嚴厲的壓迫行

---

6 吳濁流，《アジアの孤児》（東京：一二三書房，1956）。

為之際，書寫行動本身已成為一種生死抉擇。除了「協力派」的皇民作家之外，大多數的寫作者不是乾脆封筆，就是被迫寫一些順應殖民政策鼓吹戰爭努力的作品。吳濁流就是在這種日漸嚴苛的政治化與軍事化背景下，明知沒有任何立刻出版的機會，卻仍祕密地完成他的小說。吳濁流在1956年版的前言中，回想起他當時在那種緊張危險的環境下書寫《亞細亞的孤兒》的經驗：

> 可是，筆者對那個恐怖，卻被心裡急著要完成這篇小說的衝動所壓倒。當時筆者所住的房子，前面是台北警察署的官舍，一連排著十數間，其中也有熟悉的特高兩三人。………可是，諺云：「燈臺下照不到亮光」，出奇不意，反而安全，這樣想著就沒有遷居了。但也不能不防其萬一，於是寫好就藏在廚房的炭籠下面，有了一些數目就疏開到鄉下的故鄉去。
>
> 而今回想起來，好像有點兒傻得可笑。可是在那時代，實在也不得不這樣，如果被發現到的話，不問事屬好壞，馬上被認為是叛逆或是反戰者來論罪，命必休也。[7]*

在殖民當局的嚴格警戒下，被冠以「叛逆」與「反戰者」

---

7 前引書，2-3。

* 以下譯文皆摘自草根出版社1995年傅恩榮譯本。

的標籤，等於是被控訴為「非國民」，一項不只是反對日本國族、也是反對整個日本帝國體系的重罪。在這個意義下，文化生產必然日益受到殖民主義的物質條件所緊束與限制，不再是一種反身決定論（reflective determinism），而是一個無法徹底免除越界可能性的爭論場域。決定在緊急動員的情勢下從事批判性的書寫，不再是意符與不確定的偶然性沒完沒了的交互影響，而是一種政治獻身，一種充滿危機風險的創造與解放欲望。幾乎所有關於台灣殖民文學的選集和書寫，都曾談到吳濁流在撰寫《亞細亞的孤兒》時的經驗並加以推崇，認為那是抵抗日本殖民主義的終極行動與象徵。

　　吳濁流因為是冒著生命危險完成這部小說，因此他的書寫名正言順成為「抵抗文學」。然而，這部作品之所以可以持續訴諸於這個稱之為「台灣」的論述空間並深受喜愛認同，主要是因為這部小說的標題，特別是對「孤兒」的指涉。《亞細亞的孤兒》並不是這本小說的第一個或最後一個書名。雖然更換書名的動機並不清楚，但《亞細亞的孤兒》在1946年第一次出版時，是以主角的名字《胡太明》*做為書名。1956年的版本換成了《亞細亞的孤兒》，到了1957年又改成《扭曲的島嶼》。我想要指出，這本小說的書名從《胡太明》變成《亞細亞的孤兒》又變成《扭曲的島嶼》，並不只是意味著從中國中心的展

---

* 譯註：1946年這本書第一次出版時是以主角名字「胡志明」為書名。在1962年的版本中，吳指出為了避免同名的困擾而改成《胡太明》。但在1973年版的《亞細亞的孤兒》的序言中，吳濁流於回顧時又指出第一版的書名是《胡太明》。

望逐漸轉向台灣意識的訴求。主角的名字「太明」，同時也暗指明朝，也就是滿洲人統治之前的最後一個漢族王朝。吳濁流在其他地方曾經寫道，台灣人所認同的「中國」不是清朝，而是漢族的明朝。[8]而《扭曲的島嶼》這個書名顯然是把強調重點從中國轉移到台灣。然而，這同一部作品的不同書名顯示出多重詮釋的可能性，指向中國大陸與台灣島嶼之間的曖昧關係。儘管有過這些不同的書名，但《亞細亞的孤兒》這個標題始終是最普遍也最受歡迎的，特別是在1962年中文版出版之後。

孤兒的概念，被遺棄、沒有歸屬的概念，已成為思考和定義台灣現代史的強力隱喻。孤兒和離散（diasporas）一詞一樣，後者包含了物理上的分隔和地理上的錯位，但是在文化或說心理上仍與祖國（homeland）保持歸屬，而孤兒也是無家可歸的。然而嚴格的孤兒一詞所引發的，是那不再照顧他們的、看不見的父母的缺席存在，孤兒對父母的欲望通常是直接的，是反覆沉浸在失落與孤獨這兩種感覺之中卻又不斷厭棄這種感覺的結果，是兩者的衝突而非調和。這種既憤怒又哀傷的衝突感，塑造了台灣的集體心理形構，並讓台灣人將他們的「民族」史頌揚成一部背叛與遺棄的歷史。台灣人反覆用「割讓」一詞來描述中國在甲午戰爭後把台灣讓予日本。日本殖民主義之下的台灣現代史，就在這樣的切離整體與驅離大陸下正式展開。台灣與孤兒之間的類比，在美國總統尼克森展開歷史性的共產

---

8 吳濁流，《無花果》（台北：草根出版社，1995），3。

中國之旅並因應冷戰政治的需求逼迫台灣退出聯合國之後，又得到進一步強化。孤兒台灣不僅是被隔離在亞洲（特別是中國）之外，還被隔離在更大的全球社會之外。如果說如同柄谷行人所指出的，「兒童」是一種現代「新發現」，是在資本主義對勞動與遊戲進行重組的脈絡下產生的，那麼對孤兒台灣的認同也是一種現代新發現，其脈絡是在父祖之國與殖民地之間所畫下的殖民界線。[9] 因此，這種被遺棄的意識形態創造了大陸與島嶼之間的分隔，諷刺的是，同樣的分隔卻也保證了台灣與中國之間那種模糊矛盾的關係可以繼續維持。[10]

然而，孤兒並不僅僅是用來敘述台灣現代性的錯置與苦痛的描述性詞彙，它同時也是當代台灣文化與政治辯論中一個高度爭議的概念。《亞細亞的孤兒》描繪了台灣與大陸之間那種模稜曖昧的關係，而這種曖昧模稜正好很適合統獨兩派各自用來鼓吹統一與獨立。統派立場的代表是陳映真。在他對《亞細亞的孤兒》的分析結論中，他指出對「我們第二代生長於台灣省的中國人」而言，這部小說的歷史教訓就是要「克服孤兒意識」。[11] 如同陳映真大部分支持統一的作品一樣，他是從台灣

9　Karatani Kōjin（柄谷行人），*Origins of Modern Japanese Literature*（Durham, NC: Duke University Press, 1993), esp. chap. 5, "The Discovery of the Child".

10　關於孤兒在當代日本與其帝國主義歷史之間的意識形態功能，請見村井紀，〈孤児「アイヌ」「滅亡」「常民」ほか〉，收錄於《南島イデオロギーの発生——柳田国男と植民地主義》（東京：太田出版，1995）。

11　陳映真，〈試評《亞細亞的孤兒》〉，《台灣文藝》（1976）：245-56。

屬於中國的一部分這個前提提出論證。如果說中國現代史是一部外國帝國主義入侵以及中國人民抵抗的歷史，那麼台灣的歷史就是最具代表性的中國被壓迫史與抵抗史。他寫道：

> 前行一代的台灣文學家，曾毫不猶豫地、英勇地反映了殖民地人民反抗帝國主義的悲壯主題……用利筆做刀劍，和日本壓迫者做面對面的戰鬥。也因為這樣，先行一代的台灣文學，便與中國文學合流，成為近代中國文學中一個光榮而英雄的傳統。[12]

只有揭除「孤兒意識」並將台灣當成支流（就當時來說，至少在象徵上）匯入中國現代性這條主幹，才能讓台灣的歷史，包括殖民史，得到準確研究與適當傳承。對陳映真來說，吳濁流的重要性不在於他刻劃了台灣殖民地的特殊經驗，而在於他「記錄**中華民族**抵抗帝國主義的精神和心靈的歷程」。[13]

陳映真在他大部分作品所呈現的中國中心主義，和國民黨政府或共產黨政府的鼓吹統一的官方修辭不同，他的論調比較接近反帝國主義、反資本主義的第三世界民族主義。然而，陳映真基於他對大中國的愛慕而輕率忽略掉吳濁流在小說中清楚呈現的主旨：**在民族主義匯流的時刻，不可能存在水乳交融的**

---

[12] 前引文，255。
[13] 前引文，256。粗體為筆者所加。

接合。在小說中，主角胡太明兩次提到因為他來自殖民地台灣
而被別人說成「不純正」，第一次是剛到中國時，第二次是他
被當成日本間諜遭到拘禁之後逃脫中國時。把太明帶到中國的
「曾」反覆告誡太明，做為一個從台灣來的人：

> 我們無論到什麼地方，別人都不會信任我們。……命中
> 注定我們是畸形兒，我們自身並沒有什麼罪惡，卻要遭受
> 這種待遇是很不公平。可是還有什麼辦法？我們必須用實
> 際行動來證明自己不是天生的庶子，我們為中國建設犧牲
> 的熱情，並不落人之後啊！[14]

雖然「曾」懷有崇高的目標，願意將個人當前的苦境置於
「為中國建設」這項更偉大的義行之下，但是胡太明仍然被中
國當局指控為間諜並遭到逮捕。經過短暫的監禁，太明在他從
前教過的一位學生的幫助下，從南京逃往上海。諷刺的是，太
明之所以能登上開往上海的船隻，竟是因為他堅稱自己是日本
國民。在蜂擁的民族主義以及高漲的反日運動當中，上海這個
殖民城市的縮影，便成了兩股歷史力量（民族主義與帝國主義）
的碰撞之地。「李」是幫助太明脫逃的那位學生的姊夫，一個
中國人，他挖苦地對著太明說：

14《アジアの孤児》，130-1。

　　　歷史的動力會把所有的一切捲入它的漩渦中。你一個人
　袖手旁觀恐怕很無聊吧？我很同情你，對於歷史的動向，
　任何一方面你都無以為力，縱使你抱著某種信念，願意為
　某方面盡點力量，但是別人不一定會信任你，甚至會懷疑
　你是間諜。這樣看起來，你真是一個孤兒。[15]

　　在這兩個例子中，台灣或台灣人不只被指為孤兒，更被指
為「畸形兒」。這裡的言外之意是，經過日本殖民統治之後，
台灣人已經不再是「真正」或「未受污染」的中國人，而是被
污衊和譴責成不值得信任之人。

　　《亞細亞的孤兒》似乎是要告訴我們：正是因為日本的殖
民主義，台灣人想要回歸到原初中國本質並與之統一的欲望，
即使不是完全不可能，機會也不太大。然而，《亞細亞的孤兒》
與中國和台灣這兩種認同和歸屬的關係是極為曖昧矛盾的。雖
然胡太明在了解到他那無法調合卻又無法化約的三重性之後，
唯一的出路是發瘋，但吳濁流卻曖昧地暗示了一種政治行動的
可能性與或然性。這部小說是以一則未經證實的謠傳作結，謠
傳中提到有人目睹胡太明到昆明鼓吹對日抗戰。雖然這個文本
似乎顯示台灣認同是純正的中國認同的「畸形」變異，但我們
不該認為這樣的類比在歷史上是真確的、在政治上是得當的。
換句話說，正如我在第二章所指出的，在思索日本在台灣的殖

---

15 前引書，192-3。以下該書的引文頁數將直接附於引文之後。

民現代性時，台灣與中國的關係是極為重要的。在整個日本殖民統治時期，中國在殖民知識分子的意識中一直是個巨大的隱約形象，建構並限制了好幾種矛盾的視野。然而，儘管傳統主義者和文化主義者很樂意相信台灣認同是某種統一凝聚的中國認同的畸形衍生品，但是這種假設首先就忽略了民族性、族群性、本質性和文化的統整性這些概念，其實是典型的**現代**產物。對非西方人來說，民族與文化認同都是在西方帝國主義與殖民統治的革命性轉變中結晶而成的，是它們逼迫出全新的認同類型與模式。其次，「中國性」這個詞的定義本身，正因為是一種抽象性的存在，所以不僅可以相對於其他諸如「英國人」或「日本人」這樣的民族或文化認同，也可以由其內部的差異性補充，例如少數族群或是割讓的領土。在我們的討論脈絡中，真正關鍵的問題不是一種純正有機的中國認同如何在台灣被日本殖民主義所「扭曲」或「削減」，而是這樣的問題：日本的殖民現代性如何影響了殖民地子民的差異化與認同過程，以及這些奇思與想像如何在被殖民者的生活經驗中變成「真實」。[16]

　　陳映真呼籲我們為了中國這個大家庭而克服自身的孤兒心態，台灣當代作家宋澤萊對此甚表反對，他主張孤兒這個觀念

---

[16]「台灣人」這個概念是殖民的產物。在清代，「台灣人」一詞是用來指涉台南南部的一小群漢人。要到1920年代，「台灣人」一詞才開始成為包羅整個島嶼的整體性概念。請見陳芳明，《台灣人的歷史與意識》（台北：敦理出版社，1988）。

必須放在台灣「自我形象」成熟過程中的某個特殊階段。宋澤萊寫道：

> 這本《亞細亞的孤兒》可謂把整個大東亞的動亂做了概括的描繪，以日本人及中國人來凸顯台灣人的圖像。……在整個大東亞──台灣、日本、中國──的流浪過程中，他時時刻刻受到侮辱及誤解，生存變成困境，最後走進瘋狂乃是必然。這是何等悲慘的一個台灣人圖像。但它卻是**台灣人為自己真誠描下的第一個圖像**，儘管悲哀，卻給了台灣這個群體人一個很清楚的自我樣張，使台灣人反省了他的本質──孤兒，如同一面鏡子，讓台灣人第一次在鏡中照見了自己，這本小說的影響力是重大的。[17]

陳映真與宋澤萊的差異是巨大的。對陳映真來說，「孤兒心態」是將台灣認同引導到大中國認同的障礙。相反的，對宋澤萊而言，孤兒意味著台灣性的本質，這個符號透過拒絕與遺棄的感覺將自身從民族（中國）和殖民（日本）的再現中切割開來。如同宋澤萊的書名《台灣人的自我追尋》所顯示的，他的目標和陳映真不同，他想要的不是恢復，而是嘗試為台灣建構並界定一種自主與自決。如果把日本殖民統治與國民黨背叛

---

17 宋澤萊，《台灣人的自我追尋》（台北：前衛出版社，1988），18-9。粗體為筆者所加。

人民的統治所施加的政治壓制與歷史消音考量進去，那些像宋澤萊一樣的人士在智識上以及政治上所設定的議程是值得欽佩並可以理解的。然而，執著於追尋及發現一種包含整個島嶼的一致性認同，這種做法和陳映真的「中國性」一樣是有問題的。首先，如果「台灣性」（Taiwaneseness）是建立在流離、不愉快的孤兒性上，又如果受害者的邏輯構成了唯一的行動手段，那麼其政治活動將永遠禁錮在反對霸權的範圍之內。受迫害的經歷成為政治正當性的唯一根據。這種「弱勢」的地位很容易就會變成狹隘的本土主義，隨意將由歷史導致的混合、斷裂和碎片這類殖民社會的標記一筆掃除。如同我們在吳濁流作品中所看到的，一種無法化約的混雜性深深銘刻在他的文本性中。雖然這部小說大部分是以日文寫成，但仍點綴了一些古典漢詩和台灣方語，因此只有當所有的語言及文化使用場域同時發生作用時，我們才能抓住其整體意義。

　　第二，如果宋澤萊的台灣人自我包含了一種單一性及排他性，那麼原住民這個本身就包含多樣性的團體，要如何放進這幅圖像當中？有資格可以宣稱自己是「受害者」這樣的權力，難道不是隱藏了下面這個事實：那些依然沉默而無法命名的底層之人，正因為遠離權力的所在地，所以仍持續受到壓制？

殖民研究、文學以及殖民罪行的誘惑

　　在進一步討論《亞細亞的孤兒》之前，我想談論一下台灣

的邊緣化，不僅是地緣政治上的邊緣化，還包括學術生產上的邊緣化。這個討論的重要性在於，它可強化我在第一章所提出的論點：雖然學界對殖民論述以及後殖民理論的興趣如此強烈，但是殖民地台灣在日本內外所得到的關注卻那麼稀少。這同時也凸顯出台灣殖民文學在 1986 年解嚴之後才成為正當學術研究領域的近期性或遲來性。我同時要質疑近來有關台灣殖民文學的一些研究，並指出他們的分析依然沉陷在認同政治的牢籠當中，雖然他們的立意良善，但這樣的認同政治是無法理解到認同掙扎其實是一種歷史導致的殖民處境。在這一章的剩餘部分我將提出，雖然《亞細亞的孤兒》明顯將政治內化成個人現象，但這部小說依然為處於日本殖民主義和中國民族主義之下的台灣提供了一種超越狹義的「認同掙扎」的歷史觀點。

日本近來試圖處理殖民問題的學術作品有增加的趨勢。這些研究從內部殖民地（沖繩和北海道）延伸到海外殖民地（台灣、韓國、滿洲、東南亞等等），將「帝國主義」以及「殖民主義」提升成正當的學院研究對象。然而，儘管日本對其自身殖民史的興趣日漸增加，但這並不意味著日本與其帝國主義的遺產經過幾十年的掙扎之後，終於學到了某種殖民意識。相反的，如同我在第一章指出的，日本的去殖民化以及臣屬於美國的帝國主義，不僅使日本免除了與帝國瓦解相關的任何責任，同時也將其智識論述內在化了。對於台灣文學的研究正是凸顯這個問題的一個案例。在戰後的日本學院圈，直到 1970 年代，台灣文學和文化生產的研究一直附屬在中國研究的陰影之下，

從來沒得到「嚴肅」的關注。[18] 台灣文學研究的興起，主要並非因為台灣可做為一種「殖民」或「後殖民」的軌跡，藉此對日本帝國主義提出詰問，而是因為中國研究在1970年代出現停滯的趨勢。根據山田敬三的看法，在文學研究的領域：

> 戰後日本人三十多年來都注意大陸文學的動向，壓根兒都不知道台灣從1920年代一直到現代有一脈相承的台灣文學存在。這幾年來日本學者發現大陸文學變化甚少，沒什麼值得研究的，倒是台灣文學猶如豐饒的土地，作品甚多，文學歷史上的變遷波瀾壯闊，值得費心去研究。[19]

山田敬三同時提到，中國大陸學者對台灣文學所萌生的好奇與關注，是日本對台灣學術感到興趣的另一個動機。台灣研究的邊緣化，**甚至是從它開始浮現成一個正當的主題那一刻就開始了**。對台灣產生興趣只是因為對中國的興趣降低了；台灣之所以能進入日本文學研究的主流，只因為它是中國文學短暫蕭條時期的「替代品」。山田敬三這種社會學式的解釋或許只有部分正確。知識生產並非只根據學院中人的欲望指導或推進；我們不該忽略台灣從1980年代早期開始的經濟成長與政治自由化，已經讓台灣躍升為就算不是不可或缺、至少也是相當

---

[18] 台灣近代史研究會成立於1970年。它的第一本期刊發行於1978年。台灣文學研究會在1981年9月成立。

[19] 引自許俊雅，《日據時期台灣小說研究》（台北：文史哲出版社，1995），32。

重要的研究領域。

　　關於現今殖民研究在日本的歷史性與脈絡這個重要課題，我將留待後面討論，在此我想快速檢視一下近年來幾位日本學者對殖民時期的台灣與台灣文學的討論。川村湊在〈華麗島的鏡子：日本現代文學與台灣〉一文中，以一個廣泛但粗略的方式討論了台灣在日本文學中的出現以及文學在台灣殖民地時期的出現。[20] 川村湊可說是當今討論日本帝國時期文學生產的作者中，產量最多的一位。他的生產力可歸諸於他驚人的能力，可以從日本及其殖民地收集到大量且有時不為人知的相關作品，並加以綜合。雖然川村湊大部分的作品都相當有創意並提供了許多資訊，但往往也是片段而倉卒的，很少脈絡化的研究。川村湊通常只用文學文本來編織他的敘述，幾乎從不曾把文化生產與帝國主義歷史的複雜物質因素之間那種剪不斷理還亂的糾結關係考慮進去。在這方面，川村湊的文本實踐與近來在帝國研究上的文化轉向不謀而合，這種轉向不僅發生在日本，也見之於歐美。這種只強調殖民主義的文化、把它當成決定殖民主義所有活動之力量的研究，已經發展到如同史普林克（Michael Sprinker）所說的程度：「研究者探究有關征服、殖民以及商業霸權的文本實踐，彷彿這些事件完全是從小說家、散文家甚至殖民行政官員的腦袋中湧出似的。」[21]

---

20 川村湊，《アジアという鏡：極東の近代》（東京：新潮社，1989），91-122。

21 Michael Sprinker, "Introduction," in *Late Imperial Culture*, ed. E. Ann Kaplan, Michael Sprinker, and Roman de la Campa (London: Verso, 1995), 7.

　　川村湊有關台灣的作品也顯現上面提到的某些缺點。川村
湊的研究範圍相當廣泛。從野上彌生子與大鹿卓對原住民「野
蠻人」的不同刻劃與詮釋，到日影丈吉與佐藤春夫對熱帶異國
情調與神祕的幻想。接著又從吳濁流在《亞細亞的孤兒》中那
種被遺棄的苦悶，預言到丸谷才一虛擬的台灣共和國的暗示性
故事。透過這些「快照」，川村湊在母國日本與殖民地台灣之
間，描畫了一種就算稱不上沒條理、至少也是沒有規律可循的
殖民關係。川村湊的作品似乎要提倡那種支離破碎的、隨機的
殖民分析，拒絕以任何結構的或歷史化的方式正視殖民主義下
的文化生產。在他那種明顯的文本性中，殖民主義被表現成一
種模糊而完全隨機的建構，可由唯美主義、象徵主義和語言遊
戲的意志與奇想任意發明與再發明。歷史因而遭到否認。諷刺
的是，川村湊對文學文本的關注竟然忽略了文本性中最關鍵的
一項要素：語言。在他對諸如吳濁流與邱永漢這類台灣作家的
討論中，他不曾試圖從理論化或歷史化的角度來分析這些作家
所使用的「日」語，更別提這些殖民文本書寫時的社會政治脈
絡。

　　相對於川村湊的形式主義，松永正義則試圖整理台灣文學
的社會歷史發展。在〈台灣的文學活動〉一文中，松永正義探
尋：「在日本殖民統治的五十年間存在著什麼樣的文學？這個
文學和中國文學以及日本文學之間存在著什麼樣的關係？還
有，台灣文學對日本文學和中國大陸文學的義涵是什麼？」[22]
他的初步總結是，日本殖民時期的台灣文學是「在日本與中國

文學的平行與混合發展中萌芽」。松永正義將文學視為一種有機
的形構，其組織核心為「根植於特定社會氛圍的作者」以及與
他們相對應的讀者這整個機制。讓我們暫時將這個問題重重的
文學定義放在一邊。松永正義相當正確地指出，所謂的台灣文
學是出現於它開始在日本統治下的這個島嶼邊界內對自身進行
概念化的時刻，大約是1930年代。這篇文章的其他部分繼續沿
著中國文學、台灣文學與日本文學這三條軸線描繪台灣的文學
發展。松永正義不像川村湊一樣將殖民文本做共時性（synchronic）
的並置，而是敘述一則在殖民地台灣貫時性（diachronic）展開
的文學史，雖然是混雜與異體受精的文學史。諷刺的是，在松
永正義的討論中，這個乍看之下像是將台灣放在殖民主義過程
中加以歷史化的、值得嘉許的努力，最後卻是以將「主流」文
學（中國和日本文學）去歷史化做結束——在松永正義的討論
中，台灣文學的輪廓與形構就算不是孕生自日本文學與中國文
學，至少也深受其影響。

　　松永正義將台灣文學的開端時刻放置在殖民主義的歷史特
殊性中，或許是因為這項事實太過「明顯」，但他卻無法將類
似的建構性與歷史性套用在日本文學或中國文學之上。我們可
以在某個特定年代——如果不說是某些單一和發展性的事件
——當中將台灣文學「形象化」和「分期化」（periodize），然

---

22 松永正義，〈台湾の文学活動〉，收錄於《近代日本と殖民地》（東京：岩波書
　店，1993），7：211-30。

而中國與日本文學，或許正是由於它們壓倒性的存在與影響，卻依然是有機而不證自明的。在他強烈要求給予殖民「他者」——做為那兩個模糊的殖民與民族「自我」的副產品——某些自主性與正當性的主張中，日本與中國的中心地位仍然屹立不搖，不曾受到嚴格的歷史化程序的損傷。簡言之，中國與日本就算不是被自然化，至少也是被物化了。正是在這個將台灣文學鑴刻進日本殖民主義與中國民族主義的時刻，基於「民族性」和「文化」即使不是一種發明也是一種建構的前提，我們必須詰問**所有文學**——不論是中國的或日本的——與殖民現代性之間的**可能性條件**。雖然松永正義的立意是良善的，但他這種單純將台灣文學的殖民地位歷史化的做法，卻在無意間鞏固了中國與日本「強勢」的文學發展並賦予其正當性。松永正義在結論中敦促日本學者將台灣視為有別於中國的「獨立主體」，以此做為第一步，矯正台灣長期的邊緣化。弔詭的是，正是因為這種「弱勢」的地位，讓松永正義將台灣文學視為一種衍生論述，癱瘓了底層政治的可能性。對支配者缺乏批判性的評價或反思，邊緣者永遠只能從其邊緣性接近：他者無法不成為他者。對我而言，重要的並不是以「被壓迫的他者」的專利邊緣性去擁護它，而是去正視最初讓他者化成為可能的那種介於自我與他者之間的構成關係。因此我們該做的不是去了解台灣文學的特殊性與邊緣性，而是去理解殖民意識——這種意識讓殖民與被殖民雙方雖然處於高度不對稱的權力關係，卻都深深糾纏在文化、民族性與認同的建構與解構之中。

　　在殖民的自我反思或我所稱的「殖民罪惡的作用」——在殖民主義遭到拒絕的同時，它仍弔詭地將殖民暴力加諸在被殖民者身上——中，有一個類似的問題意識可以在垂水千惠的《台灣的日本語文學》中觀察到。[23] 從這本書的書名就可看出垂水千惠不同於松永正義，她的目的並非建構一部台灣文學史，而是去質疑狹隘的「日本文學」這個範疇。對垂水千惠來說，被殖民者——其他的「日本人」——的出現嚴重顛覆了先前對於「日本」與「日本人」這兩個概念的常識與本體論認知。簡單說，對他者的凝視必定會反照出自身。那些透過「皇民化」及其語言政策而變成「日本人」的台灣作家，有潛力可以「解構」之前被視為理所當然的「日本」這個觀念，並讓它「去脈絡化」。她寫道：「了解他們〔「皇民化」政策下的作家〕如何看日本，如何努力咀嚼他們所看到的一切，對我們〔指日本人〕也是很有意義的事。因為從他們身上，我們可以看見，我們認為太理所當然而絕對看不見的『日本』形象。」[24]*一方面，垂水千惠藉由將帝國之眼導回到殖民者自身，因而避免了松永正義無意間所展現的家父主義。但另一方面，由於垂水千惠的終極關懷是**透過**那些「被變成」日本人的人來質疑「日本」與「日本性」，因此她無法免除古典人類學的局限，這種「交換」的造福對象只是進行自我反思與觀察他者的民族學家，而

---

23 垂水千惠，《台湾の日本語文学》（東京：五柳書院，1995）。

24 前引書，9-10。

＊ 該書中譯摘自涂翠花譯，《台灣的日本語文學》（台北：前衛出版社，1998）。

非當地土著。從這角度來看，那些被迫用日語寫作、被迫認同
日本的台灣作家，不過是做為自我貶抑和深感內疚的前殖民者
的載具或扭曲之鏡。充其量，被殖民者的功能只是一種補充，
只能提供一種扭曲的、有瑕疵的殖民者自我形象，而無法激進
地摧毀或改變這個形象。在一種旋繞的種族中心主義中，後殖
民批評家無法想像，正是因為日本殖民主義的作用，被殖民者
進入認同形構的通道永遠已經是「日本化的」。

　　垂水千惠的問題之一，正是她用來批評日本殖民主義的那
個範疇本身：「日本語文學」這個觀念。這裡的「日本語文學」
並不像英語文學或法語文學，是用來指稱前殖民地用帝國語言
所從事的書寫，而是意圖去顛覆「日本文學」這個不證自明的
觀念。藉著在「日本」和「文學」之間插入語這個字，她扯裂
掉「日本文學」的「自然化」連結，從而開啟了一個空間，可
以質問那種逼迫被殖民者以殖民者語言進行書寫的殖民暴力。
對垂水千惠來說，做為一種殖民主義文化技術工具的日本語，
剝奪了被殖民者承襲而來的「母」語或「國」語。她寫道：
「日據時代，台灣人在政治上被規定為『日本人』。但是，他們
的母語不是日本語，支配日常生活的也不是日本文化。他們必
須刻意去學日本語和日本文化……不過，現在我有興趣的，並
不是批判這種不合理。而是了解他們如何在不合理之中掙扎，
又如何和這種不合理妥協。」[25] 在這裡我要點出的是，一種在

---

25 前引書，11-12。

殖民語言的脈絡中，或說得更精確點，一種在殖民語言「聲稱」的脈絡中，堅持殖民自我／他者的被殖民認同或族群化認同的論述建構。我要質疑的是，後殖民批評家（諸如垂水千惠）「聲稱」日語是一種殖民語言的那種輕鬆愉快的做法。

　　簡單扼要地說，我在垂水千惠單從被殖民者的立場（他們如何掙扎與妥協）來架構語言殖民主義的做法中看到兩個問題。首先，把焦點聚集在被殖民者與殖民語言的中介關係這個困境之上，等於是把殖民語言的問題簡化成被殖民者單方面的問題，這樣做就算不是替殖民者除罪，至少也讓他們脫離了藉由語言暴力所中介的那種相互依賴與對立的殖民關係。其次，她把語言的抵抗或共謀這項重擔直接放在被殖民者身上，讓某些人認為他們有權聲稱某種語言專屬於他們這樣的觀念得到進一步強化：殖民者永遠「精通」他們的語言，而被殖民者則「永遠不精通」。換句話說，這種類型的分析無法符應下面這個事實：殖民語言自身既非恆定不變，也不只是殖民地變種語言或低劣模仿語言的原型。在我們強調台灣人在挪用日語或屈從於日語時所面臨的困境的同時，卻也無意識地滑入將殖民語言自身自然化的陷阱。當帝國語言被強加到被殖民者身上，帝國語言自身也會不斷經歷變遷與殊異。垂水千惠因為忽略了殖民語言的活動力與歷史性（借用威廉斯〔Raymond Williams〕的話），以及這種語言甚至對母國的日語使用者都難以接近的特性，於是她那看似反殖民的立場最後卻反而讓民族主義／帝國主義的論述變得更具體化。[26]

從認同掙扎到殖民意識

　　到目前為止，我已經初步描繪了藉由孤兒隱喻的台灣論述建構以及企圖從智識層面將台灣放置在日本殖民論述中的想望所可能導致的問題和陷阱。我的意圖不只是想要透過寄生式的否定性批評來「解構」不同的論點，也不是想利用日本、台灣與中國之間那種細微而衝突的殖民三角關係來免除我自己的智識和政治立場。我感興趣的是將這些討論視為一個更大的問題意識的序曲，這個問題意識是關於「認同」藉由哪些方式在殖民和後殖民研究的理論化過程中變成一項具有發展性的主題。前文所提到的所有作者和批評家，在不同的程度上，都明顯地或潛在地反覆議論「認同」這個問題，特別是認同形構上的**衝突與混亂**，即便主題是「台灣」這個文化與族群範疇或是「台灣文學」這個機制。川村湊和松永正義在他們對《亞細亞的孤兒》的簡短討論中，都曾強調以小說主角胡太明為代表的殖民知識分子「在認同上的掙扎」。雖然將認同掙扎的戲碼搬上殖民背景的舞台一直是一種具有強大情感張力的方式，可改善被殖民者的歷史困境，然而這種方式卻始終受限於最終總是與民族主義獨白共謀的認同政治。由於這種掙扎通常是從族群或民族的角度來架構或理解，因此總被再現成幾個完全成形且相互

26　對像楊逵和鍾肇政這樣的作家來說，由於日文已經是他們在殖民地社會的社會存在的一部分，因此令他們苦惱的並非一開始強迫他們說日文，而是在後殖民時期的台灣他們得「忘記」日文，然後被迫學習北京話。

排斥的文化共同體之間的衝突。因此，任何一種台灣認同的觀念，都只能在不證自明與本質性的日本民族性與中國民族性之間（若非掙扎就是妥協）進行接合。認同掙扎於是成為一項過度投入的奇觀，或說一齣殖民悲劇，同時滿足了（前）被殖民者將其歷史存在通俗鬧劇化的渴望，以及（前）殖民者救贖其殖民罪惡的心願。

在文化理論中，有關認同的辯論通常會分成本質主義與反本質主義兩派，前者對於固定不變的民族性、文化或族群性皆秉持著本體論式的執著關注，後者則對任何形式的認同傾向——不論是策略性的或多元性的——都表現出後現代實用主義的懷疑態度。一方面，本質主義堅持某種傳統和文化的連續性及主權地位，並認為共同體內部的差異根本不會構成問題。其實踐者通常會訴諸某種歇斯底里式的政治危機來隱藏自身的計畫。雖然本質主義在公共論述中仍然具有相當牢固龐大的影響力，但近來卻不斷在學院圈裡遭到攻擊。另一方面，反本質主義對任何社會存在範疇的本體論可能性都提出質疑。它認為認同不是某種固定的或可以決定的本質，而是意符與文本性的隨機相互作用所形成的整體結果。反本質主義至少有兩個問題。首先，它輕率地拒絕所有形式的本質主義，只將它們視為社會與文化的建構，因此它無法與那些具有特殊本質化形式的權力或壓制的力量相抗衡，那些力量在相當程度上仍然持續規範並代表了人民的社會活動。其次，反本質主義基於對理論的純淨性的考量，無法承認本質化範疇的意識形態詰問。解構的實踐

因而忽略了本質主義對於這些「建構」所具有的那種強大而民粹式的肯定力量。雖然這些範疇在理論上是虛假的，但是在人們的生活中卻「宛如」真實的物質，其中的（不）合理性正是反本質主義所無法掌握的。

　　這種本質主義／非本質主義的辯論似乎已走到理論上與政治上的死胡同。吉洛伊（Paul Gilroy）敦促知識分子「超越下列這種對文化過程的理解……若非將它們視為一種本質的、不變的、主權的種族自我的表現，就是將它們視為從種族意義的無盡展演中偶然浮現的某種建構的主體性的產物。」[27] 正是基於這種精神，我建議不要把《亞細亞的孤兒》解讀成幾個預先選定的、涇渭分明的認同之間的掙扎，而視為表現在被殖民者的意識形構中的殖民策略的特殊徵候，一種試圖與日本、中國和台灣這個殖民與民族三角關係的文化突變過程和永無止境的（不）連續性過程達成妥協的活動。根據黑格爾的說法，在這個例子中，意識是一種認知的功能而非存有的品質；認同是靜態而堅定的存在，意識則是改變與欲望。簡言之，意識是歷史性的（當然也是空間性的）。從這角度解讀《亞細亞的孤兒》，主角的旅程就比較不是一種錯置認同的隱喻，而是一連串的經歷，透過這段經歷，主角不僅逐漸意識到殖民社會的矛盾，同時也察覺到反帝國主義式民族主義的排他性。對殖民母國日本

---

[27] Paul Gilroy, *The Black Atlantic: Modernity and Double Consciousness* (Cambridge, MA: Harvard University Press, 1993), 36.

與中國大陸感到失望幻滅而返回台灣的主角，不只是一個灰心
沮喪的孤兒，也是一位具有自我意識的孤兒，他已察覺到民族
抵抗的沙文主義以及令人惱怒的殖民處境。當胡太明跳入「濁
流中」，一條恥辱與憐憫的水流，他同時也承認了騷亂與混雜
是他存在於世（being in the world）的一部分。這種意識的政治
因此能夠克服與根源及根源性之間的認同關係，而將認同形構
敘述成一種運動和中介的歷史過程，這個過程如同《亞細亞的
孤兒》所暗示的，是一條更適切的「路徑」。

　　跳脫那種決定論式的「認同掙扎」的方法之一，就是去處
理意識形構的偶然過程，這個過程分析到最後，不會顯露出一
種**個人**式的本體論限制，而會向一種更大規模的衝突與掙扎的
歷史趨勢開放。在《亞細亞的孤兒》這個案例中，我們看到一
種浮現中的台灣意識與殖民日本和民族主義中國之間的關係
（和差異），同時也理解到殖民主義式的質詢與民族主義式的再
現這兩者在某些歷史關頭上的限制。接著，我們將追蹤這趟旅
程並畫出形構中的意識（consciousness in formation）路線圖
──一種鑲嵌在地理中、被歷史力量所限制並因歷史力量而成
為可能的意識。

移動空間化

　　在《亞細亞的孤兒》中，移動（movement）是個反覆出現
的主題。從小說的目錄中，就可看出許多帶有移動和旅行隱喻

的小標題：[28]「濁流」、「遠涉重洋」、「留學生涯」、「重歸故國」、「大陸的呼聲」、「越獄」、「強徵」等等。每一個移動隱喻所包含的指涉都不只是一種錯置、漂移和邊緣性的感覺，同時也指涉了一種安置、場所與位置的觀念。在台灣、日本與中國之間的這場移動，充滿了深刻的疏離感、絕望感、不確定感，以及失去根基的感覺。《亞細亞的孤兒》的大部分評論者都把重點擺在主角的移動之上，台灣、日本和中國這個三角空間在他們眼中只有背景價值，然而我在這裡所要討論的，正是這些由歷史所決定的旅程的空間化。如同我在第二章所指出的，這個空間上的三角關係（日本—中國—台灣）不僅是一種方便的地理背景，在刻劃殖民主義與民族主義權力機制與生俱來的那種無法壓抑的矛盾時，也具有關鍵性的角色。然而，這個論點並不是要強調空間比時間重要，或地理比歷史重要。我想堅持的是同時具有空間和地方重要性的歷史性敘述。

在《亞細亞的孤兒》中，有一個方法可以去思考那種受到空間限制的意識，那就是提出下面這個明顯的問題：最初驅使書中主角沿著這個三角形移動的原因是什麼？或者說，為什麼這部小說要採取在地方之間移動的形式來強調和反應主角的困境？我想指出的是，最初驅使主角踏上這趟旅程的力量，是體現和銘刻在做為真實和想像地方的「台灣」、「日本」與「中

---

28 關於歐美脈絡下的旅行與移動論述的討論，以及其與殖民／後殖民論述的關聯，請見 Caren Kaplan, *Questions of Travel: Postmodern Discourses of Displacement* (Durham, NC: Duke University Press, 1996)。

國」之中的那種無法消除的社會與歷史矛盾，以及胡太明對這種矛盾的逐漸理解。而他那趟灰心沮喪的幻滅旅程，又反過來凸顯出這些地方的矛盾性。用這種方式訴說地方，是要指出地方是一種人為的生活空間，既是物理上的也是論述上的，既是物質的也是隱喻的，既是地理的也是意識形態的，既是真實的也是想像的。場所並不只是居住著人民、建物和地景，它們也是感覺、情緒與情感的投注對象。胡太明逐漸在殖民主義（介於同化與歧視之間）、現代化（介於母國中心與殖民地邊緣之間）與民族主義（介於想像與真實之間）類似的矛盾範式中，理解到不同場所的不可共量性。因此，胡太明的移動代表了一種象徵性的解決，解決他在每一個場所所遭遇到的對立。而每一次的暫時解決只是引發了──或是導致了──另一種矛盾以及轉換到另一個新的地域。

出現在殖民地台灣的這種矛盾，可以用所謂的「同化式的差別」或「差別式的平等」來代表，這點我們在第三章有關日本「同化」和「皇民化」殖民政策的討論中已經提過。胡太明就像大部分受過教育的台灣人，在不平等的殖民教育體制下，幾乎沒有任何升遷和成為專業人士的希望，他和其他從「師範學校」畢業的同學一樣，找到一個在「公學校」教書的工作，學校就在家鄉附近。[29] 胡太明才剛到任，其他的台籍教師立刻

---

[29] 關於殖民地台灣教育制度的討論，請見駒込武，《植民地帝国日本の文化統合》（東京：岩波書店，1996）以及 Patricia E. Tsurumi, *Japanese Colonial Education in Taiwan* (Cambridge, MA: Harvard University Press, 1977)。

告訴他日籍教師與台籍教師之間的不平等待遇。與官方「日台一如」的口號相反,薪水差距、徇私偏袒以及日本人的傲慢等等,都是在台籍教師之間耳語流傳的諸多抱怨之一。然而,胡太明認為這些控訴與不滿都很「幼稚」、「瑣碎」。接著,胡太明發現自己逐漸受到日籍同事內藤久子的吸引。對胡太明來說,內藤久子代表「理想女性」,甚至可比擬為「仙女」。但是當胡太明開始認真思考他跟內藤久子之間的(不)可能關係時,一想到「她是日本人,我是台灣人,這是任何人無法改變的事實」,他就深受打擊。(45)當胡太明為了這段不可能的關係掙扎苦惱之際,殖民處境無情地衝擊著他,他再也無法忽視社會不平等與日本人的優越感這類事件:久子經常有意無意地貶低台灣文化,對台灣小孩施行體罰,指控本地教師灌輸學童難聽的日語口音,還有用充滿階級排列的方式將日籍教師的名牌放在台籍教師的名牌之前。

胡太明無法去正視或是忽略這些對立,當他得知內藤久子準備調離時,他決定向她告白。胡太明滿懷希望、試探性地向內藤久子表白,但是卻遭到拒絕。她告訴他:「我很高興,不過,那是不可能的,因為,我跟你……是不同的……」(71)這個不同不外乎日本人與台灣人之間的不同。胡太明無法完成這段姻緣,這場個人的失敗顯然是殖民地台灣這個更大的矛盾的徵候,或說被這更大的矛盾所限制。雖然高喊「日台一如」的殖民理想,但是社會關係卻是依賴在殖民者與被殖民者之間堅守「差異」來調節與維繫。似乎是為了逃離這種矛盾,胡太

明啟程前往日本。

　　如果說內藤久子代表了台灣殖民現實中的理想日本，那麼胡太明所抵達的真實日本，也堪稱完美。繁忙的街道、無數的汽車與火車，還有東京的人們，凡此種種都和台灣死氣沉沉、黯淡無光的鄉村形成驚人對比。吳濁流用以下文字描寫胡太明造訪京都時對日本的喜愛之情：

　　　　那裡的居民、街道、景物，一切都顯得靜謐和安定，而且都有良好的品格。那裡有悠久的歷史，以及經過漫長歲月孕育出來的高度文化。所接觸的人物都非常和藹可親，甚至食堂侍者、旅館下女、公共汽車女車掌、百貨公司女店員……都極有教養……這是一個美麗的國土，和一群可愛的人民。（78）

　　此外，在東京他聽不到殖民地台灣的日本人對台灣人的蔑稱。胡太明覺得每個人都非常和善而慷慨。他搬進一間出租的房子，專心準備投考物理學校。撇開這座城市裡的現代性成分和文明教養，殖民地的矛盾依然無可避免地延伸到日本，並分散了太明的心思。和太明接觸到的那些日本人不同，他身邊的台灣學生不斷提醒他殖民系統所蘊含的差異與不平等。他的一位老朋友提醒他，不管怎麼說，「台灣總是鄉村」，而胡太明的陳腐思想在日本是「不合適的」。一個政治性的學生團體爭論著日台共學制度的虛假，以及日本為了自身的資本利益剝削

台灣的糖業。雖然小說中沒有明白指出，但這裡暗示的是日本的現代性既不是自主的也不是自發的。殖民母國讓胡太明印象深刻的富麗堂皇，其實是和它對被殖民者的剝削息息相關。事實上，日本之所以能躋身現代國家之列，正是因為它將自己打造成一個帝國主義強權。

　　然而，最讓胡太明感到困擾的，並非不平等的經濟關係，而是「台灣人」的認同在日本的首都遭到徹底的否認與邊緣化。剛到日本時，其他台灣同學就建議他不要透漏他的殖民身分，要他「假裝」自己是來自九州的日本人。當胡太明的朋友向別人介紹說他是來自福岡縣南部時，「由於羞恥和屈辱，他的兩頰頓時漲得通紅」。（80）此外，在一個由中國大陸學生主辦的演講會中，胡太明堅稱自己是來自台灣。這個一度十分熱情的團體立刻變得懷疑起來，眾人竊竊私語著「台灣人？」「恐怕是間諜吧？」胡太明不知道，在殖民母國日本台灣人依然飽受歧視，也不知道日本人把台灣人部署在南中國，胡太明變成孤單一人，他並不感到生氣，而是空虛與絕望。於是，「日本」雖然在表面上顯得寬容而世故，但並不是一個能夠免除衝突的地方，而是台灣的延伸，內化了殖民地所有的社會與種族衝突。

　　打從這部小說一開始，吳濁流就暗示了胡太明的孤獨命運早在小時候就已經注定了。「太明在這種情況下，宛如一葉漂流於兩種不同時代激流之間的無意志的扁舟。」（29）這裡的「兩種不同時代激流」，指的不是日本殖民統治和台灣反殖民的

情感，而是日本殖民統治以及胡太明祖父所代表的古典中國世界觀。這段話同時顯露出日本殖民統治初期兩個敵對的主要社會秩序之間的緊張關係：與中國相關的殘餘的古典世界觀，以及與日本相關的浮現中的殖民現代性。吳濁流如此描寫胡太明的祖父：「胡老人對於西洋文化只持一種恐懼的態度，並不怎麼心悅誠服，何況日本文化不過是西洋文化的一支小流而已。胡老人心目中所憧憬的是春秋大義、孔孟遺教、漢唐文章和宋明理學等輝煌的中國古代文化。」（24）對胡太明的祖父來說，受到日本殖民主義威脅的對象，並不是二十世紀中國的物質實體，而是暫時中止的文化主義中國以及它對台灣的直接影響。胡太明一直把這種與中國有關的殘餘的階級關聯和想像埋藏在心底，直到他踏上中國的土地，想要暫時逃離殖民地台灣那種令人窒息的沉重現實。

胡太明面對的中國是一個半殖民的、飽受戰爭所苦的「東亞病夫」。當時的上海是個混亂而貧窮的城市，既不像由世界性的東京和精緻的京都所代表的日本，也不像過去的中華帝國。「上海這個地方雜居著中國人、歐美人和日本人等各種民族，形成一個不協調的調和局面。」胡太明在租界遇到「口啣煙斗妄自尊大的西洋人，庸俗而不知李白之夢的日本人，盲目崇拜西洋的中國女人，以及叫化子和路邊的病丐」（133）。這是一個「龐大怪物似的都市」（134）。到了南京，胡太明渴望能過一種莊重的生活。但是1930年代末期，隨著日本侵華戰事逐漸升高，胡太名被指控是日本間諜隨後被送入監牢，直到最

後越獄成功逃回台灣。這裡的矛盾，不僅是胡太明從祖父那裡
繼承而來的想像中國與他個人親身經歷的現實中國之間的矛
盾。它同時也是中國民族主義的矛盾，台灣雖然與中國具有一
種想像中的有機關係，然而由於日本的殖民介入，使得這項關
係遭到中國民族主義的否定。把主角在「台灣」、「日本」和
「中國」之間的移動加以空間化，可以讓我們更清楚地理解令
胡太明陷入痛苦掙扎與絕望沮喪的那種相互糾結、彼此交錯的
矛盾。它同時也顯示出想要跨越殖民主義、帝國主義和民族主
義這三條軸線是不可能的。

空間歷史化

　　除了檢視殖民、帝國與民族空間這個交錯中樞之外，我也
想從台灣殖民地知識分子與中國大陸的關係這個歷史脈絡來詮
釋《亞細亞的孤兒》。我想指出日本帝國主義、中國民族主義
以及殖民地台灣社會內部的變遷，在在促成了殖民地知識分子
發展出一種獨特形式的政治行動，在兩個主要的傾向或選擇之
間擺盪。第一個傾向是在日本殖民主義的限制之內建立一種社
會運動，第二個傾向則是認為唯有當中國從多國帝國主義中解
放出來，台灣才有可能掙脫日本殖民主義。《亞細亞的孤兒》
在結尾處，似乎同時拒絕了這兩種形式的政治參與。主角的旅
程讓我們看到台灣政治情感的漂泊無著，被迫在汪洋中來回跨
越，在民族主義與殖民主義的邊界不斷穿梭。[30]

在《亞細亞的孤兒》中，主角是受困在台灣、日本和中國所構成的三角舞台之上，這個三角空間是發展出反殖民自我意識的母體，也是殖民主義、帝國主義和民族主義競爭衝突的場域，主角的困境在這裡得到戲劇化的展現。這種地緣政治策略形成的空間化，是鑴刻在殖民的時間性力量與效用之中，並在很大的程度上受其限制。這個文本不僅橫越空間，同時也在時間中展開，形成一部非凡的文學作品，對殖民地台灣的發展建構了一套無所不包的敘述（稍後我會回頭討論這點）。《亞細亞的孤兒》因此成為一則「新民族寓言」（neonational allegory）──套用詹明信的詞彙，該詞雖然深具詆毀之意，但頗有啟發性──這則寓言體現了一個原初的「想像共同體」的歷史發展。從這角度來看，《亞細亞的孤兒》不只是某個殖民地子民內在衝突的陳述，也是日本在台殖民統治五十年的縮影。它既是關於掙扎、失敗與妥協的歷史記憶，也是一種當下策略，想要適當地理解過去。如同吳濁流在自序中寫的：「歷史常是反覆的，在歷史反覆之前，我們要究明正確的史實，以找出方法，好逃脫扭曲的歷史所造成的命運。」（1）

想要從殖民者對被殖民者的再現中淬取某些「更真實」或更「純正」的有關殖民經驗的歷史敘述，對反殖民和後殖民的分析而言，已經變成一種必要的──若不是問題意識的──策

---

30 漂泊不定和旅行的觀念並不是台灣殖民地子民特有的經驗。連續的移動、遷徙與旅程（強迫或自願），在殖民現代性的地理景觀中，已構成普遍可見的存在情境與其本體論經驗。

略。[31] 雖然想要藉由重寫殖民史來回復一種假定是「純粹」或「本質」形式的底層意識，的確會遭遇一些複雜的問題，然而如同我在先前提過的，我對歷史必然性（本質主義）與理論純粹性（反本質主義）之間的不可共量性並不怎麼感興趣。我同樣也不太關心歷史敘述的真實性，像是所謂的「真實」如何被敘述與再現；哪些遭到了忽略或壓抑；採用什麼形式；以及形式與內容如何流露出發言自身的歷史可能性。換個說法，在分析《亞細亞的孤兒》時，我真正感興趣的是下面這兩者的歷史性格：一是這個文本所敘述的殖民現實，二是這個文本建構來解釋殖民現實的那些概念。

　　如同我已指出的，《亞細亞的孤兒》的大部分批評家（日本與中國／台灣）都把重點放在主角的內在掙扎，無論這種掙扎是由無法調和的認同所構成，或是由主角長達一生的政治停滯所構成。於是，書中的歷史事件就像場所一樣，只是做為一種外部的、編年式的背景，讓主角在其中搬演內心掙扎。歷史這個維度雖然無所不在，卻只被解讀成歷史事實的開展，而非限定和影響殖民地子民內心反思的轉化歷程。我想指出的是，吳濁流和他的殖民史反映了這樣一個歷史時刻：殖民社會所有無法壓抑的矛盾一古腦地爆發開來，其程度之激烈，再也無法容忍與殖民母國日本或民族主義中國之間存有任何的曖昧認同

---

31 關於「底層研究」的問題意識討論，請見 Gayatri Chakravorty Spivak, "Subaltern Studies: Deconstructing Historgrahy," in *In Other Worlds: Essays in Cultural Politics* (London: Routledge, 1988), 197-221。

或關聯。然而，這麼說並不表示《亞細亞的孤兒》只是以靜態而直接的方式反映了殖民地的現實狀況。面對二次大戰和快速解體的殖民秩序，對台灣殖民地的子民而言，無論是烏托邦的民族願景或反殖民的抵抗運動，都不再是可以企及的。對知識階級來說，唯一可能的政治實現與意識形態的撫慰，就是將諸般矛盾內化與置換成內在的衝突與苦悶。因此，體認到一種孤兒的台灣意識，並不單是歷史行動者建立在某種確定的殖民掙扎邏輯上的認同或確認。它同時也是一種分殊化與否定的過程，這個過程構成了必要的戲劇化表現，以便中止或處理特定歷史事件的創傷。從這個觀點來看，《亞細亞的孤兒》這齣悲劇不僅記錄了殖民社會生活的變遷及其相對應的思想形式。它本身根本就是一起事件，可以在歷史上的特定時刻顯現出標準的意識形態功能。

從多重性到單一性：敘述殖民暴力

如果說《亞細亞的孤兒》描繪了台灣人的意識經由一種分殊化與棄權（同時拒絕殖民與大陸認同）的過程而告成形，那麼它同時也敘述了殖民生產模式的歷史路徑，在這個路徑裡，系統化的變異與異質性被轉化成標準化與單一性。[32] 用另一種

---

32 這裡的「生產模式」（modes of production）概念是取自詹明信的定義，指的是特定的「共時性形式，不僅是經濟『生產』或勞動過程與科技的特定形態，也包括文化和語言（或符號）生產（連同其他傳統馬克思主義的上層結構──諸如

方式來說，吳濁流所記錄的歷史路徑，是從好幾種彼此緊張的生產模式在結構上的矛盾共存，轉化成一種激烈而強迫性的對差異的壓制，以便因應日本戰爭的需求——簡言之，就是從殖民初期的漸進主義，轉化到始於1920年代左右的同化政策，再到1937年之後基進的皇民化政策。

《亞細亞的孤兒》所反映的正是這段歷程，日本在殖民地台灣戰爭動員中，以頑強而有系統性的方式根除掉各種差異，進而壓制了具有歷史多樣性與根本性的經濟與文化生產模式。這項轉變可以從小說的開頭與結尾對新年節慶的描述中清楚看出。關於新年的第一段描述是發生在1910年左右，當時胡太明十歲：

> 不久，新年到了，從舊曆十二月二十五到正月初五，俗稱「年駕」，這段時間是不許隨便說話的，人們都迷信這時說了不吉利的話，便會遭遇厄運的。
>
> 太明家裡每年除夕都要殺一頭豬來祭祀玉皇大帝的，到了那天，院子裡設著祭壇，上座供著糖果、五香、酒食、長錢和金銀紙等，下座供著雞和肉類，兩旁供著牲禮豬羊，從早晨四點鐘開始，全家便齊集在院子裡祭拜神明。胡老人和他的兒子穿著長禮服行「三獻禮」，向玉皇大帝、

政治、法律和意識形態等——的決定性場所）的特定和原創形式」。請見他的 "Marxism and Historcism" in *The Ideologies of Theory: Essays, 1971-1986*, vol.2, *Syntax of History* (Minneapolis: University of Minnesota Press,1988)。

觀音菩薩、關帝爺、媽祖和伯公等一一許願，祈求家道昌隆，並且感謝過去一年的平安。

元旦的早晨天還沒有亮，到處爆竹齊鳴，家家戶戶都在祭祀祖先和神明。每個人都放下了工作，男人興高采烈地去拜年、賭博，女人則回娘家或到廟宇去燒香，大家在新春歡樂的氣氛中，一直要繼續到正月十五。大紅春聯和鞭炮雖然年年依舊，但也象徵太平景春景象。（21）

從上面這段長引文中我想強調的是，雖然處於殖民勢力之下，但從前殖民時期延續下來的社會關係和文化實踐，依然讓被殖民者得以和過去保持某種關係和連結。「家庭」在這裡喚起的並非日本工業資本主義下那種個人主義式的核心家庭，而是代表小地主階級的典型大家族。隨著小說的情節展開，我們看到這種家庭關係經由子孫分家的內部邏輯以及共有財產「私有化」的外部壓力而逐漸瓦解。

與新年相關的種種節慶，也透露出日本殖民統治初期兩個主要的社會秩序之間的對立緊張：一是殘存的與中國相關的古典主義世界觀，二是浮現中的與日本相關的殖民現代性。小說中透過新年期間前來造訪的兩位人物刻劃出時間的「來去」：老邁遲緩的彭秀才，以及朝氣蓬勃的堂弟志達。書院老師彭秀才代表那種沒跟上時代變化的人。隨著殖民政府屬行推廣「普遍的」教育系統以及廢止漢文私塾，彭秀才也被驅趕到殖民社會的邊緣，在接近原住民的地界附近教幾個學生。彭秀才堅持

過去的自主性以及相關的禮儀規範，藉此來「反抗」殖民現代性。他寫了一副春聯以明志：「大樹不沾新雨露，雲梯〔彭的書院〕仍守舊家風。」

彭秀才（以及太明的祖父）所展現的文化主義終究是一種防禦性機制。這種否定與壓抑本身，最後還是證實了日本殖民現代性的威脅。此外，這種文化主義不該解讀成個人的偏好，而應視為一種階級特權。這個位於中國影響力邊緣的仕紳階級的利益，不單是來自剝削佃農的剩餘價值，也來自他們與大陸之間那種高度理想性與象徵性的關係。與彭秀才和胡老人的古典主義形成鮮明對照的，是太明的堂弟志達，他代表了殖民現代性到來的機會主義與商業主義。志達懂日文，是個預備警員，鎮民雖然私底下咒罵他，表面上倒是相當畏懼與恭敬。相對於過去的理想與象徵，志達的現代性是由來自日本殖民母國的商品美化裝飾：電風扇、香菸、肥皂、白手帕，以及帶著「日本味」的香水，一種「文明的香味」。這種介於觀念與商品、理想性與物質性、象徵的中國與殖民的日本之間的共存與對比，最終形塑了太明的內在思想並令他飽受衝突之苦。

隨著二次大戰開打，日本在台灣展開軍事動員，先前維持了某種緊張共存局面的社會關係與世界觀，都遭到軍事化和禁制令的徹底根除。吳濁流在小說的尾聲描寫了軍事動員下的新年節慶：

戰時一年的時間，幾乎等於平時的一百年，一切事物都

以驚人的速度和壓力在改變，連歷史傳統根深柢固的台灣民情、風俗，也不能例外。首先，義民廟的「拜拜」已經廢止了。平時每逢七月中元，十四個鄉鎮的數萬居民，都聚集在枋寮的義民廟，供上一千多頭犧牲豬羊，熱熱烈烈地舉行「拜拜」。但今年卻連地方戲也不准上演，就像煙消雲散似的顯得冷落悽涼。其次，農曆已經改為陽曆。太明的家庭也為了配合時代激流，改過非常時期的陽曆新年，但那僅是形式上的新年，毫無真正新年的情趣。母親心裡總覺得有些不滿，因此到了農曆新年，她又私下做了一些年糕，重新祭祀祖先和媽祖。[33]

這種「國民精神總動員」的呼籲，意味著要以神道教取代對祖先和神明的祭祀，以日本房子取代本土建築，以日本姓取代中國名，以「國民服」取代了漢服與台式衣著。這種整體性的「日本化」以及隨之而來的根除殖民地內部差異的做法，激起了殖民地人民的憤怒。吳濁流寫道：「在現代這種『總體戰』的體制下，個人的力量幾乎已等於零，無論心中願意與否，在『國家至上』的命令下，任何人都難逃捲入戰爭漩渦的命運。」（213）不像殖民統治初期，不同文化之間的關係雖然不穩但仍然可以共存，戰時的殖民主義對於單一性與認同的堅持變得更強勢也更具主導性強。就這點而言，吳濁流相當成功地重構了

---

33 吳濁流，《アジアの孤児》，231-2。

台灣的殖民史，他不僅把這段歷史當成從土著社會經濟結構轉型成工業資本主義的舞台，更把它當成這段過程中所牽涉到的內部動態關係的轉變。唯有從殘餘的中國理想主義以及支配性的日本殖民現實的角度切入，才能對台灣的孤兒意識做出歷史性的理解。因此，主角的階級屬性──地主仕紳階級的後裔──至關緊要，劇情中的內在衝突與崩潰都與這項身分有關，換成佃農階級和日漸增加的普羅大眾都無法成立。從這個觀點解讀，《亞細亞的孤兒》不僅代表了某一個殖民地子民內在的認同掙扎，同時也體現了台灣殖民社會彼此相關的不同歷史事件之間已告成形的結構矛盾。「皇民化」──以及它堅持從文化與物質上將殖民地人民轉化成帝國子民──的新意與罪惡在於，它毀滅了文化差異並抹煞了歷史的偶然性。

　　因此，我們可以從一個更大的歷史角度去理解胡太明的情感衝突與政治無能，因為支配性的日本殖民現實、殘存的中國想像以及浮現中的台灣意識同時出現的那種緊張、差異與競爭，都在其中有所敘述與搬演。最後，對於那類堅持認同形成的矛盾與多元性，並拒絕鐵板一塊的「日本民族性」、「中國民族性」和「台灣民族性」的基進意識而言，《亞細亞的孤兒》中所呈現的認同形成過程相當具有啟發性，有助於將這種意識概念化。在二次世界大戰爆發，緊張升高、動員強化之際，殖民壓迫與中國民族主義反抗這兩種支配性論述──兩者在意識形態上相反，但在結構上卻有著類似的強迫性──都堅決指定和凝聚一種排他性的認同，以做為各自的政治手段。因此，在

日本的殖民論述中，「內地人」與「本島人」以及「日本人」與「台灣人」之間的矛盾，都被無所不包的「皇民」認同所消解。同樣的，「大陸」與「台灣」以及「民國子民」與「殖民地子民」之間的對比，也都為了支持「祖國」和「中國人」而遭到壓抑。《亞細亞的孤兒》最後，謠傳太明在發瘋之後去了中國，這個模糊的結局並不意味著拒絕所有的認同或消解（sublation）在中國的認同之中，而是指出了在日本殖民主義的影響下與中國之間那種曖昧的歷史連結與解離。整體而言，日本殖民主義和殖民現代性的壓制性，正是從根除認同形構的模稜性中產生的。殖民主義的瓦解性主要並不是因為它在殖民地子民的心理反思中製造了認同掙扎。而是因為殖民主義一直把認同掙扎（在「日本人」或「台灣人」與「中國人」或「台灣人」之間做虛假的選擇）架構成唯一的手段，用來克服與處理迷失和混亂的創傷。我所謂的「基進意識」是一種辨證性的鬥爭，這種鬥爭體悟到被殖民者可以以不具本質的方式出現在更大的殖民現代性這個母體中。它強調殖民認同形成的偶然性。這些由去中心的主體位置的流動所構成的認同，高度仰賴著論述、社會結構、反覆、記憶和情感的投入，以便在一個變動不居的世界中維持一種凝聚感。為基進意識所做的掙扎，是那種想要佔據一個希望空間的掙扎——一個閾限的空間，一個反結構的宣告，存在於個人的和歷史的中間領域——在其中，人們可以朝救贖的實踐而努力。

參考書目

中文（依姓氏筆劃排列）

王曉波。〈日據時期「台灣派」的祖國意識〉。收錄於《台灣史與台灣人》。22-67。台北：正中出版社，1988。

吳密察。《台灣近代史研究》。台北：稻鄉出版社，1990。

吳濁流。《無花果》。台北：草根出版社，1995。

宋澤萊。《台灣人的自我追尋》。台北：前衛出版社，1988。

林繼文。《日本據台末期（1930-1945）戰爭動員體系之研究》。台北：稻鄉出版，1996。

涂照產。《日本帝國主義下的台灣》。李明俊譯。台北：人間出版社，1993。

許俊雅。《日據時期台灣小說研究》。台北：文史哲出版社，1995。

陳芳明。《台灣人的歷史與意識》。台北：敦理出版社，1988。

陳映真。〈試評《亞細亞的孤兒》〉。《台灣文藝》（1976）：245-56。

黃昭堂。〈殖民地與文化摩擦〉。《台灣風物》41，no. 3（1991）：17-44。

葉石濤。〈從送報伕，牛車到植有木瓜樹的小鎮〉。《大學雜誌》，no. 90（1966）：260-2.

廖咸浩。〈在解構與解體之間徘徊〉。收錄於《後殖民理論與文化認同》，張京媛編。台北：麥田出版社，1995。

盧修一。《日據時代台灣共產黨史，1928-1932》。台北：前衛出版社，1989。

羅成純，〈龍瑛宗研究〉，收錄於《龍瑛宗集》，張恆豪編，233-326。台北：前衛出版社，1991。

日文（依姓氏羅馬拼音排列）

大江志乃夫、三谷太一郎、小林英夫、若林正丈、淺田喬二、後藤乾一、
　　高崎宗司、川村湊編。《近代日本と植民地》，共8卷。東京：岩波書
　　店，1992-93。

春山明哲。〈明治憲法体制と台湾統治〉。收錄於《近代日本と植民地》，
　　4：32-50。東京：岩波書店，1993。

林えいだい編。《写真記録：台湾植民地統治史、山地原住民と霧社事件、
　　高砂義勇隊》。東京：梓書院，1996。

家永三郎。《戦争責任》。東京：岩波書店，1985。

石原慎太郎與馬哈地。《Noと言えるアジア》。東京：光文社，1994。

泉風浪。《台湾の民族運動》。台中：台湾図書印刷合資会社，1928。

加藤邦彦。《一視同仁の果て》。東京：勁草書房，1979。

河原功。〈日本文学に現れた霧社蜂起事件〉。收錄於《台湾霧社蜂起事
　　件：研究と資料》，戴國煇編。東京：社会思想社，1981。

川村湊。《アジアという鏡：極東の近代》。東京：新潮社，1989。

―――。〈大衆オリエンタリズムとアジア認識〉。收錄於《近代日本と植
　　民地》，7：107-36。東京：岩波書店，1993。

河野密。〈霧社事件の真相を暴く〉。《中央公論》（1931年3月）：342-52。

河野密與河上丈太郎。〈霧社事件の真相を語る〉。《改造》（1931年3月）
　　：121-32。

黄文雄。《Noと言える台湾》。東京：日本文藝社，2000。

黄昭堂。《台灣總督府》。東京：教育社，1981。

小林善紀。《戦争論》。東京：幻冬社，1998。

駒込武。〈殖民地と異文化認識〉。《思想》，no.802（1991）：104-26。

―――。《植民地帝国日本の文化統合》。東京：岩波書店，1996。

林呈祿。〈近代植民地統治に関する政策〉。《台灣青年》2，no.1（1921）：
　　19-27。

林景明。《日本統治下台湾の皇民化教育》。東京：高文研，1997。

林瑞明。〈決戦期台湾の作家と皇民化文学〉。松永正義譯。收錄於《近代

日本と殖民地》，6：235-61。東京：岩波書店，1993。

松永正義。〈台湾の文学活動〉。收錄於《近代日本と殖民地》，7：211-29。
　　東京：岩波書店，1993。

宮川次郎。《台湾の政治運動》。台北：台灣實業界社，1931。

村井紀。《南島イデオロギーの発生——柳田国男と植民地主義》。東京：
　　太田出版，1995。

中川浩一、和歌森民男編著。《霧社事件：台灣高砂族の蜂起》。東京：三
　　省堂，1980。

大田君枝と中川静子。〈霧社を訪ねて〉。《中国》，no.69（1969）：2-33。

小熊英二。《「日本人」の境界》。東京：新曜社，1998。

———。《単一民族神話の起源》。東京：新曜社，1995。

小倉虫太郎。〈台湾の脱植民地化と日本〉。《現代思想》27，no.3（1999）
　　：278。

大鹿卓。〈野蠻人〉。《中央公論》（1935年2月）：67-101。

河原功。〈霧社事件と文學〉。《舊植民地文學の研究》。東京：勁草書房，
　　1971。

———。《舊植民地文學の研究》。東京：勁草書房，1971。

碧侯・瓦歷斯。《霧社緋桜の狂い咲き》。加藤實譯。東京：教文館，1988。

甲乙女勝元。《台湾からの手紙：サヨンの旅から》。東京：草の根出版
　　会，1996。

司馬遼太郎。《台湾紀行》。東京：朝日新聞社，1994。

史明。《台湾人四百年史》。東京：音羽書房，1962。

下村作次郎、中島利郎、藤井省三、黃英哲編。《よみがえる台湾文学——
　　日本統治期の作家と作品》。東京：東方書店，1995。

周金波。〈志願兵〉。《文藝台灣》，no.6（1941）：8-21。

鈴木明。《高砂族に捧げる》。東京：中央公論社，1976。

戴國煇。〈霧社蜂起と中国革命〉。收錄於《台湾霧社蜂起事件：研究と資
　　料》，戴國煇編。東京：社会思想社，1981。

———編。《台湾霧社蜂起事件：研究と資料》。東京：社会思想社，1981。

台灣史料保存會。《日本統治下の民族運動》。東京：風林書房，1969。

竹內清。《事変と台湾人》。台北：台灣新聞報社，1939。

竹內好。《内なる中国》。東京：筑摩書房，1987。

垂水千惠。《台湾の日本語文学》。東京：五柳書院，1995。

東鄉實與佐藤四郎。《台灣植民發達史》。台北：晃文館，1916。

富山一郎。《戦争の記憶》。東京：日本経済評論社，1995。

———。〈小熊英二著『単一民族神話の起源』〉，《日本史研究》，no.413（1997年1月）：77-83。

蔡培火。〈吾人の同化観〉。《台灣青年》1，no.2（1920）：67-82。

宇野利玄。〈台湾における「蕃人」教育——霧社蜂起から皇軍兵士への道〉。收錄於《台湾霧社蜂起事件：研究と資料》，戴國煇編。東京：社会思想社，1981。

若林正丈。〈大正デモクラシと台湾議会設置請願運動〉。收錄於《日本植民地主義の政治的展開，1895-1934》。76-230。東京：アジア政經學會，1980。

———。〈1923東宮台湾行啓と内地延長主義〉。收錄於《近代日本と殖民地》。2：87-120。東京：岩波書店，1992。

———。〈台湾議會設置請願運動〉。收錄在《近代日本と植民地》。6：3-27。東京：岩波書店，1993。

鷲巢敦哉。《台灣保甲皇民化讀本》。台北：台灣警察協會，1941。

吳濁流。《アジアの孤児》。東京：一二三書房，1956。

矢內原忠雄。〈軍事的と同化的日仏殖民政策一論〉。收錄於《矢內原忠雄選集》。4：276-306。東京：岩波書店，1963。

———。《帝国主義下の台湾》。東京：岩波書店，1988。

楊逵。〈新聞配達屋〉（送報伕）。《文學評論》1，no.8（1934）：199-233。

李妍淑。〈同化とは何か〉，《現代思想》24，no.7（1996）：148-57。

楊威理。《或台湾知識人の悲劇》。東京：岩波書店，1993。

伊健次。《日本国民論——近代日本のアイデンティティ》。東京：筑摩書房，1997。

西文

Anderson, Perry. *Lineages of the Absolutist State*. London: Verso, 1979.

Ansprenger, Frantz. *The Dissolution of the Colonial Empires*. New York: Routledge, 1989.

Arima, Tatsuo. *The Failure of Freedom: A Portrait of Modern Japanese Intellectuals*. Cambridge, MA: Harvard University Press, 1969.

Arrighi, G. *The Geometry of Imperialism: The Limits of the Hobson Paradigm*. London: Verso, 1978.

Brewer, Anthony. *Marxist Theories of Imperialism, A Critical Survey*. New York: Routledge, 1990.

Césaire, Aimé. *Discourse on Colonialism*. Trans. Joan Pinkham. New York: Monthly Review Press, 1972.

Chang, Sung-sheng Yvonne (張誦聖). "Beyond Cultural and National Identities: Current Reevaluation of the *Kominka* Literature from Taiwan's Japanese Period." *Journal of Modern Literature in Chinese* I, no. 1 (1997): 75-107.

Chatterjee, Partha. *Nationalist Thought and the Colonial World: A Derivative Discourse*. Minneapolis: University of Minnesota Press, 1986.

———. *The Nation and Its Fragments: Colonial and Postcolonial Histories*. Princeton: Princeton University Press, 1993.

Chen, Edward I-te. "Formosan Political Movements under Japanese Colonial Rule, 1914-1937." *Journal of Asian Studies* 31, no. 3 (1972): 477-98.

Ching, Leo (荊子馨). "The Disavowal and the Obsessional: Colonial Discourse East and West." *Asian/Pacific Studies Institute Working Paper Series* (1955).

———. "Yellow Skin, White Masks: Race, Class, and Identification in Japanese Colonial Discourse." In *Trajectories: Inter-Asia Cultural Studies*, ed. Kuan-Hsing Chen, 65-86. New York: Routledge, 1998.

Choi, Chungmoo. "The Discourse of Decolorization and Popular Memory: South Korea." Positions (Spring 1993): 77-102.

Chou Wan-yao (周婉窈). "The Kominka Movement: Taiwan under Wartime Japan, 1937-1945." Ph.D. diss. Yale University, 1991.

Chow, Rey (周蕾). *Woman and Chinese Modernity*. Minneapolis: University of Minnesota Press, 1991.

——. *Primitive Passions: Visuality, Sexuality, Ethnography, and Contemporary Chinese Cinema*. New York: Columbia University Press, 1995.

Cumings, Bruce. "The Korean Crisis and the End of 'Late' Development." *New Left Review* (September 1998): 43-72.

——. *Parallax Visions: Making Sense of American-East Asian Relations at the End of the Century*. Durham, NC: Duke University Press, 1999.

Diawara, Manthia. "Toward a Regional Imaginary in Africa." In *The Cultures of Globalization*, ed. Fredric Jameson and Masao Miyoshi, 103-24. Durham, NC: Duke University Press, 1998.

Du Bois, W. E. B. *The Souls of Black Folk*. New York: Fawcett Publications, 1964.

Engels, Friedrich, and Karl Marx. *On Colonialism*. Moscow: Progress Publishers, 1959.

Fanon, Frantz. *The Wretched of the Earth*. New York: Grove Press, 1963.

——. *A Dying Colonialism*. New York: Grove Press, 1965.

——. *Black Skin, White Masks*. New York: Grove Press, 1967.

Foght, Harold, and Alice Foght. *Unfathomed Japan: A Travel Tale in the Highways and Byways of Japan and Formosa*. New York: Macmillan, 1928.

Fujitani, Takashi. *Splendid Monarchy: Power and Pageantry in Modern Japan*. Berkeley, University of California Press, 1996.

Gann, Lewis H. "Western and Japanese Colonialism: Some Preliminary Cornparisions." In *The Japanese Colonial Empire, 1895-1945*, ed. Ramon H. Myers and Mark R. Peattie, 497-525. Princeton NJ: Princeton University Press, 1984.

Gearhart, Suzanne. "Colonialism, Psychoanalysis, and Cultural Criticism: The Problem of Interiorization in the Work of Albert Memmi." In *"Culture" and the Problem of the Disciplines*, ed. John Carlos Rowe, 171-97. New York: Columbia University Press, 1998.

Gilroy, Paul. *The Black Atlantic: Modernity and Double Consciousness*. Cambridge, MA: Harvard University Press, 1993.

Hall, Stuart. "When Was 'the Post-Colonial'? Thinking at the Limit." In *The Post-Colonial Question: Common Skies, Divided Horizons*, ed. Iain Chambers and Lidia Curti, 254. London and New York: Routledge, 1996.

Halliday, Jon. *A Political History of Japanese Capitalism*. New York: Pantheon Books, 1975.

Hane, Mikiso. *Modern Japan: A Historical Survey*. 2d ed. Boulder: Westview Press, 1992.

Holland, R. F. *European Decolonization, 1918-1981: An Introductory Survey*. London: Macmillan, 1985.

Hulme, Peter. *Colonial Encounters: Europe and the Native Caribbean, 1492-1797*. New York: Routledge, 1986.

Ivy, Marilyn. *Discourse of the Vanishing: Modernity, Phantasm, Japan*. Chicago: University of Chicago Press, 1995.

Jameson, Fredric. *The Ideologies of Theory: Essays, 1971-1986*. Vol. 2. Syntax of History. Minneapolis: University of Minnesota Press, 1988.

——. "Modernism and Imperialism." In *Nationalism, Colonialism, and Literature*, 43-68. Minneapolis: University of Minnesota Press, 1990.

Kaplan, Caren. *Questions of Travel: Postmodern Discourses of Displacement*. Durham, NC: Duke University Press, 1996.

Karatani Kōjin (柄谷行人). *Origins of Modern Japanese Literature*. Durham, NC: Duke University Press, 1993.

Koschmann, J. Victor. *Revolution and Subjectivity in Postwar Japan*. Chicago: University of Chicago Press, 1996.

Lenin, V. I. *Imperialism, the Highest Stage of Capitalism: A Popular Outline*. Beijing: Foreign Languages Press, 1975.

MacCannell, Dean. *Empty Meeting Grounds: The Tourist Papers*. London and New York: Routledge, 1992.

Mannoni, Octave. *Prospero and Caliban: The Psychology of Colonization*. Ann Arbor: University of Michigan Press, 1901.

Maruyama Masao (丸山真男). *Thought and Behaviour in Modern Japanese Politics*. Ed.

Ivan Mortis. London: Oxford University Press, 1963.

Memmi, Albert. *The Colonizer and the Colonized*. Boston: Beacon Press, 1965.

Mendel, Douglas. *The Politics of Formosan Nationalism*. Berkeley and Los Angeles: University of California Press, 1970.

Mommsen, Wolfgang. *Theories of Imperialism*. Trans. P. S. Falla. Chicago: University of Chicago Press, 1977.

Nitobe Inazo (新渡戶稻造). *The Japanese Nation: Its Land, Its People, and Its Life*. New York: G. P. Putnam's Sons, 1912.

Peattie, Mark R. "Japanese Attitudes toward Colonialism." In *The Japanese Colonial Empire, 1895-1945*, ed. Ramon H. Myers and Mark R. Peattie, 80-127. Princeton, NJ: Princeton University Press, 1984.

Peattie, Mark, and Ramon H. Myers, eds. *The Japanese Colonial Empire, 1895-1945*. Princeton, NJ: Princeton University Press, 1984.

Said, Edward. *Orientalism*. New York: Vintage Books, 1978.

——. *Culture and Imperialism*. New York: Alfred A. Knopf, 1993.

Sakai, Naoki. "Modernity and Its Critique: The Problem of Universalism and Particularism." *South Atlantic Quarterly* 87 (summer 1988): 475-504.

——. *Translation and Subjectivity: On "Japan" and Cultural Nationalism*. Minneapolis: University of Minnesota Press, 1997.

Sara Friedrichsmeyer, Sara Lennox, and Susanne Zantop, eds. *The Imperialist Imagination: German Colonialism and Its Legacy*. Ann Arbor: University of Michigan Press, 1998.

Scott, Joan. "Multiculturalism and the Politics of Identity." *October* no. 61 (1991): 13-21.

Smith, Tony. *The Pattern of Imperialism: The United States, Great Britain, and the Late-Industrializing World Since 1815*. Cambridge: Cambridge University Press, 1981.

Spivak, Gayatri Chakravorty. *In Other Worlds: Essays in Cultural Politics*. London: Routledge, 1988.

Sprinker, Michael. "Introduction." In *Late Imperial Culture*, edited by E. Ann Kaplan, Michael Sprinker, and Roman de la Campa. London: Verso, 1995.

Takekoshi Yosaburō (竹越与三郎). *Japanese Rule in Formosa*. Trans. George Braithwaite.

London: Longmans, Green, 1907.

——. "Japan's Colonial Policy." In *Japan to America*, ed. Naoichi Masaoka, 95-9. New York: G. P. Putnam's Sons, 1915.

Tanaka, Stefan. *Japan's Orient: Rendering Past into History*. Berkeley: University of California Press, 1993.

Thomas, Nicholas. *Colonialism's Culture: Anthropology, Travel, and Government*. Princeton, NJ: Princeton University Press, 1994.

Tomiyama Ichirō (富山一郎). "Colonialism and the Sciences of the Tropical Zone: The Academic Analysis of Difference in 'the Island Peoples.'" In *Formations of Colonial Modernity in East Asia*, ed. Tani Barlow, 199-221. Durham, NC: Duke University Press, 1997.

Tsurumi, Patricia E. *Japanese Colonial Education in Taiwan*. Cambridge, MA: Harvard University Press, 1977.

Wallerstein, Immanuel, and Etienne Balibar. *Race, Nation, Class: Ambiguous Identities*. London: Verso, 1991.

Wickberg, Edgar. "Continuities in Land Tenure, 1900-1940." In *The Anthropology of Taiwanese Society*, ed. Emily Martin Ahern and Hill Gates, 212-38. Stanford, CA: Stanford University Press, 1981.

Williams, Raymond. *Marxism and Literature*. Oxford: Oxford University Press, 1977.

Wright, Harrison M., ed. *The "New Imperialism": Analysis of Late-Nineteenth Century Expansion*. 2d ed. Lexington and Toronto: D. C. Heath, 1976.

Yoneyama, Lisa. *Hiroshima Traces: Time, Space, and the Dialectics of Memory*. Berkeley: University of California Press, 1999.

Young, Louise. *Japan's Total Empire: Manchuria and the Culture of Wartime Imperialism*. Berkeley: University of California Press, 1998.

Young, Robert. *Colonial Desire*. London: Routledge, 1995.

Zizek, Slavoj, ed. *Mapping Ideology*. London: Verso, 1994.

國家圖書館出版品預行編目資料

成為「日本人」：殖民地台灣與認同政治／荊子馨
（Leo T. S. Ching）著；鄭力軒譯. －－初版. －－臺
北市：麥田出版：家庭傳媒城邦分公司發行，
2006［民95］
　面；　公分. －－（麥田人文；103）
參考書目：面
譯自：Becoming "Japanese": Colonial Taiwan and
the Politics of Identity Formation
　ISBN　986-173-032-X（平裝）

1. 臺灣 － 歷史 － 日據時期（1895-1945）

673.228　　　　　　　　　　　　　　94026046